中华文化公开课

军事文化五讲

李世化 ◎ 编著

中国商业出版社

图书在版编目（CIP）数据

军事文化五讲 / 李世化编著. —北京：中国商业出版社，2018.5

（中华文化公开课）

ISBN 978-7-5208-0329-8

Ⅰ.①军… Ⅱ.①李… Ⅲ.①军事－文化研究－中国－古代－文集 Ⅳ.① E291-53

中国版本图书馆 CIP 数据核字(2018) 第 087021 号

责任编辑：唐伟荣

中国商业出版社出版发行

010-63180647　www.c-cbook.com

(100053　北京广安门内报国寺 1 号)

新华书店经销

北京晨旭印刷厂印刷

*

710×1000 毫米　1/16　16 印张　240 千字

2018 年 5 月第 1 版　2018 年 5 月第 1 次印刷

定价：46.80 元

* * * *

（如有印装质量问题可更换）

前言 PREFACE

中国军事思想源远流长，异彩纷呈，在世界军事史上拥有杰出的成就，它们不仅是战争经验的总结，也是智慧的结晶。

公元前21世纪（一说前22世纪），中国已经建立了拥有强大军事力量的奴隶制王朝夏朝。后来夏朝的统治越来越腐朽，遭到其他部族的反抗，其中"商"强大起来，爆发了争夺统治权的"鸣条之战"，这是史料中较为明确记载的上古战争之一。鸣条之战的结果是商部族获胜，推翻了夏王朝，建立了"商"王朝。商代的军事力量相比夏朝有了更进一步的发展，尤其是青铜冶炼水平的进步，为兵器的进步提供了优良的材质。商代青铜的冶炼水平虽然已经成熟，但是并未大规模地用青铜兵器装备军队，真正广泛使用青铜兵器的时代是西周和春秋时期，并一直和铁质兵器共同使用，持续到汉初才彻底被铁兵器所替代。

商周交替的时代，中国诞生了第一个谋略大师——姜太公。他不但辅佐周文王、周武王治理周部族，并且直接参加和指挥了周灭商的战争——牧野之战。据史料记载，这一时期已经诞生了一批军事著作，如《军志》《军政》，虽已失传，但仍然可从《左传》《孙子兵法》等典籍中看到一些只言片语。夏商周时期的作战方式主要是车战。车战对战车的协调性要求很高，要求行动统一，严格管理，各个作战单元之间高度配合。车战的方式主导了夏商周，以及后来的春秋和战国时代，直到新的兵种骑兵出现，才逐步退出历史舞台。

春秋和战国时代是中国军事史上战争最频繁的时代，不但诞生了先轸、孙武、伍子胥、吴起、孙膑、白起、廉颇、李牧、王翦等军事家，还诞生了一大批军事著作，如《孙子兵法》《吴子兵法》《孙膑兵法》《司马法》等军事著作。尤其是《孙子兵法》对后世的影响最大，受到历代军事家的推崇，时至今日仍然闪烁着智慧的光芒。《孙子兵法》的出现，标志着封建时代军事思想的成熟，它是世界上最早的系统而全面地阐述军事理论的集大成之作。

从前221年秦朝建立，至1911年，中国经历了大一统王朝的统治和更迭。在这段漫长的历史时期内，先秦的军事思想依然起着指导性的作用。另外，由于各个时代社会经济、政治、文化和科技的发展，军事思想也得到进一步的发展。尤其是秦汉以来，兵种和兵器装备都有了较大的发展，不但出现了重装骑兵、轻骑兵、攻城部队，而且出现了专门的舟桥部队和水师，这就要求步、骑、水军的协同作战，使战略战术都得到高度的发展。

在中国的军事史上，《孙子兵法》的诞生、车战转变为骑兵作战、防御性的内线作战转变为远程奔袭的外线作战、冷兵器转变为冷兵器和火器并行是四个划时代的进步。《孙子兵法》的诞生标志着军事行动上升到哲学的高度，优秀的将帅能够从微妙的变化中洞察到战局的瞬息万变，对战争有了规律性的认识。柏举之战、官渡之战、赤壁之战、夷陵之战、淝水之战都是基于对战争的客观认识，并作出正确决策和指挥而获得的胜利。车战转变为骑兵作战，主要是马具的成熟，尤其是马镫和马鞍的发明，使得重装骑兵能够保持平衡，轻骑兵能够千里奔袭。这一划时代的贡献归功于战国时期的赵武灵王，赵国"胡服骑射"后使得其他六国意识到了骑兵的巨大潜力，相继进行了兵种的改革。这一时期马鞍和马镫是否已经出现虽然没有直接的史料可考，但却是汉代高桥马鞍和铜铁马镫的准备阶段，为后世的大军团骑兵作战奠定了基础。秦汉之交，第一个运用大规模骑兵作战的将领是项羽，尤其是彭城之战，他率领骑兵兵团进行奔袭，开创了骑兵奔袭战的先河。他的这一作战方式在汉武帝时期得到大规模的应用，尤其是卫青和霍去病，不但是最优秀的骑兵作战统帅，更是把内线作战转变为远程奔袭的外线作战，深入大漠和敌人的主力作战，丰

富和成熟了骑兵战术,如正面冲击、侧翼迂回等战术,极大地打击了中国北方的匈奴势力,为保护汉代高度发达的农业文明作出了积极的贡献。此后唐代李靖的破袭突厥、吐谷浑,明代徐达深入大漠扫荡北元的残余势力,均是继承了这种优秀的军事策略。宋元时代,人们对火药的性能已经有了较为成熟的认识,因此火器开始作为一种兵器装备军队,中国的战争进入了火器与冷兵器并行的时代,火箭、火铳、各种抛射和投射型的"炸弹"也都诞生,如火龙出水、一窝蜂、火鸦……到了明清,火器受到更高的重视,并成立了专门的火器部队"神机营"和"火器营"。在明代抗倭战争,以及万历援朝战斗中都可看到火器的应用,显示出中国古代科技的高度发达。

在数千年的战争中,中国军事形成了较为系统的战争观。《司马法》开宗明义提出了以"仁义为本"的战争观,认为"古者,以仁为本,以义治为正。正不获意则权。"同时还提出了"不战则已,战则必胜""知己知彼,百战不殆"的指导原则。另外对战争时的自然环境、外交环境、民心所向也都非常重视,显示出古代军事家的全局观念。

本书从军事人物、战争战例、军事著作、军事制度、军事技术五个方面介绍了中国古代军事的概况,并选配了数百幅贴切逼真的图片,以扩大读者的视野。在编写过程中,因编写者对史料以及军事知识的掌握有限,如有不足和错漏,恳请读者指正。

目录 CONTENTS

第一讲 军事人物——挥斥方遒奏凯歌

- 姜太公：韬略鼻祖，千古武圣/2
- 孙武：胸怀璇玑，书成圣典/4
- 乐毅：分路出击，陷城夺地/6
- 赵奢：道远路狭，勇者制胜/8
- 李牧：北方屏障，匈奴克星/10
- 廉颇：老当益壮，英风浩气/12
- 白起：长平血战，威震六国/14
- 王翦：军中智者，独步疆场/16
- 蒙恬：北逐匈奴，控扼河套/18
- 项羽：破釜沉舟，乌江悲歌/20
- 韩信：忍辱负重，终成统帅/22
- 张良：运筹帷幄，决胜千里/24
- 卫青：漠南大战，匈奴丧胆/26
- 霍去病：千里奇袭，封狼居胥/28
- 陈汤：明犯强汉者，虽远必诛/30
- 曹操：横槊赋诗，乱世枭雄/32

- 诸葛亮：鞠躬尽瘁，人臣典范/34
- 周瑜：羽扇纶巾，强虏灰飞烟灭/36
- 韦睿：温文尔雅，威震敌胆/38
- 元英：聪敏锐识，英风绝伦/40
- 陈庆之：白袍七千，直趋河洛/42
- 韦孝宽：慷慨激扬，屡出奇策/44
- 杨素：胸怀大志，位列三台/46
- 李靖：纵兵塞上，屡建奇功/48
- 王玄策：三度大使，以一人而灭一国/50
- 李光弼：血战太原，挫败强敌/52
- 曹彬：仁爱为本，儒将风采/54
- 岳飞：民族英豪，百世流芳/56
- 徐达：戎马一生，明初第一功臣/58
- 戚继光：民族英雄，平倭防虏/60
- 石达开：龙凤之姿，天日之表/62
- 曾国藩：清廷柱石，中兴名臣/64

第二讲　军事战役——铁马冰河入梦来

- 鸣条之战：商汤灭夏/68
- 牧野之战：武王伐纣/70
- 柏举之战：千里破楚，五战入郢/72
- 长勺之战：一鼓作气，以弱胜强/74
- 城濮之战：退避三舍，诱敌深入/76
- 即墨之战：坚壁清野，借机反攻/78
- 桂陵、马陵之战：围魏救赵，增兵减灶/80
- 伊阙之战：集中兵力，各个击破/82
- 秦灭六国：远交近攻，分化瓦解/84
- 巨鹿之战：破釜沉舟，背水一战/86
- 平灭三秦之战：明修栈道，暗度陈仓/88

- 彭城之战：风雷激荡，快速袭击/90
- 井陉之战：背水列阵，奇袭敌军/92
- 昆阳之战：团结一心，以少胜多/94
- 官渡之战：火烧乌巢，乱敌军心/96
- 赤壁之战：巧借东风，一战而天下三分/98
- 夷陵之战：后发制人，火烧连营/100
- 淝水之战：风声鹤唳，草木皆兵/102
- 刘裕灭南燕之战：以车制骑，掌握主动/104
- 隋灭陈之战：重点进攻，分割击破/106
- 浅水原之战：后发制人，疲敌制胜/108
- 虎牢之战：避敌精锐，奇兵突袭/110
- 唐平萧铣之战：兵贵神速，出其不意/112
- 宋灭北汉之战：围城打援，结束割据/114
- 蒙哥攻宋之战：迂回包抄，突破天险/116
- 鄱阳湖之战：集中兵力，巧用火攻/118
- 万历援朝之战：打击侵略，扬我国威/120
- 宁远大捷：积极准备，以孤城挡强敌/122
- 萨尔浒之战：速战速决，各个击破/124
- 三河镇大捷：正面迎敌，包抄结合/126
- 清收复新疆之战：缓进急战，先北后南/128

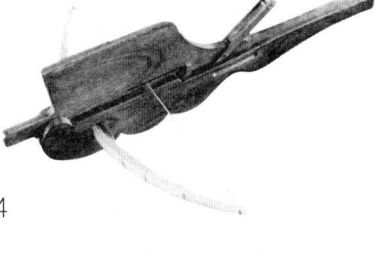

第三讲 军事著作——煌煌典籍有乾坤

- 《周易》：正义慎战，方是制胜之道/132
- 《孙子兵法》：兵学圣典/134
- 《吴子》：审敌虚实，教戒为先/136
- 《司马法》：备战慎战，以战止战/138
- 《尉缭子》：见胜则兴，不见胜则止/140
- 《六韬》：兵家权谋始祖/142
- 《孙膑兵法》：反对滥用战争/144

- ⊙《三略》：侧重战略的兵法/146
- ⊙《诸葛亮兵法》：战略与政略相融/148
- ⊙《将苑》：论述将领的专著/150
- ⊙《李卫公问对》：正古人所重/152
- ⊙《太白阴经》：综合性的兵书/154
- ⊙《武经总要》：中国第一部官修兵书/156
- ⊙《虎钤经》：兵学大全，独有见解/158
- ⊙《何博士备论》：第一部军事人物评论集/160
- ⊙《百战奇略》：用兵之道，以计为首/162
- ⊙《守城录》：城邑防御的专著/164
- ⊙《武备志》：中国古代兵家百科全书/166
- ⊙《三十六计》：古代谋略概要/168
- ⊙《纪效新书》：实践的总结/170
- ⊙《读史方舆纪要》：地理与军事的结合/172
- ⊙《兵学新书》：晚清兵工著作/174

第四讲 军事制度——令出如山擎雄兵

- ⊙夏商周时期的军事机构/178
- ⊙春秋时期的车战与军事制度/180
- ⊙商鞅的耕战改革/182
- ⊙秦军的军队编制——部曲制/184
- ⊙征兵制与常备军制度/186
- ⊙两汉的军队编制和组织结构/188
- ⊙隋代体系完备的军制/190
- ⊙府兵制的兴起与衰落/192
- ⊙宋代军队的招募与待遇/194
- ⊙宋代的军队分权/196
- ⊙明代的卫所制/198
- ⊙清代的八旗制/200

第五讲 军事技术——攻防利器掠敌营

- 冷兵器概略/204
- 青铜时代：冶炼业和青铜器的发展/206
- 甲胄：防御性武器的始祖/208
- 战车：纵横陆上的王者之师/210
- 血腥冷兵器：铁质兵器的产生与发展/212
- 弓箭：远距离杀伤性武器/214
- 胡服骑射：马具的成熟与骑兵技术的应用/216
- 弩：以步制骑的最有效武器/218
- 烽燧：古代军队通讯工具/220
- 云梯：攻城破敌的利器/222
- 城墙及长城：古代战略防御性工程/224
- 冶铁：灌钢法和冶炼技术对兵器的影响/226
- 抛石机：古代的大型杀伤武器/228
- 战船：水上决战时代的到来/230
- 火药：催生战火时代/232
- 突火枪：南宋时期火器的发明与创制/234
- 火铳：元明战争中大规模火器的应用/236
- 神机营：明代火器的鼎盛时代/238
- 佛郎机和红夷炮：明代西方技术的引进/240
- 抬枪和鸟枪：清代的火器发展/242

第一讲
军事人物——挥斥方遒奏凯歌

姜太公：韬略鼻祖，千古武圣

> 姜尚是周武王灭商的首席谋主、最高军事统帅与西周的开国元勋，齐国的缔造者，齐文化的创始人，亦是中国古代一位影响久远的韬略家。历代典籍都对他推崇备至，儒、道、法、兵、纵横诸家皆追他为本家人物，被尊为"百家宗师"。

姜尚（约前1128—前1015），姜姓，吕氏，名尚，一名望，字子牙，尊称太公望，武王尊之为"师尚父"，商朝末年人，东海上人（今临泉县姜寨镇），人们习惯称他为姜子牙。

◆ 姜太公

姜子牙没有出山之前，生活十分潦倒。32岁时，因为商朝战争不断，他为了躲避战祸，跑到山上修道，隐居达40年。后来，他结束隐居，准备展示平生所学，但苦于无处报效，只好暂时投靠在朋友家中。他曾经贩卖过竹篓、面粉，开过饭铺、卖过牛马猪羊、当过测字先生，但都不足以糊口，经常受到妻子的奚落。

商末，政治腐败。天下烽烟四起，各路诸侯都趁机发展自己的势力。西部的周部族由于首领姬昌(即周文王)大力发展经济，实行勤俭立国政策，所以社会清明，人心安定，四边诸侯纷纷归附。姜子牙听说周文王广求天下贤士，便离开商朝，来到渭水河边垂钓，静观时局变化，等待出山的机会。

周文王外出打猎时，在溪边遇到了垂钓的姜子牙，二人谈得十分投机。周文王向他请教治国兴邦的良策，姜子牙当即提出了"三常"："一曰君以举贤为常，二曰官以任贤为常，三曰士以敬贤为常。"周文王听后非常高兴，说道："我的先人太公曾经预

◆ 周武王

言:'圣人到周的时候,周才能兴盛。'你就是那位圣人啊!我盼望先生很久了!"于是,周文王亲自扶姜子牙上车,并一同回宫,拜为军师。从此君臣际会,风云迭起,周部族的军事发展更上一层楼。

姜子牙为强周灭商制定了一系列正确的内外政策。对内,实行农人助耕,公田纳九分之一的租税;大小官吏都有封地,子孙承袭,作为俸禄,促进了生产的发展,打下了灭商的经济基础。对外,表面上坚持奉殷商为正朔,以麻痹纣王,暗中实行争取邻国、逐步拉拢、瓦解殷商王朝的盟邦,以削弱和孤立殷商王朝。实施了这一外交策略后,归附周文王的诸侯国和部族越来越多,逐步拥有了大部分殷商王朝的属地,出现了"天下三分,其二归周"的局面,为最后消灭纣王,取代殷商,创造了条件。

周文王死后,周武王继位,姜子牙继续辅佐周国朝政。姜子牙改革了奖罚政策,不再随意进行奖赏和惩罚,而是慎于行赏,力求令行禁止,使周朝政治更加清明。而此时的殷商王朝政治更加腐败,叛商附周的人越来越多。

前1046年(一说前1057)正月,周武王和姜子牙一起统率周军浩浩荡荡东进伐商。最后在牧野与殷军决战,这就是著名的"牧野之战"。商朝军队在战场上纷纷倒戈,引导周军打进商朝的都城朝歌,纣王见大势已去,在露台放火自焚。

殷商灭亡,周朝建立。姜子牙被分封到齐国。他治国有方,采用顺应当地风俗的办法,很快引导齐国走上了正轨,开创了兴盛的齐文化。

延伸阅读

姜太公钓鱼——愿者上钩

姜子牙的钓法非常奇特,短竿长线,线系直钩,不用诱饵,钓竿也不垂到水里,而是远离水面有三尺高,并且一边钓鱼一边自言自语:"姜尚钓鱼,愿者上钩。"一个叫武吉的樵夫,看到姜子牙不挂鱼饵的直鱼钩,嘲讽道:"像你这样钓鱼,别说三年,就是一百年,也钓不到一条鱼。"姜子牙说:"你只知其一,不知其二。曲中取鱼不是大丈夫所为,我宁愿直中取,不向曲中求。我的鱼钩不是为了钓鱼,而是要钓王侯。"

后来,他果然"钓"到了周文王。周文王斋戒三天,沐浴整衣,抬着聘礼,亲自前往磻溪聘请,并拜他为相。"姜太公钓鱼——愿者上钩"便源于此。

孙武：胸怀璇玑，书成圣典

> 孙武，春秋时代齐国人，后世尊称其为孙子、孙武子、兵圣、百世兵家之师、东方兵学鼻祖，是中国古代著名的军事学家。所著《孙子十三篇》是我国最早的兵学典籍之一。

孙武（约生于前545年，卒年不详），字长卿，春秋时期齐国乐安（今山东省广饶县）人，后世称其为孙子，兵圣。

前532年，齐国发生内乱，史称"四姓之乱"，孙武不愿意卷入其中，萌发了另谋出路的念头。当时南方的吴国联晋伐楚，国势强盛，很有新兴气象。孙武便离开齐国，来到了吴国，在吴国的都城姑苏（今江苏省苏州市）附近隐居下来，等待机会。不久，他结识了伍子胥，两人十分投机，结为密友，并被引荐给吴国国君阖闾。吴王为图霸业，正在广纳人才，听说孙武的才能，急请他出山。

前512年，吴王阖闾召见了孙武，并和他深入交谈，但对他的实际能力又心生疑惑。为了试探孙武的军事才能，吴王对孙武说："先生是否可以试试练兵呢？"

孙武答："可以。"

阖闾问："可以用妇女试吗？"

孙武说："完全可以。"

于是，吴王召集了180个宫女，带到练兵场上，交给孙武演练。孙武将她们分为两队，指定两名吴王宠妃为队长，执黄旗前导。孙武说："你们知道前后左右吗？"队员们都回答说知道。孙武宣布："你们看着我手中的令旗，听着金锣鼓声，令旗向上，整队起立，令旗前指，队伍前进，令旗指背，队伍退守；左手举令旗，队伍向左行进，右手举令旗，队伍向右行进。"问："大家听清楚了吗？"这些平时娇生惯养的宫女七嘴八舌地回答："清楚了。"

于是，孙武发出命令，但是宫女都觉

◆ 孙武

得好玩，大笑起来。孙武说："大家已经明白了规则，也同意按照规则执行，如果谁不执行，我就要治罪于她。"孙武继续发布命令，但是宫女们还是忍不住都笑起来。孙武严肃地说："开始法令不明确的时候，不执行命令可以原谅，现在我已经说明了法令，还是不执行，那就要治罪了。"孙武要杀两队的队长，吴王非常着急，说："我已经知道将军能够带兵。我没有这两个爱妃食不知味，请不要杀她们。"

孙武说："我既然已经接受命令做了将军，将军在外带兵打仗，君命有所不受。"于是，孙武杀了吴王的两个宠妃，命令另外两个人为队长，接着继续发布命令。宫女们知道这不是游戏，都规规矩矩地执行命令。于是，孙武派人对吴王说："士兵已经排列整齐，君主可以下来观看了。如果君主想用她们打仗，就算前面有水火，她们也会照样执行命令。"吴王说："不用看了，我已知道将军的带兵才能。"

不久，吴王授予孙武将军的职位。

吴王阖闾在孙武与伍子胥共同辅佐下，励精图治，经国治军，制定了以破楚为首要任务，继而南服越国，尔后进图中原的争霸方略。知己知彼，方能百战不殆，针对楚国，吴国实施了分师扰楚、疲楚的作战方针，使吴国取得与楚国争雄的主动权。前512年，吴军攻克了楚的属国钟吾国(今江苏宿迁东北)、舒国(今安徽庐江县西)，此后吴军屡战屡胜，尤其是通过"柏举之战"打败楚国，并攻破楚国的首都。楚国不得不迁都，躲避吴国兵锋。

吴王阖闾去世后，孙武又辅佐吴王夫差大破越国，从而使吴国达到极盛。随着吴国霸业的蒸蒸日上，吴王夫差渐渐开始懈怠，进取精神减退，疏远了孙武、伍子胥等功臣，反而重用奸臣伯嚭。越王勾践为了弱化吴王斗志、迷乱其心智，达到灭吴目的，一方面自己亲侍吴王，卧薪尝胆；一方面选美女西施郑旦入吴。西施入吴后，夫差大兴土木，建筑姑苏台，日日饮酒，夜夜笙歌，沉醉于酒色之中。孙武、伍子胥认为必须彻底灭掉越国，绝不能姑息养奸。但夫差听了伯嚭的挑拨，不再信任孙武、伍子胥。由于伍子胥一再进谏，夫差大怒，逼其自尽，甚至命人将伍子胥的尸体装在一只皮袋里，扔到江中，不给安葬。

伍子胥的死，给了孙武很大的打击，他黯然离开吴国。

延伸阅读

世界三大兵书

世界三大兵书分别是《孙子兵法》、《五轮书》和《战争论》。其中《孙子兵法》诞生的时间最早，影响最大，被翻译成多国文字，仅英文版本就达17种之多。《五轮书》为日本人宫本武藏所著，约作于1643年之后，全书分为水、火、风、土、空五卷。《战争论》是德国军事理论家克劳塞维茨所著，该书总结了以往战争，尤其是拿破仑战争的成败，对战争提出了高屋建瓴的分析和总结。

乐毅：分路出击，陷城夺地

> 乐毅是中山灵寿人，魏将乐羊后裔，战国后期杰出的军事家，燕昭王时期的上将军，受封昌国君，辅佐燕昭王振兴燕国，报了齐国伐燕之仇。他统率赵、楚、韩、魏、燕五国联军攻打齐国，连下70余城，创造了中国古代战争史上以弱胜强的著名战例。

乐毅，生卒年不详。中山灵寿人（今河北灵寿西北），少年聪颖，喜好兵法，深得赵人推崇。赵武灵王时，因避沙丘政变来到魏国都城大梁(今河南开封西北)当了大夫。当时，燕国因为"子之之乱"而被齐国打得大败，燕昭王即位后，时刻不忘为燕国雪耻。但燕国弱小又地处僻远，昭王自忖力量不足以克敌制胜，于是便屈己礼贤，延聘贤能之士。首先礼待郭隗，借此招揽天下英才。乐毅也在此时投奔燕国，立刻获得燕昭王重用。

齐国在战国初期非常强大，齐愍王率齐军南败楚相唐昧于重丘，西摧三晋于观津，接着与三晋攻秦，助赵国灭中山，打败宋国，扩地千余里。诸侯各国在强大的齐国面前都上表臣服，齐愍王因而骄矜自满。但齐愍王的骄横也造成了列国诸侯的不满，国际间的局势不断恶化。

燕昭王认为时机成熟，欲兴兵伐齐，遂问计于乐毅。乐毅回答说："齐国系霸主

◆ 燕昭王筑黄金台招贤纳士处

之余业，地广人多，根基较深，且熟习兵法，善于攻战。对于这样一个大国，仅由我们一国单独去攻打它，恐怕很难取胜。如果大王一定要去伐齐国，必须联合楚、魏、赵、韩诸国，使齐国陷于孤立的被动地位，方可制胜。"这就是所谓"举天下而攻之"的伐齐方略。

燕昭王接受了乐毅的建议，派乐毅去赵国盟约攻齐，并请赵国以伐齐之利诱说秦国，予以援助。又派剧辛为使到楚国和魏国进行联络。当时各国都怨恨齐国，听说联兵伐齐，均表赞同。

各国达成联盟后，燕昭王于前284年任命乐毅为上将军，同时赵国也把相印交予乐毅，乐毅率全国之兵会同赵、楚、韩、魏、燕五国之军兴师伐齐。齐湣王闻报，亲率齐军主力迎于济水(在今山东省济南西北)之西。两军相遇，乐毅亲临前敌，率五国联军向齐军发起猛攻。齐湣王大败，率残军逃回齐国都城临淄。乐毅遣还远道参战的各诸侯军队，准备亲率燕军直捣临淄，一举灭齐。谋士剧辛认为燕军不能独立灭齐，反对长驱直入。乐毅则认为齐军精锐已失，国内纷乱，燕弱齐强形势已经逆转，坚持率燕军乘胜追击。

乐毅率燕军乘胜追击齐军至齐都临淄。齐湣王见都城临淄孤城难守，遂率少数臣僚逃往莒城(今山东省莒县)。乐毅连续进攻，分路出击，陷城夺地，攻入齐都临淄后，尽收齐国珍宝、财物、祭器运往燕国。燕昭王大为欣喜，亲自到济水犒赏、宴飨士兵，为酬谢乐毅的功劳，封乐毅为昌国君。

乐毅在半年内连下齐国70余城，仅剩聊城、莒城、即墨(今山东省平度市东南)3城抵抗，久攻不下。其余全部并入燕国版图，燕前所未有的强盛起来。乐毅认为单靠武力，破其城而不能服其心，民心不服，就算全部占领了齐国，也无法巩固。所以他对莒城、即墨采取了围而不攻的方针，对已攻占的地区实行减赋税，废苛政，尊重当地风俗习惯，保护齐国的固有文化，优待地方名流等收服人心的政策，欲从根本上瓦解齐国。

前278年，燕昭王死，太子乐资即位，称燕惠王。燕惠王听信谗言，不信任乐毅，撤换统帅，任命残忍的骑劫为大将。乐毅深知燕惠王已经对自己产生了猜忌心理，因此奔逃赵国。乐毅所创立的大好局面随后被毁，所有城池全部被齐国将军田单收复。尽管乐毅受到不公待遇，但乐毅并不憎恨燕国，而是居赵、燕之间，加深两国友谊，最后卒于赵国。

延伸阅读

《报燕惠王书》

乐毅奔逃赵国后，赵王非常高兴，封他为"望诸君"。此时，燕军已被田单击败，并全部赶出了齐国。燕惠王非常后悔听信谗言，导致其奔赵。因此写信向乐毅道歉，并责怪他放弃了先王大业，不顾国家。乐毅立即回应，写下了名垂青史的《报燕惠王书》。该文针对惠王的指责和虚伪，表明自己对先王的一片忠心，与先王之间的相知相得，驳斥惠王对自己的种种责难、误解，抒发功败垂成的愤慨，并说"善作者不必善成，善始者不必善终"，申明自己不为昏主效愚忠，不学冤鬼屈死的主张。

赵奢：道远路狭，勇者制胜

> 赵奢是战国时代最为优秀的将领之一，和赵国王室同宗，属于贵族。因功被封为马服君，主要生活在赵武灵王到赵孝成王时期，是赵国历史上与廉颇、李牧齐名的名将。

赵奢，生卒年不详，嬴姓，赵氏，名奢，属于赵国贵族。主要生活在赵武灵王（前324—前299）到赵孝成王（前265—前245）时期，享年约60余岁。

赵奢原是赵国的田部吏（征收田赋的官员），收租税，执法无私，因平原君家奴不肯缴纳赋税，赵奢依法处置，杀平原君家主事者9人。为此，平原君发怒，要杀他。赵奢为自己辩解道："君于赵为贵公子，今纵君家而不奉公则法削，法削则国弱，国弱则诸侯加兵，诸侯加兵是无赵也，君安得有此富乎？以君之贵，奉公如法则上下平，上下平则国强，国强则赵固，而君为贵戚，岂轻于天下邪？"平原君听了这番道理，认为赵奢是位很贤能的人，向赵王举荐他。随后，他被任命为治理全国赋税的总管，使赵国府库收入大为增加。

赵惠文王十九年（前280），赵奢被任命为将军，开始了他的军事生涯。他带兵攻取了齐国的麦丘（今山东商河县西北），赵王大喜，为之进酒祝贺。

赵惠文王三十年（前270），秦军派重兵围困阏与（今山西和顺县）。赵国君臣急忙召开军事会议，问名将廉颇："阏与可救否？"廉颇回答："道远险狭，难救。"又问乐乘，乐乘所答与廉颇一样。赵王又问赵奢，赵奢认为："其道远险

◆ 马服君赵奢雕像

◆ 战国时期兵车图

狭，譬之犹两鼠斗于穴中，将勇者胜。"赵奢此议与赵王不谋而合。于是，赵王任命赵奢为将，率军往解阏与之围。

秦军在围困阏与的同时，已做了防止赵军出兵救援的准备。他们发兵一支，向东直插武安(今河北武安县西南)，以成犄角之势，牵制赵军行动。赵奢侦知秦军这一部署，从邯郸出发才30里就下令安营扎寨，命令军中加固营垒，在营区周围修筑了许多屏障，做出毫无进取的姿态。并下令："有以军事谏者死。"军中，有一人建议火速去救武安，赵奢立即把他杀掉。这样，一直过了28天，而且一再增筑营垒。秦军派遣间谍进入赵军驻地侦察，赵奢以好饭食招待后把他放走。间谍把赵军的情况报告给秦军将领，秦将非常高兴，随之放松了警惕。

送走秦军间谍以后，赵奢立刻作出决定，集合部队，向西急进。仅两日一夜即抵达距离阏与50里的地方。被抛在武安的

秦军听说赵奢已至阏与，如梦方醒，慌忙调集兵力奔向阏与。由于赵军远离后方，孤军独进，形势依然十分危险。这时，一位名叫许历的军士，拜见赵奢，说："先占据北山就能取胜，否则就会失败。"

赵奢接受了他的建议。立刻发兵万人，抢占了北山制高点。果然，秦军后至，争夺北山不得，拥挤于山下。赵军利用有利地势，居高临下，俯击秦军。秦军大败，四散溃逃。阏与之围随之解除。赵奢一战扬名，成为威震诸侯国的名将。班师回朝后，赵惠文王封赵奢为马服君，封许历为国尉。

赵奢死后，赵王为追念他为赵国所建立的功绩，厚葬于邯郸附近的西山，因其封号为"马服君"，所以后代子孙便以马为姓，东汉名将马援即为其后。

延伸阅读

赵奢善抚士卒

赵奢善抚士卒，他的夫人说他："身所食饮而进者十数，所友者百数，大王及宗室所赏赐者尽与军吏士大夫。"因此，战士们都愿意为之拼死而战。在战场上，他执法如山，赏罚分明，用兵如神，因此，带出了一支所向披靡的劲旅。就连后世的用兵大师曹操也称赞说："昔者赵奢、窦婴为将也，受财千金，一朝散之，故能济成大功，永世流声。吾读其文，未尝不慕其为人也。"

李牧：北方屏障，匈奴克星

> 李牧是战国时期杰出的军事家、统帅，是赵国最为优秀的将领，因其战功卓著，被封为"武安君"。与白起、王翦、廉颇并称"战国四大名将"。

李牧（？—前229），嬴姓，李氏，名牧，战国时期赵国柏人（今邢台市隆尧县）人。战国时期，赵国的北边和匈奴接壤。赵惠文王、孝成王时期，匈奴不断骚扰赵国北部边境，为了抵御匈奴的骚扰，赵惠文王派李牧到北方戍边。

李牧担任北方的军事统帅后，首先争取到赵王同意，允许自己有权根据需要设置官吏，并要求当地的田赋税收也全部归军队，用作军事开支。随后，又针对赵军和匈奴军的特点，进行了改革和训练。与此同时，他将边境的烽火台加以完善，增加情报侦察人员，完善情报网络，以便及早预警，做出防备。

为了提高部队战斗力，李牧厚待士卒，提高士卒的饮食质量，加大训练强度，使得士气高昂，人人奋勇争先，愿为国家效力。面对匈奴骑兵机动灵活、战斗力强及以掠夺为主的作战目的，军需全靠抢掠的特点，他命令坚壁清野，并示弱于敌。匈奴兵多次来犯都无功而返。士卒们要求出战，都遭到李牧的拒绝。

由于李牧一直示弱不出，赵王很不满意，便派人取代李牧。新的主帅急于作战，导致大败。赵王只好重新启用李牧。李牧对赵王说，如果让自己出任为将，一切悉听自己决断，赵王允可。李牧到达防区后，加紧训练部队，养精蓄锐。隔三岔五杀牛宰羊犒赏士卒，士兵们个个摩拳擦掌，等待出击。李牧认为与匈奴决战的时机成熟，于是立刻进行部署。

李牧首先淘汰老弱，共选得车军1300乘，骑兵13000人，富于战场经验、曾经立功

◆ 匈奴武士像

受赏的步兵5万人，能用强弓劲弩的优良射手10万人。然后再用"品敌骄兵"之计，派老百姓出关放牧，草原上牛羊等牲畜遍地都是。匈奴得到消息后，派出小股骑兵前去劫掠，李牧命前军假装败退，丢下一些人和牲畜，匈奴满载而归。获胜的匈奴人归报单于，匈奴单于认为赵军防守松懈，于是，率领大军直逼赵军防守的雁门关。

李牧得到匈奴单于进军的消息，知道"品敌骄兵"见效，立刻采用口袋战术，兵分三路，中间诱敌深入。轻敌冒进的匈奴军浩浩荡荡进了口袋，被李牧大军分割成数段，逐个围歼，匈奴单于仅带数十骑逃脱。此一战，李牧大破匈奴，斩首级10余万。赵国边境的匈奴部族遭到毁灭性的打击，其中匈奴襜褴族灭亡，东胡族溃不成军，林胡族投降，匈奴单于将王庭设到遥远的北方，10几年不敢南顾。李牧用小小的损失，换得了全局的胜利。

李牧大破匈奴，遂成为赵国独当一面的将领之一。赵悼襄王时期，廉颇遭到诬陷逃亡魏国，蔺相如、赵奢均已去世，李牧成为唯一能扛起统帅大旗的人物。之后，赵王命李牧率军进攻燕国，夺取了多座城池。前236年，秦王嬴政乘赵攻燕，国内空虚之际，分兵两路大举攻赵。赵王迁以李牧为大将军，率兵抗秦。李牧以8万精兵在平阳附近的宜安（今河北石家庄东南）布阵，他利用地形以3万人列阵，吸引10万秦军攻击，另以两万步兵在侧翼包抄，再以3万骑兵攻击秦军后方，三面包围，独在南方留缺口。秦军遭到夹击，死伤无数。至此，李牧成为秦军最畏惧的赵国将领。

前233年四月，秦王政亲率10万大军分水陆两路前往曲沃。攻占赵国的宜安，赵将郭信弃城逃亡，带着部分赵军沿汾水北上。途中遭到秦将李信3000轻骑兵的拦截，郭信被杀，3万人被歼，2万余人投降。奉命截击其余赵军的秦国将军杨端和与王翦遇到了李牧，被巧妙击退，这才使兵锋大盛的秦军遇挫。在李牧的指挥下，赵军骑兵急速无定，神出鬼没，使最擅长奔袭的秦将李信也苦不堪言，赵国暂时避免了被灭亡的危险。

前229年，赵国连年战争，再加上北部代地地震，出现了大面积的饥荒，国力已相当衰弱。秦王嬴政乘机派大将王翦亲自率主力直下井陉（今河北井陉县）。秦军多次受挫于李牧，秦军用反间计，说李牧暗通秦国。昏聩的赵王迁听信谗言，杀掉李牧。不久，赵国灭亡。

延伸阅读

众家评李牧之死

《史记·赵世家》中司马迁说赵王迁"信谗，故诛其良将李牧用郭开"。

唐司马贞在《史记索隐述赞》中说："颇牧不用，王迁囚虏。"

宋代苏洵说："洎李牧以谗诛，邯郸为郡。惜其用武而不终也。"

《通鉴》注本胡三省说："赵之所恃者李牧，而卒杀之，以速其亡。"

从史家对李牧被诛的态度可以看出一个共同的观点：赵国自毁长城，加速了秦统一六国的进程。

廉颇：老当益壮，英风浩气

廉颇，战国时期优秀的统帅、杰出的军事家，率军征战，守必固，攻必取，几乎百战百胜，威震列国，因功封"信平君"。他是与白起、王翦、李牧齐名的"战国四大名将"。

廉颇(前327—前243)，嬴姓，廉氏，名颇，晋阳人（今山西太原）。赵惠文王初，东方六国以齐最为强盛，齐与秦各为东西方强国。秦国欲东出扩大势力，赵国首当其冲要。为扫除障碍，秦王曾多次派兵进攻赵国。廉颇统领赵军屡败秦军，迫使秦改变策略，实行合纵，于前258年在中阳(今山西中阳县西)与赵讲和，并联合韩、燕、魏、赵五国之师共同讨伐齐国，大败齐军。其中，廉颇于前283年带赵军伐齐，长驱深入齐境，攻取阳晋(今山东郓城县西)，威镇诸侯。廉颇班师回朝，拜为上卿，秦国虎视赵国而不敢贸然前进。

前278年，廉颇向东攻打齐国，破其一军。前276年，再次伐齐，攻陷九城。前275年攻魏，夺取防陵(今河南安阳南)，安阳(今河南安阳西南)。连年来，屡战屡胜，赵国一跃成为东方六国中军事最为强盛的国家。秦国在以后长达10年的时间里不敢攻赵。

前266年，赵惠文王卒，孝成王即位。这时，秦国采取应侯范雎"远交近攻"的谋略，一边跟齐国、楚国交好，一边攻打临近的国家。前260年，秦国进攻韩地上党(今山西中部地区)。上党的韩国守军孤立无援，太守冯亭便将上党献给了赵国。于是，秦赵之间围绕着争夺上党地区发生了大战。这时，名将赵奢已死，蔺相如病重，军事重任

◆ 廉颇

落在廉颇肩上。于是，廉颇统率20万赵军阻秦军于长平(今山西高平县西北)。当时，秦军已南取野王(今河南沁阳)，北略上党，切断了长平南北联系，士气正盛，而赵军长途跋涉而至，不仅兵力处于劣势，态势上也处于被动地位。面对这一情况，廉颇采取了筑垒固守，疲惫敌军，相机攻敌的作战方针。他命令赵军凭借山险，筑起森严壁垒。尽管秦军数次挑战，廉颇总是严束部众，坚壁不出。同时，他把上党地区的民众集中起来，一面从事战场运输，一面投入筑垒抗秦的工作。秦军求战不得，无计可施，锐气渐失。

秦国看速胜不行，便使反间计，让赵王相信，秦国最担心、最害怕的是用赵括替代廉颇。赵王求胜心切，结果中计，认为廉颇怯战，强行罢廉颇职，用赵括为将。虽然蔺相如力谏，指出只知纸上谈兵的赵括不适合担此重任，但赵王不听，任用赵括为将军。赵括代替了廉颇的职务后，完全改变了廉颇制定的战略部署。秦国以白起为将，大举攻赵。结果赵军统帅赵括被射杀，赵兵40余万精锐被俘，尽数遭到坑杀。长平之战，赵国元气大伤。

前251年，燕国以为赵国国力大减，趁机举兵攻赵。赵王重新启用廉颇为将御敌。廉颇将全军分为两路，一路由乐乘率领直趋代地，抗击西路燕军；另一路亲自率领，迎战燕军主力于鄗城(今河北柏乡县北)。刚刚遭受重创的赵军同仇敌忾，集中兵力攻击敌军正面，首战告捷，打掉了燕军的嚣张气焰。接着，廉颇率领赵军大败燕军主力，杀死燕军主帅栗腹，燕军大溃。廉颇命赵军乘胜追击，长驱500里，直逼燕国都城蓟(今北京市)，几乎将燕国灭亡。燕王大为愧恨，割让五座城池求和。赵王大喜，封廉颇为"信平君"，并担任相国。廉颇任相国前后约六七年，多次击退入侵敌军，并伺机出击。前245年，带兵攻取了魏国城池笼阳(今河南内黄县西北)，赵国国力在一定程度上得到恢复。

前245年，赵孝成王卒，其子赵悼襄王即位。襄王听信了奸臣郭开的谗言，解除了廉颇的军职，派乐乘代替廉颇。廉颇因受排挤而发怒，攻打乐乘，乐乘逃走。廉颇于是离赵投奔魏国。从此，廉颇离开故国，再也未能回来。

延伸阅读

廉颇之死

廉颇到魏国后，虽然在大梁住了很久，但魏王并不信任和重用他。赵国因为多次被秦军围困，赵王后悔，想再任用廉颇，廉颇也怀念故国。赵王派遣宦官唐玖带着一副名贵的盔甲和四匹快马到大梁去慰问廉颇，看廉颇是否可用。廉颇的仇人郭开却唯恐廉颇再得势，暗中给了唐玖很多金钱，让他说廉颇的坏话。廉颇见到使者后，披甲上马，表示自己还可用。但使者却向赵王报告说："廉颇将军老了，和我坐在一起，不多时就拉了三次屎。"赵王认为廉颇已老，不堪大用，廉颇因而失去了回国的机会。

楚国听说廉颇在魏国，就暗中派人迎接他入楚。廉颇担任楚将后，因为不熟悉楚国军队，没有建立什么功勋。他流露出对祖国的眷恋之情。但赵王终究未能重新启用他，致使一代名将客死他乡。

白起：长平血战，威震六国

> 白起是战国时代最为显赫的大将，征战沙场37年，未尝败绩，六国军队只要听说是他带兵无不闻风丧胆，因功封"武安君"。他一生征战无数，仅长平一战就一举歼灭赵军45万人，开创了我国历史上最早、规模最大的包围歼敌战先例。

白起(？—前257)，芈姓，白氏，名起。楚国人白公胜后裔，故而又名公孙起，秦国郿(今陕西郿县东北)人，是中国历史上自孙武、吴起之后又一个杰出的军事家。

白起少年时代，秦国的国力就已经超过了六国中的任何一国，尤其是张仪连横成功，更使秦国国力大增。前295年，秦国准备东进击败三晋，然后谋图周王室，白起就在这个时候登上了历史舞台。

前294年，魏襄王与韩襄王同年去世，国内新丧；赵国亦发生内乱，惠文王与公子章互相攻伐，赵武灵王被困饿死在沙丘宫。秦国遂乘三晋内变，举兵攻伐韩魏。白起率领秦军，分兵攻击韩魏，全歼韩魏联军于伊阙，斩获首级24万，这就是历史上著名的伊阙之战。

前292年，白起升任大良造，领兵攻打魏国，夺取大小城池61座。次年，白起与客卿司马错联合进军，攻下垣城。之后，白起进攻赵国，占取光狼城(今山西高平市西)。接着，攻打楚国，夺取鄢、邓等5座城池。然后连续攻楚国，楚国大败，秦军兵临楚国都城郢(今湖北江陵西北)，放火烧毁楚国王室陵墓所在地夷陵(今湖北宜昌)，向东进兵至竟陵，楚王逃离

◆ 秦军战士复原图

都城，避难于陈。白起因功被秦王封为"武安君"。在连续的战斗中，白起四面出击，连战连捷，声名震于列国。

前260年，秦令左庶长王龁攻韩，夺取上党。上党民众不降反投于赵，于是秦以此为借口令王龁转而攻赵。赵令廉颇为将抵抗，开始赵军连战不利，损失颇大。廉颇及时改变战略方针，依靠有利地形，构筑城垒固守，以图挫动秦军锐气，使其陷入疲惫之中。秦军的进攻势头被遏制，造成两军对峙于长平的僵局。为打破僵局，范雎使人携千金入赵行反间计，言秦军不惧廉颇，只怕马服君赵奢之子赵括。正好廉颇坚守不应战，赵王听信谗言，便派赵括替换廉颇对抗秦军。

秦国闻知此事后，暗中派武安君白起为上将军，王龁为裨将。白起到任后，采取诱敌深入、困敌聚歼的战略方针。赵括至军后，更改廉颇不准出战的约束，并置换了军吏，出师攻击秦军。两军乍一交锋，白起便佯败后退。赵括不察虚实，立即实施追击。赵军前进到秦军的预定阵地——长壁后，遭到了秦军主力的顽强抵抗，攻势大大受挫。赵括见作战不利，打算退兵，但为时已晚，秦军两翼伏兵迅速出击，及时插到赵军进攻部队后面，切断了赵括主力的对外联系，构成包围态势。另外5000骑兵也迅速前进到赵军的的防御阵地，牵制、监视留守赵军。白起又下令突击部队不断攻击被围的赵军。赵军连战不利，情况危急，被迫就地构筑营垒，放弃进攻，等待救援。由于粮道断绝，赵军士气日益低落。粮道断绝46日后，赵军开始杀马为食，赵括企图杀出，分四队突围，皆全军覆没。赵括亲率精锐突击，被秦军强弩射回，赵括也死于乱箭之下，赵军顿时大乱，40万将士皆投降。白起说："前秦已拔上党，上党民不乐为秦而归赵。赵卒反覆。非尽杀之，恐为乱。"于是全部坑杀，只留240名儿童回赵。这就是中国历史上最知名的战役——长平之战。

长平之战后，白起提出一鼓作气灭掉韩赵的方针。但"应侯"范雎害怕白起继续建立军功，地位超过自己，因此改派王龁为将。白起见自己不再受重用，遂托病在家不出。王龁率军围攻邯郸不下，秦昭王准备启用白起。白起借病拒绝出征，秦昭王大怒，白起被贬出咸阳，心中闷闷不乐。范雎向昭王进言说白起对主上有怨言。于是昭王派使者拿了宝剑，令白起自裁。白起自尽时说："我犯下了什么罪过，要受到这样的惩罚？"良久，又说："我该这样死。长平之战，赵国投降士卒，全部被我坑杀，这件事足可以让我受到这样的惩罚了。"

延伸阅读

白起的作战特点

白起作战的指导原则有三个：

1. 不以攻城夺地为目的，而是以歼敌有生力量为主，而且善于野战进攻，战必求歼，这是白起最为突出的特点。
2. 战术上强调追击，对敌人穷追猛打。
3. 重视野战筑垒工事，先诱敌军脱离设垒阵地，再在预期歼敌地区筑垒阻敌，并防其突围。此种以筑垒工事作为进攻辅助手段的作战思想，堪称首创。

王翦：军中智者，独步疆场

> 王翦，少年时喜好兵法，成年后担任秦军方面大将，是秦灭六国的实际执行人员之一，因功封"武成侯"。后来他率领大军灭掉了六国中地域最为广大的楚国，为秦国一统天下作出了重大贡献。

王翦，生卒年不详，姬姓，王氏，名翦，是继白起之后秦国的又一员名将，与其子王贲在辅助秦始皇兼并六国的战争中立有大功，除韩之外，其余五国均为王翦父子所灭。

前236年，王翦率军攻打赵的阏与，王翦领军只18天，便令军中不满百石的校尉回家，并从原军队的10人中选出两人留在军中，所留下来的都是军中精锐。王翦用这支士气很高的精锐部队攻下阏与，同时一并攻取了赵国的9座城邑。

前229年，王翦攻下赵国的井陉，准备一举灭掉赵国。结果遇上了赵国名将李牧，相持一年多时间，一直无法得胜。于是，秦军用反间计，使庸王赵迁杀了李牧。随后，王翦势如破竹，大败赵军，阵斩赵军主将赵葱。攻下赵国的东阳，俘虏赵王迁，赵国灭亡。只有赵国公子嘉逃到北面的代地，自称代王。

前225年，秦王嬴政派王翦之子王贲攻楚，大败楚兵。然后王贲迅速北上，进攻魏国，并用黄河、大沟水淹大梁城，城尽毁，魏王投降。接着王贲又平定了魏国各地。魏国故地全部并入秦国版图。

魏国灭亡后，三晋之地尽数入秦。东北面的燕国名存实亡。南面的强敌楚国已经数次败北。秦军准备尽早灭楚，但是楚国毕竟是大国，秦王在灭楚大战需要多少兵力的问题上拿不定主意，于是征求众将的建议。

◆ 秦始皇雕像

秦王问年轻的李信需要多少兵力，李信回答最多不过20万人。李信年少英勇，曾率数千军马追袭燕太子丹，使燕太子丹自杀。秦王嬴政非常欣赏李信能力。随后，秦王又问王翦，王翦却回答说没有60万人马不行。秦王认为王翦老了，连胆子也变小了。于是，派李信及蒙恬率军20万伐楚。王翦见自己的话不被采用，便称病回到家乡频阳。

李信与蒙恬分别从平与、寝邑两路发兵，其间曾大败楚军。李信接着又将鄢、郢等城攻下，于是向西前进，准备与蒙恬在城父会师（今安徽亳县）。李信心高气傲，又被胜利冲昏了头脑，丝毫未觉察到楚国大将项燕率领的军队已悄然尾随在后。结果遭到楚军突击，秦军大败，两座营垒被攻破，7个都尉被杀，死伤甚众。

楚军击败李信军后，一直向西进军，大有反攻秦国的势头。秦王听到这个消息后，大为震怒，亲自赶往频阳，向王翦道歉，请王翦担当主帅，率领大军攻楚。王翦起先假意推辞，说自己年老体弱，又有病在身，疲乏无力，实在不能担当重任，请秦王另选良将。秦王又再次向王翦道歉，并执意要王翦为将。王翦说："如果大王一定要任用我为大将，非60万人不可。"秦王立即答应了王翦的要求，并表示愿意听从王翦的谋划。

王翦率领秦国60万大军出发，秦王政亲自到灞上为王翦送行。王翦临行时，请求秦王先行赏赐良田、美宅、园林池苑给自己。秦王说："将军为国作战，以后有的是赏赐，还用得着害怕家里会穷困？"王翦说："作为大王的将军，有功劳才可以得到封侯赐爵，所以趁着大王顾念我的时候，我就应及时向大王请求赏赐一些产业来留给子孙后代。"秦王听后大笑。

王翦出发后到了函谷关，在这期间，连续五次派使者向秦王请求赏赐良田。有人觉得王翦索取无度，应该适可而止，就对王翦说："将军连续请求赐予家业，太过分了吧。"王翦说："不对。秦王暴戾疑人，现在这支60万的大军几乎是秦国的全部军力，如果我不多次请求赏赐来表示自己的意志，秦王不会怀疑我吗？"

王翦代替李信为将攻楚的消息传到楚国。楚王调集全国的军力来抗击秦军。王翦用疲敌之计大败楚军，楚国被灭。王翦因功被封为武成侯，其后他又率兵直下百越，为秦王朝开疆拓土立下了汗马功劳。当他带着六七十万兵马班师后，一向猜忌多疑的秦始皇对他信任有加，并得以善终。

延伸阅读

将门虎子

王翦之子王贲，其孙王离，三代为秦将。其中，其子王贲最为知名，是秦灭六国中的重要将领，其功勋不下于王翦。王贲曾水淹大梁，破魏国首都，灭魏。奔袭辽东，俘虏燕王喜，灭燕。攻入代地，俘虏赵国公子嘉，灭代。并最终率兵灭掉六国中的最后一个国家齐国，完成了统一。因功被封为"通武侯"，王氏一门两侯，可谓将门虎子，实至名归。

蒙恬：北逐匈奴，控扼河套

> 蒙恬，秦始皇时期的著名将领，他北御匈奴，修筑长城，修驰道，控扼河套，声威震于匈奴，使匈奴多年不敢犯边。传说他曾改良过毛笔，是传承中华文化的重要人物。

蒙恬(？—前210)，姬姓，蒙氏，名恬。祖籍齐国，因其祖父在秦昭王时自齐入秦，自此蒙氏遂世居秦国。他是秦始皇时期的著名将领，曾北御匈奴，修筑长城，为保卫华夏族的生存与生活作出了重大贡献。

前221年，秦始皇统一中国，正当咸阳城里欢庆胜利的时候，秦国北部边境传来匈奴频繁骚扰并大举南侵的消息。匈奴军队杀人放火，抢劫牲畜财物，边疆人民苦不堪言。这时天下初统一，人心思定，军民厌战。蒙恬不顾连年征战的辛劳，接受命令"北逐戎狄"，收复河套一带。

前215年，蒙恬率领30万能征善战的大军，日夜兼程赶赴塞北。扎下大营后，他一边派人侦察敌情，一边亲自翻山越岭察看地形。第一次交战，就杀得匈奴人仰马翻，溃不成军。前214年的春天，又爆发了最具决定性的战争。蒙恬跟匈奴人在黄河以北进行

◆ 汉长城遗址

了几场战争，匈奴主力遭受重创。最后匈奴残余向北逃窜。史载：匈奴人向北（逃窜）700多余里。这次战斗，匈奴人彻底被赶出了河套地区，秦王朝从匈奴人手中夺回了水草丰美的黄河大草原。汉代贾谊曾评价说："（匈奴）不敢南下而牧马。"蒙恬仅一战就将剽悍的匈奴重创，使其向西逃窜，四处狼奔。此后，蒙恬统率重兵坐镇上郡（今陕西榆林市境内）。为了加强河套地区的防线，蒙恬在河套黄河以北（今内蒙古乌拉山一带）筑亭障，修城堡，作为黄河防线前哨阵地。经过这次战斗，给北方带来了十几年安定的社会环境，为河套地区的开发创造了条件。

匈奴人虽被击败，但其单于王庭仍然存在，也就是说其根本依然存在。为了防范匈奴人南侵，蒙恬根据"用险制塞"的策略，以城墙来制骑兵的战术，调动几十万军队和百姓建起了西起临洮，东到辽东的长达5000多千米的长城。

同时，蒙恬沿黄河河套一带设置44个县，统属九原郡，还建立了一套治理边防的行政机构。前211年，秦王朝遣发3万多名罪犯到洮河、榆中一带垦殖，发展经济，加强军事后备。这些措施对于边防的加强，起到了积极的作用。

另外，蒙恬又派人马，从秦国都城咸阳到九原，修筑了宽阔的驰道，克服了九原交通闭塞的困境。这不但加强了北方各族人民经济、文化的交流和融合，更重要的是对调动军队、运送粮草器械物资等具有重要战略意义。

前210年冬，秦始皇游会稽途中患病，在沙丘病死，死讯被封锁。中车府令赵高得宠于公子胡亥，他想立公子胡亥为皇帝，于是同丞相李斯、公子胡亥暗中谋划政变，夺取皇位。但他们忌惮北方始皇长子扶苏，尤其是蒙恬手中掌控的30万大军。于是，赵高矫诏，派遣使者到塞上，赐死公子扶苏。

扶苏自杀，蒙恬内心疑虑，请求当面申诉。使者答应，另派他人执掌兵权，囚禁蒙恬于阳周。胡亥杀死扶苏后即位，即秦二世，便想释放蒙恬。但赵高深恐蒙氏再次贵宠用事，对己不利，执意要消灭蒙氏，便散布在立太子问题上，蒙恬的弟弟蒙毅曾在始皇面前毁谤胡亥，胡亥于是又囚禁了蒙恬。二世害怕蒙恬在军中威望过高，直接赐他自尽。至此，一代名将被冤杀。

延伸阅读

蒙恬发明毛笔的传说

秦代时人们主要在竹简上书写，使用的是刻刀或者漆笔，漆笔主要是竹签。尤其是漆笔写字很不方便，蘸了漆没写几笔就会干涸。一天，蒙恬打猎时看见一只兔子的尾巴在地上拖出了血迹，心中不由来了灵感。

他立刻剪下一些兔尾毛，插在竹管上，试着用它蘸墨写字。可是兔毛不吸墨。蒙恬试了几次，效果不佳，于是随手把那支"兔毛笔"扔进了门前的石坑里。有一天，他无意中看见了那支被自己扔掉的毛笔，捡起来后，他发现湿漉漉的兔毛变得更白了，蘸墨一试，居然效果很好。原来，石坑里的水含有石灰质，经碱性水的浸泡，兔毛的油脂去掉了，变得柔顺起来，由此毛笔诞生。

项羽：破釜沉舟，乌江悲歌

> 项羽是中国古代最为勇猛的将领，也是最擅长使用骑兵的统帅，自号"西楚霸王"。他曾在巨鹿破釜沉舟，大破优势秦军，击溃了秦军的主力，为彻底颠覆秦王朝奠定了基础。此次战役也成为中国历史上最为典型的战例。

项羽（前232—前202），名籍，秦下相（今江苏省宿迁市宿城区）人。秦末时他被楚怀王熊心封为鲁公，秦亡后自号"西楚霸王"，统治黄河及长江下游的梁楚九郡。其勇武古今无双，以至于"霸王"一词成为对他的专称。

秦二世元年（前209）七月，陈胜、吴广在大泽乡起兵反秦，到了九月，会稽太守打算反秦，找楚国大将项燕的后裔项梁商议，但项梁认为与其和太守一起反秦，不如自己反秦，因此和项羽一起杀了太守，自行举兵反秦。不久，便召集了精兵8000人。项梁自任为会稽守，项羽则任裨将。后来，项梁率领8000人渡过长江，其他起义者纷纷归附，兵力增至六七万人，进驻下邳。项梁采纳范增的建议，在民间找到楚怀王的孙子熊心，立他为楚王，仍号怀王，以争取民心。

秦军听说楚地造反，立即派遣大军围剿。项梁击败来犯的秦军后，对秦军产生了轻敌心理，结果在定陶之战中，被秦将章邯杀死。当时，各地起义烽火不断，当年的六国贵族纷纷复国。章邯击败项梁后，同时对其他几路义军予以打击，义军遭到极大的损伤。楚怀王见秦军兵势太盛，迁都彭城，任命宋义为上将军，项羽为次将。

宋义担任上将军后，军队到达安阳就停止不前，滞留46日之久。项羽建议进兵，但宋义并不接纳。形势危急之际，项羽斩杀宋义，诸将拥立项羽为主帅。项羽

◆ 项羽

派人将此事据实禀报怀王，怀王便任命项羽为上将军。前207年，项羽进兵巨鹿，先遣英布等率2万人渡河出击秦军，项羽随后率主力渡河，命令部下在渡河后砸碎锅并凿沉船只，意谓没有退路，后世称之为"破釜沉舟"。此战，项羽九战九胜，楚军以一敌十，大破秦军30万。其他义军望风归附，项羽在辕门召见各路义军的首领时，全都吓得跪行，无一敢仰视。项羽由此成为各路诸侯军队的统帅。

在继续向关中进军时，沛公刘邦抢先一步占领秦都咸阳，刘邦的部下左司马曹无伤派人向项羽说："沛公欲王关中，使子婴为相，珍宝尽有之。"听罢，项羽大怒。当时项羽统军40万，而刘邦只有10万人。范增献计除掉刘邦。项羽在鸿门宴请刘邦，但席间没有杀他，刘邦借故平安离去。前206年，项羽进入咸阳，杀已经投降的秦王子婴，烧秦宫室，并分封诸路义军，其中刘邦被封为汉王。

刘邦素有大志，被封为汉王后并不甘心，寻机夺取天下。前206年，刘邦出兵占领关中，项羽因在齐地用兵，没有力量顾得上刘邦。前205年，汉军联合五路诸侯军队共56万人攻楚，占领项羽的都城彭城，项羽闻讯自齐地率骑兵回救，在彭城大败汉军，汉军损失数10万人，睢水中的尸体甚至堵住了江流，刘邦侥幸逃脱。项羽率兵向西追击，汉军坚守荥阳，令楚军无法再向西前进。前204年，荥阳危急，汉将纪信扮成刘邦出城投降，刘邦趁机西逃。项羽知道中计后大怒，烧死纪信，楚军攻占荥阳。这次战役，楚军大兵团奔袭，是中国古代最大规模的骑兵作战，也显示出项羽作为骑兵统帅的卓越才能。

彭城之战后，楚汉两军都无力吞并对方，暂时处于拉锯局面。然而汉军大将韩信所率汉军在黄河以北地区屡胜，另一部大将彭越也率领部众侵扰楚军后方，形势开始对项羽不利。前203年，楚汉议和，平分天下，以鸿沟为界，西归汉，东归楚。项羽率军东归，刘邦不久背约，出兵攻楚。刘邦约定韩信及彭越合击项羽，可是二人却按兵不动，结果刘邦在固陵被项羽打得大败。刘邦一方面固守，另一方面以事成后裂土封王利诱韩信及彭越出兵，终于使他们带兵会合刘邦。至此之后，楚军逐渐开始走下坡路。

前202年初，项羽在垓下战败，最后在乌江边自刎而死。

延伸阅读

无颜见江东父老

项羽在垓下战败，突破重围逃到乌江边上，乌江亭长劝他过江，江东还有千里土地，百万人口。但项羽毕竟是一位情深意重的大英雄，而不是老谋深算的政客，他承担了失败的全部责任，选择了死亡。他对乌江亭长说："当年起兵，我带领8000江东子弟，如今无一人归来，我无颜见江东父老。"在他人生的最后，他流露出的是一种人性的情怀，是一个完美的殉情殉道者。甚至在死之前，他看到来追杀他的"叛徒"吕马童，还呼唤道："若非吾故人乎？""吾闻汉购我头千金，邑万户，吾为若德。"拔剑自刎，让"故人"拿他的头去向刘邦邀功。

韩信：忍辱负重，终成统帅

> 韩信，西汉开国功臣，汉初三杰之一，曾被封为齐王、楚王，后改封为"淮阴侯"，是公元前3世纪最杰出的军事家和战略家。他擅长大兵团作战，计谋出人意料，是中国军事思想"谋战"派的代表人物。

韩信（约前231—前196），汉族，淮阴（今江苏省淮安市）人。年少时父母双亡，家道贫寒，他却刻苦读书，熟谙兵法，心怀安邦定国之抱负。苦于生计无着，只好经常到乡里人家去"寄食"，有时也到淮水边上钓鱼换钱，为此，屡屡遭到周围人的歧视和冷遇。

有一天，一群恶少当众羞辱韩信。一个少年看到韩信身材高大却身带佩剑，以为他是胆小，便在闹市里拦住韩信，说："你要是有胆量，就拔剑刺我；如果是懦夫，就从我的裤裆下钻过去。"围观的人都知道这是故意找茬，不知道韩信会怎么办。只见韩信想了好一会儿，一言不发，趴下来从那人的裤裆下钻了过去。当时在场的人都哄然大笑，认为韩信是胆小怕死、没有勇气的人。这就是"胯下之辱"的典故。

秦末农民起义后，楚地义军领袖项梁渡过淮河北上，韩信也投奔了项梁，但是未受到重用，因而默默无闻。项梁败死后，又归属项羽，项羽让他做执戟郎中（领队的小官）。此后，韩信曾多次给项羽献计，但都不予采纳。刘邦入蜀后，韩信投奔刘邦，但也未受到重视，只授予管理仓库的小官。

有一天，韩信违反军纪，按规定应当斩首，临刑时看见汉将夏侯婴，就问他："难道汉王不想得到天下吗，为什么要斩杀壮士？"夏侯婴认为韩信所说不凡，而且他的相貌威武，遂下令释放了他，并将韩信推荐给刘邦，但还是未被重用。

韩信曾多次与萧何谈兵，深受萧何赏识。刘邦至南郑途中，韩信思量自己不会受到刘邦重用，中途离去。萧何一听韩信逃走

◆ 韩信

◆ 萧何

了，来不及向刘邦报告便去追赶韩信。军中有人向汉王报告："韩信逃亡，丞相也逃走了。"对此，刘邦大怒，犹如痛失左右手。过了一两天，萧何前来进见，刘邦又怒又喜，问萧何为何逃跑。萧何说他不敢逃跑，他只是去追逃亡的韩信。刘邦说："每天逃亡的将士很多，别的人你不追，却偏偏追一个懦夫。"萧何说："别的人逃走，至多失去冲锋陷阵的将领；但韩信却是能够帮助汉王成就大业的国士。"刘邦听了萧何的话，同意让韩信为将，但萧何坚持要再加以重用，刘邦表示可以让他作为大将。萧何说："大王以前很不礼貌，使唤韩信就和下人一样，所以韩信才走。你如果想用他，就要尊敬他，需要登台拜将。"于是，刘邦欣然接纳萧何的建议。刘邦和韩信谈论定国安邦良策，韩信侃侃而谈。听后，刘邦大喜。从此，刘邦文依萧何，武靠韩信，举兵东向。

前202年十二月，楚汉两军在垓下展开决战。刘邦以韩信为主帅，统一指挥各路大军。项羽指挥10万楚军，从正面向汉军阵地猛攻。对于项羽的正面攻击，韩信采用典型的侧翼攻击战法，令汉军中军稍稍后退，避开楚军精锐，而将两翼展开，实行侧击，然后再令中军推进，最后完成了合围之势。入夜，汉军四面唱起楚歌，楚军丧失斗志，被汉军一举聚歼于垓下。眼见大势已去，项羽自刎于乌江边。历时五年的楚汉战争，终以汉王刘邦夺得天下而告终。

曾几何时，韩信在项羽帐下只不过是个执戟的卫士，最终却击败了当年不可一世的西楚霸王，真是世事变幻，不可测度。汉代纵横家蒯通曾以"略不世出"来赞誉这位叱咤风云的军事人物。当然，其用兵之道，更为后世兵家所推崇。据《汉书·艺文志》记载，他曾著有《韩信兵法》三章，可惜已经失传。

延伸阅读

受教于漂母

韩信平民出身，放纵而不拘礼节。虽然身负大才，但却未被推选为官吏。由于不会种田，也无经商之道，常常依靠别人糊口度日，许多人都讨厌他。韩信的母亲死后，更是穷得无钱办丧事，然而他却寻找又高又宽敞的坟地，要让那坟地前面开阔，背后山陵成势。

南昌的一个亭长认为韩信不是凡夫俗子，邀为门客。但不为其妻所容，每次吃饭的时候都不给韩信盛饭，韩信愤然离去。以在城外的河边钓鱼为生，但所获不能果腹。一漂母见韩信饥饿，便把自己带来的饭分给他吃，一连数十日。韩信十分感激，说："吾必有以重报母。"漂母听了非常生气，说："大丈夫不能自食，吾哀王孙而进食，岂望报乎！"韩信听后，犹如当头棒喝，感到非常惭愧，立志成就大业，不蹉跎岁月。

张良：运筹帷幄，决胜千里

> 张良是汉朝开国勋臣，汉高祖刘邦的主要谋士。楚汉战争中，他提出不立六国后代，联结英布、彭越，重用韩信等策略，又主张追击项羽，歼灭楚军，为刘邦完成统一大业奠定了坚实基础。刘邦称他"运筹帷幄之中，决胜千里之外"，并封他为"留侯"。后世更是尊他为"谋圣"。

张良（？—前186），字子房，秦末城父人，祖上为韩国重臣，家族中曾数代为相，系韩国贵族之后。韩国灭亡后，他曾经雇佣刺客在博浪沙用大铁椎刺杀秦始皇，误中始皇副车。刺杀失败后，他逃到下邳，在那里隐居下来。

秦末农民起义，张良成为韩王安的臣僚。期间，汉王刘邦十分厚待张良。后来，韩王安被项羽所害，张良投奔刘邦。刘邦军西入武关，便要与秦军对决。对此，张良建议道："秦军实力仍然不可小觑，听说他们的将领比较贪财，不如先从他们身上下手。"

刘邦接受张良计谋，果然一举拿下咸阳。初到咸阳，刘邦展现出了他"暴发户"的一面，对于秦皇宫内的一切都爱不释手。张良为刘邦分析利害，说他不能像残暴的秦国一样，只知道贪图享乐，而应该善待百姓，以图天下。刘邦接受了他的进谏。

刘邦抢先一步夺取咸阳，惹怒了反秦义军的首领项羽，他驻军鸿门，准备歼灭刘邦。项羽的叔父项伯曾经受过张良恩惠，他连夜来到刘邦军中报信，要张良和他一起赶快远离刘邦。张良却说，他不能就这样丢下刘邦，便把这件事告诉了刘邦，并为刘邦出谋划策，让他与项伯结为亲家。有了项伯做

◆ 张良

掩护，鸿门宴虽然无比凶险，刘邦依然从容得脱。

前206年，项羽分封诸侯，刘邦被封为汉王，封地巴蜀。巴蜀是土地贫瘠的蛮荒之地，缺乏战略作用。因此张良劝说项伯帮助汉王刘邦，项伯答应在项羽面前为汉王说好话，从而使刘邦得到土地肥沃的汉中。

项羽封王完毕，各路诸侯都应该回到自己的封地。张良建议刘邦烧掉三秦通往汉中的唯一通道——栈道，以表明自己固守封地之心，消除项羽的疑心。刘邦照办，项羽果然打消了对他的防范之心。

前204年，汉军将楚军击溃，刘邦问计郦食其，郦食其建议刘邦封六国之后，让他们重新复国，以增强反楚联盟的实力。张良面见刘邦，陈说利害。他认为复立六国，有百害而无一利，从而打消了刘邦复立六国的想法。这次陈说免于天下再次陷于分裂，对建立统一的大汉王朝奠定了基础。

楚汉战争打到白热化的时候，汉军面临被项羽一举击溃的危险，而刘邦的盟友韩信和彭越却迟迟不肯用兵。张良建议刘邦对韩彭二人许诺，胜利后三分天下，并分封二人为王。韩信、彭越果然出兵，项羽战败。此后，张良屡出奇策，直到将楚军被围垓下。张良又一招"四面楚歌"，唱散了楚军将士的心，加速了项羽的灭亡。

汉朝立国后，封赏功臣，张良得到了刘邦最丰厚的奖赏。高祖让他在齐国自选3万户，作为封赏。这相当于3个万户侯的赏赐，但张良却只选了他与刘邦初遇的"留地"作为自己的封地，以示不忘君臣相遇、风云际会之情，得封"留侯"。

汉室初定，萧何、韩信等功臣得到封赏，但仍然有很多人未得到赐封。刘邦一时决定不下，此事便耽搁起来。刘邦见将领们聚在一起整天议论纷纷，就问张良他们议论什么。张良说："造反。"汉高祖顿时大吃一惊，忙问张良应该怎么办，张良让刘邦先封赏他最痛恨的雍齿。雍齿在楚汉之争中曾经多次羞辱和背叛刘邦，但最终还是归附了刘邦，张良认为，只要赏赐了他，必然能安定其他将领的心。高祖接受了建议，果然将领们不再聚众私议，人心也安定下来。

高祖驾崩后，张良不愿意卷入宫廷之争，进入山林，过起了神仙般的隐居生活。

延伸阅读

张良取履

张良隐居下邳，在桥上遇到一个老翁。他看见张良过来就把鞋子扔到桥下，回头对张良说："小子，下去把我的鞋子取上来！"张良见他年老，就帮助取回鞋子。老翁又说："给我穿上！"张良已经替他取回了鞋子，也就跪下给他穿上。穿好后，老人大笑着走了。张良非常惊奇，老翁忽然回头说："孺子可教，五天后黎明，与我在此相会。"

五天后黎明，张良赶到，发现老翁已经先到了。老人说："和老人约见，却比我晚来，五天后再来。"说完就走了。五天后鸡刚一啼鸣，张良又来了，发现老翁又先到了。老翁生气地说："五天后再来。"当晚张良半夜就来了。过了一会儿，老翁才到，高兴地说："应该像这样。"老翁拿出一本书，说："这是《太公兵法》，好好学习，可成为帝师。"

卫青：漠南大战，匈奴丧胆

> 卫青是汉武帝时期抗击匈奴的主要将领，擅长率领大兵团作战，曾深入漠南和匈奴决战，与霍去病并称"帝国双璧"。他为汉王朝远播声威，建立安定的局面作出了重大贡献。

卫青（？—前106），字仲卿，河东平阳（今山西临汾）人。卫青的母亲在平阳公主的夫家做女仆，因丈夫姓卫，她被称为卫媪。除卫青之外，卫媪生有一男三女，即儿子卫长君，长女卫君孺、次女卫少儿、三女卫子夫。自丈夫死后，她仍在平阳侯家中帮佣，与同在平阳侯家中做事的县吏郑季私通，生下卫青。因此事过于隐秘，便让这个孩子冒姓前夫的姓，起名卫青。

卫青的母亲养不起儿子，将他送回郑家，但郑家不承认他的身份，使他遭受了很多痛苦。成年后，卫青回到母亲身边，做了平阳府的骑奴。建元二年（前139）春，卫青的姐姐卫子夫被汉武帝选入宫中，卫青也被召到建章宫当差。这是卫青命运的一大转折点。身在宫中的卫子夫有了身孕，引起了陈皇后的嫉妒。陈皇后是汉武帝姑姑馆陶长公主的女儿，与汉武帝成亲后，被立为皇后，但是无子，妒忌卫子夫。为了给女儿出气，馆陶长公主意图谋害卫青。她将卫青抓住，准备处死。千钧一发之际，卫青好友公孙敖召集几名壮士，赶往抢救，把卫青从死亡的边缘夺了回来。得知真相的汉武帝大为愤怒，于是任命卫青为建章宫监、加侍中衔，连同他的同母兄弟们都得到赏赐，并不断为之升官。卫氏一门因祸得福。

元光六年（前129），卫青被封车骑将军，正式开始戎马生涯。元狩四年（前

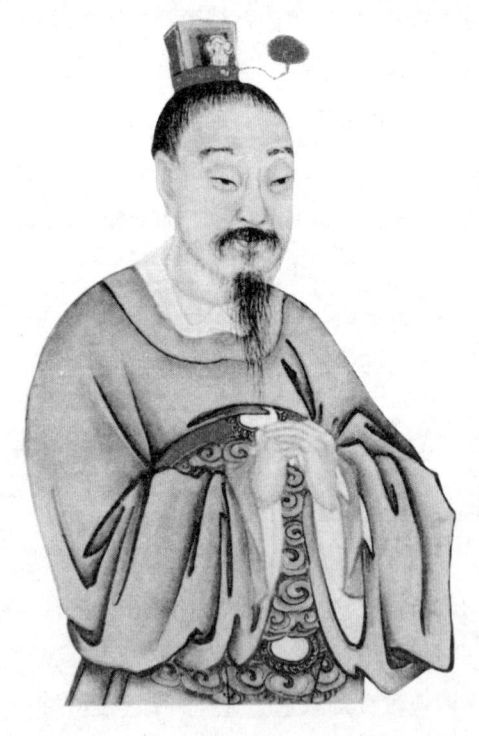

◆ 卫青

◆ 西汉军戎服饰复原图

119）春，为了彻底击溃匈奴主力，汉武帝集中全国的财力、物力，准备发动对匈奴的第三次大战役。召集诸将商讨进军方略时，汉武帝说："匈奴单于采纳赵信的建议，远走沙漠以北，认为汉军不能穿过沙漠，即使穿过，也不敢多作停留。这次我们要发起强大的攻势，对匈奴犁庭扫穴。"于是，挑选了10万匹精壮的战马，由车骑将军卫青、骠骑将军霍去病各率精锐骑兵5万人，分作东西两路，远征漠北。为解决粮草供应问题，汉武帝又动员了私人马匹5万，步兵10余万人负责运输粮草辎重，紧跟在大军之后。另外李广、公孙贺、赵食、曹襄等部也都随卫青出征。

卫青大军北行1000多里，跨过大沙漠，与匈奴军遭遇。卫青临危不惧，命令部队用武刚车（铁甲兵车）迅速环绕成一个坚固的阵地，然后派出5000骑兵向敌阵冲击。匈奴出动1万多骑兵迎战。双方激战，战况非常惨烈。黄昏时分，忽然刮起暴风，尘土滚滚，沙砾扑面，顿时一片黑暗，两方军队互相不能分辨。卫青乘机派出两支生力军，从左右两翼迂回到单于背后，包围了单于的大营。单于发现被围，慌忙跨上马，在数匹精骑保护下北逃。此战卫青追击200多里，斩杀并俘虏匈奴官兵2万人。

此后卫青屡次出战，斩获颇丰，一生中七战匈奴，尝无败绩。卫青通过漠南之役、河西之役和漠北之役，沉重打击了匈奴右贤王部、河西诸王部、单于本部及左贤王部的主力。匈奴一蹶不振，再也没有与汉帝国一决胜负的实力。此后的20多年里，未发生大的战争。

延伸阅读

卫青卖羊毛换瓜

卫青是私生子，因此在自己的生父家中很不受欢迎。养母对他非常刻薄，常让他干最重的活儿。他不但要洗锅刷碗，还要割草放羊，经常起早贪黑，受饥挨饿。尽管如此，养母仍然处处刁难他。

一天，卫青牧羊回来，养母对卫青说："你拉两只羊拉到集市上卖掉，给你哥哥姐姐们买回两个又大又圆的东西来，再给我捎一些又黑又小的东西，我们要一起解解馋。"她还恶狠狠地补充了一句："再把羊拉回来！"

小卫青来到集市上，先向裁缝店借了一把剪子，把羊身上的毛剪下来卖掉，再用卖羊毛的钱买了两个大西瓜，驮在羊背上回家。养母一看目的没有达到，就瞪圆眼睛故意找茬说："我吃什么呢？"卫青指着西瓜说："他们吃剩的西瓜籽，又黑又小又好吃。"养母一听这话，虽然有一肚子的火气，却被噎得说不出话来。

霍去病：千里奇袭，封狼居胥

> 霍去病少年时代就好骑射，是汉代名将卫青的外甥。他出身显赫，年少得志，曾孤身率军深入匈奴纵深，大破匈奴。他用兵灵活，注重方略，不拘古法，勇猛果断，每战皆胜，深得武帝信任，留下了"匈奴未灭，何以家为"的千古名句。

霍去病（前140—前117），河东平阳人（今山西临汾）。他出生在一个传奇性的家庭。母亲是平阳公主府的女奴卫少儿，父亲是平阳县小吏霍仲孺，这位小吏不敢承认自己跟公主的女奴私通，于是，霍去病只能以私生子的身份降世。

霍去病刚满周岁的时候，他的姨母卫子夫进入了汉武帝的后宫，并很快被封为夫人，这是一个仅次于皇后的位置。随即，霍去病的两个舅舅卫长君、卫青都被晋为侍中。从此，卫氏家族改变了命运，霍去病也改变了命运。

卫青声震匈奴，建功立业的同时，霍去病也渐渐地长大了，在舅舅的影响下，他自幼精于骑射，虽然年少，却不屑于像其他王孙公子那样呆在长安城里放纵声色，享受长辈的荫庇。他一直渴望能有杀敌立功的一天。他虽年少位尊，但并不娇纵，为人少言寡语，胆气内藏，敢作敢为。汉武帝刘彻想教他兵法，他答："顾方略何如耳，不至学古兵法。"为他建造府邸，他回答："匈奴未灭，何以家为。"

元朔六年（前123），漠南之战。未满18岁的霍去病主动请缨，武帝遂封他为骠姚校尉随军出征。之后，霍去病率领八百骑兵，在茫茫大漠里奔驰数百里寻找敌人踪迹。结果他"长途奔袭"的战术首战告捷，斩敌2000余人，匈奴单于的两个叔父一个毙

◆ 霍去病雕像

◆ 霍去病墓石雕——马踏匈奴

命一个被活捉，而霍去病等人全身而返。随即，汉武帝封他为"冠军侯"，赞叹他勇冠三军。

霍去病前后六次出击匈奴，每战皆胜，深得武帝信任。

元狩二年（前121）春，霍去病被任命为骠骑将军，独自率领精兵一万出征匈奴。这就是河西大战。19岁的统帅霍去病不负众望，在千里大漠中闪电奔袭，打了一场漂亮的大迂回战。六天中他转战匈奴五部落，一路猛进，并在皋兰山与匈奴卢侯王、折兰王打了一场硬碰硬的生死战。在此战中，霍去病惨胜，一万精兵仅余3000人。而匈奴更是损失惨重——卢侯王和折兰王都战死，浑邪王子及相国、都尉被俘虏，被杀兵士达8960人，匈奴休屠祭天金人也成了汉军的战利品。在这场血与火的对战之后，汉王朝中再也没有人质疑少年霍去病的统军能力，他成为汉军中军人的楷模、尚武精神的化身。

元狩四年（前119）春，刘彻想彻底消除匈奴的威胁，命大将军卫青和骠骑将军霍去病各率五万骑兵，另有步兵和运输部队共几十万人协同进攻匈奴。汉军原计划全部由定襄出发北进，以霍去病攻单于主力。后从俘虏口供中得知单于在东部的错误消息，即改变原来部署，卫青仍出定襄，霍去病则东出代郡。他率部出塞，翻过祁连山，穿越大漠北进2000余里，与左贤王部遭遇，俘获匈奴头王、韩王等3人，将军、相国、都尉等83人，歼敌7万余人。从此，匈奴无力还击，远走漠北。

元狩六年（前117），23岁的霍去病病逝。汉武帝闻讯，悲痛万分，举国凭吊。武帝调铁甲军，列队从长安直到茂陵，给他修坟墓，墓的外形像祁连山。至今，霍去病的墓仍然矗立在茂陵旁边，墓前的"马踏匈奴"石像，象征着他为国家立下的不朽功勋。

延伸阅读

倒看北斗星

传说，霍去病追击匈奴，过了鄢支山、祁连山仍不肯罢休，继续率军西进。将士们问霍去病何时班师，霍去病说："倒看北斗星。"

一天夜晚，霍去病的军队露营在一座荒凉的山上。两个卫兵拿着长矛来回巡逻。转到霍去病的床边不约而同地看着已经入睡的将军，又看看天空明亮的北斗星，走到一边低语一阵，就又蹑手蹑脚向霍去病床前走去。两人悄悄地抬起霍去病的床转了个方向，然后大声喊道："快看！快看呀！北斗星倒转了！北斗星倒转了！"他俩这一呐喊，士兵们都被吵醒，都不辨真伪也跟着喊了起来。

霍去病正在梦中，突然听士兵纷纷乱喊："北斗星倒转了！"慌忙坐起，他睡意朦胧中一看，北斗星的方向确实和睡前的相反，就下令班师回长安。

陈汤：明犯强汉者，虽远必诛

> 陈汤是西汉大将，汉元帝时任西域都护府副校尉，曾和西域都护甘延寿一起出奇兵攻杀匈奴郅支单于，因功授"关内侯"。他果敢善断，闪电奔袭，以震慑手段打击了匈奴的力量，为安定边疆作出了巨大贡献。

陈汤，字子公，山阳瑕丘（今山东兖州北）人，出身于平民家庭。他少年时喜欢读书，所作文章很有气势，但因家庭贫困，曾经靠乞讨度日，所以不为乡里看重。后来他流浪到长安，认识了富平侯张勃。张勃很赏识他，认为他有大才，因此将他推荐给汉元帝。

建昭三年（前36），陈汤被任为西域都护府副校尉，与西域都护甘延寿一起到西域赴任。西域都护府是西汉政府在西域地区的派出机构，都护府的主要职责在于守境安土，协调西域各国间的矛盾和纠纷，制止外来势力的侵扰，维护西域地方的社会秩序，确保丝绸之路的畅通。然而，陈汤这次到西域赴任，并不是一件轻松的事。因为自汉武帝时期大力削弱匈奴，到汉元帝时期匈奴分裂为南匈奴和北匈奴。北匈奴郅支单于率族徙居坚昆，怨恨汉廷偏护南匈奴呼韩邪单于，便扣押汉朝廷的使臣江乃始等人，并派使臣要求归还作为人质的儿子驹于利爱。汉元帝同意放其子回国，特派卫司马谷吉送归，郅支单于却将谷吉杀死。北匈奴害怕汉朝报仇，同时害怕受到南匈奴呼韩邪单于的夹击，因此一直向西奔逃，到了康居国。

康居国国王与郅支单于相互娶了对方的女儿，互为翁婿，然后联兵往攻乌孙国，直捣乌孙国都城赤谷城下，抢得许多人畜方才还师。郅支单于蔑视康居国，虐待和杀死了康居王及其女儿。当时的西域都护郑吉已年老多病，无力约束郅支单于，因此给朝廷上表退休，汉元帝乃派甘延寿、陈汤二人出

◆ 汉代骑兵俑

◆ 汉代青铜弩机

镇乌垒城（今新疆库尔勒与轮台之间）。也就是说，这次甘延寿和陈汤赴任，身负重大责任，那就是恢复西域的秩序。

陈汤在奔赴西域都护府的路上，每经过城邑山川时，都要登高望远，观察地形。到达目的地乌垒城后，甘、陈二充分了解了北匈奴的第一手资料。陈汤深感局势不容乐观：郅支远遁康居后，汉朝边境虽无烽火之灾，但大汉王朝的威信将在西域受到挑战，很可能对西域地区失去控制。因此，陈汤暗暗下定战斗决心，对郅支单于之战宜早不宜迟，与其养虎为患，不如先发制敌。

于是，这位刚刚任职西域都护副校尉的年轻人，建议甘延寿立即出兵攻击郅支单于。甘延寿认为，自己只是朝廷任命在西域的一名官员，没有对外作战的权力，用兵之事必须奏请朝廷才能再定。而陈汤认为战机万变，不容错过，且中央官吏远离一线，敌情不明，其公议"事必不从"，必须果断行事，先斩后奏。奈何甘延寿不敢作主，"犹豫不听"。巧合的是，这时候甘延寿突然病了，陈汤行使都护的权责，他以都护名义假

传汉廷圣旨，调集汉朝在车师（今新疆吐鲁番地区）地区的屯田汉军，还集合了西域诸国的军队组成联军。西域诸国一听说要讨伐郅支，15个西域国家都派兵前来助战，其中就包括被郅支单于多次攻击的乌孙。

卧病在床的甘延寿听说陈汤号集了各国联军，只好认可了既定事实，和陈汤一起同心同德，向郅支单于用兵。他们率领4万大军，奔袭3000里，突然出现在都赖水（今哈萨克斯坦塔拉斯河）畔，之后发动攻击，格杀郅支单于，击毙单于阏氏、太子、名王以下1500多人，生俘145人，投降者100多人。

陈汤西域一战名扬天下，被汉元帝拜为射声校尉，赐爵"关内侯"。而最为人们乐道的是他写给汉元帝的奏疏，其中有一句话名传千古："明犯强汉者，虽远必诛！"其辞荡气回肠，千古流芳。

曹操：横槊赋诗，乱世枭雄

> 曹操是东汉末年杰出的政治家、军事家、文学家、诗人。他善于权谋，用兵诡诈，被人称为乱世枭雄。他有出众的文采，诗歌以慷慨悲壮见称，开创了中国诗歌中豪迈一派的先河。

曹操(155—220)，字孟德，小名阿瞒，沛国谯（今安徽省亳州市）人，中国东汉末年著名的军事家，是三国时代魏国的奠基人和主要缔造者，汉献帝赐爵魏王。其子曹丕称帝后，追尊为魏武帝。

年轻时的曹操，机智警敏有权变，任侠放荡，不修品行，所以社会上没有人看重他。只有大名士桥玄认为他不凡，曾对他说："天下将乱，非命世之才不能济也，能安之者，其在君乎！"南阳人何颙也曾说："汉室将亡，安天下者，必此人也！"名士许劭以知人著称，也曾对曹操说过："君清平之奸贼，乱世之英雄。"由此可见，当时曹操就已流露出不同于众人的一面。他通过剿除黄巾军壮大了自己的势力，在北方屯田，兴修水利，解决了军粮问题，对农业生产的恢复有一定作用；他用人唯才，罗致地主阶级中下层人物，抑制豪强，加强集权。在其统治的地区，社会经济得到了快速恢复和发展。

初平元年（190），各路大军推举家世显赫的袁绍为盟主，西讨董卓。但因各路诸侯心怀鬼胎，遂使义军失败。曹操在这次盟会中初次显示了自己的实力。初平三年（192），董卓为王允、吕布所杀。汉献帝乘乱与众大臣逃出长安，曹操接受荀彧、程昱建议，迎接汉献帝至许昌。从此，曹操开始了挟天子以令诸侯的时代。他以献帝名义东征西讨，先后平定关东、关中等地区。

建安五年（200）十月，曹操在官渡

◆ 曹操

◆ 持戟青铜骑士俑出行仪

（今河南中牟县东北）以少胜多挫败河北袁绍，次年在仓亭（今河南管县东北）再次击破袁绍大军，并于7年后北伐三郡乌桓，彻底铲除了袁氏残余势力，基本统一了中原地区。

建安十六年（211），曹操领军西征击败了以马超为首的西凉诸军，构筑了整个魏国基础。次年又击败了汉中张鲁，至此，三国鼎立之势基本成型。他很有诗才，其子曹丕、曹植也都有文名，父子三人常常在征战中吟咏唱和，横槊赋诗，颇能显露出曹操豪迈风流的一面。

建安十八年（213），汉献帝派御史大夫郗虑册封曹操为魏王，于邺城建立魏王宫铜雀台，享有天子之制，获得"参拜不名、剑履上殿"的至高权力。公元220年，曹操于洛阳逝世，享年66岁，谥号"武王"，死后葬于高陵。曹丕建立魏国后，追谥为"武皇帝"。

曹操在乱世中积极追求个人抱负的实现，自我的不断超越。以"安民定天下"为己任，以齐桓公、晋文公为榜样，追逐"老骥伏枥，志在千里。烈士暮年，壮心不已"的境界，颇不负乱世枭雄之名。

延伸阅读

曹操惜才

曹操非常爱惜人才，为了留住人才甚至可以受辱。陈琳当年给袁绍写剿贼檄文，把曹操骂得狗血淋头，连祖宗三代也不放过。后来曹操抓住了陈琳，审讯时，曹问道："你为什么骂我的祖宗？"陈琳笑道："我当时写文章，文思泉涌，骂你骂得起兴，就控制不住把你祖宗也给带上了。"曹操素知陈琳是个人才，听罢他的话哈哈大笑，竟然宽恕了他，并把他留在身边视为好友。

诸葛亮：鞠躬尽瘁，人臣典范

> 诸葛亮是三国时期杰出的政治家、外交家、发明家、军事家，在世时被封为"武乡侯"，谥号"忠武侯"。他擅于抚众，精于用兵，往往能出奇谋，是蜀主刘备成就大业的良佐之才。

诸葛亮（181—234），字孔明，号卧龙（也作伏龙），琅琊阳都（今山东临沂市沂南县）人，有经国治军之才，其济世爱民、谦虚谨慎的品格为后世所称道。尤其是作为丞相鞠躬尽瘁、死而后已的精神更是被后世视为人臣的典范。

诸葛亮生于汉灵帝光和四年(181)，世居琅邪郡阳都县(今山东沂南县)，诸葛氏是琅邪的望族，先祖诸葛丰曾在西汉元帝时做过司隶校尉(卫戍京师的长官)。诸葛亮父亲诸葛珪曾做过泰山郡丞。诸葛亮3岁丧母，8岁丧父，与弟弟诸葛均一起跟随身为豫章太守的叔父诸葛玄生活。

建安二年(197)，诸葛玄病逝。诸葛亮和弟妹失去了生活依靠，便移居南阳。19岁的诸葛亮从师于水镜先生司马徽，并结庐于襄阳城西20里的隆中山中，隐居待时。在隆中隐居十年的诸葛亮，广交天下豪杰，"每自比于管仲、乐毅"，爱唱《梁父吟》，和江南名士庞德公、庞统、黄承彦、石广元、崔州平、徐庶等人友善。其智谋为大家所公认，均认为他有匡世之才。

建安十二年(207)，诸葛亮27岁时，刘备三顾茅庐，拜见诸葛亮，问统一天下的大计。诸葛亮精辟地分析了当时的形势，提出了首先夺取荆、益作为根据地，对内改革政治，对外联合孙权，南抚夷越，西和诸戎，等待时机，两路出兵北伐，从而统一全国

◆ 诸葛亮

◆ 汉昭烈帝刘备

的战略思想。这次谈话就是著名的《隆中对》。听了诸葛亮这一番精辟透彻的分析，刘备茅塞顿开，他恳请诸葛亮出山，帮助他完成兴复汉室的大业。诸葛亮遂出山，开始了他的政治生涯，联孙抗曹，并参与和策划了火烧赤壁、大败曹军的战役。他帮助刘备夺取益州，形成了三分天下有其一的局势。

建安二十六年（211），刘备在成都称帝，建立蜀汉政权，诸葛亮被任命为丞相，主持朝政。章武三年（223）春，刘备在永安病危，召诸葛亮嘱托后事说："君才十倍于曹丕，必能安国，终定大事。若嗣子可辅助，便给以辅助；若其不才，可取而代之。"诸葛亮哭道："臣必竭心尽力相辅，效忠贞之节，死而后已！"

蜀汉后主刘禅继位后，诸葛亮被封为武乡侯，领益州牧，建立丞相府以处理日常事务。当时，全国的军、政、财，事无大小，皆由诸葛亮决定，赏罚严明。对外与东吴联盟，对内改善和西南各族的关系，实行屯田，加强战备。建兴五年(227)，上疏《出师表》于刘禅，率军进驻汉中，前后六次北伐中原，多以粮尽无功而返。建兴十二年（234），诸葛亮终因积劳成疾，病逝于五丈原军中，将后事托付姜维。

诸葛亮并不墨守儒家教条，他尊王而不攘夷，进兵南中，和抚夷越，七擒孟获然后又放归，很好地团结了当地的少数民族。在他辅佐过程中，蜀国成为三国之中执行民族政策最好的国家。千百年来，人民将诸葛亮描绘成智慧的化身，其传奇性故事为世人传诵。

延伸阅读

三顾茅庐

汉末，天下大乱，曹操坐据朝廷，孙权拥兵东吴，汉宗室刘备听说诸葛亮很有才能，就和关羽、张飞带着礼物到隆中卧龙岗请诸葛亮出山。恰巧诸葛亮出去了，刘备失望而归。不久，刘备又和关羽、张飞冒着大风雪第二次去拜访，不料诸葛亮又出外闲游了。刘备只得留下一封信，表达自己对诸葛亮的仰慕之情。为了请诸葛亮出山，刘备吃了三天素，第三次拜访诸葛亮。当时，诸葛亮正在睡觉，刘备不敢惊动他，一直站到诸葛亮醒来，才向他行礼拜见，谈天下局势。诸葛亮很受感动，追随刘备而去，从此建功立业。这就是"三顾茅庐"的典故。

周瑜：羽扇纶巾，强虏灰飞烟灭

> 周瑜是三国时期吴国的军事统帅，多谋善断，精通音律，心胸宽广，善用人才，和刘备集团通力合作，在赤壁大败曹军，从而扬名天下。

周瑜（175—210），字公瑾，庐江舒县（今安徽省舒城县）人，出身士族，堂祖父周景、堂叔周忠，皆为东汉太尉。其父亲周异，曾任洛阳令。周瑜高大英俊，且志向远大，自幼刻苦读书，尤喜兵法。他生逢乱世，时局不靖，烽火连延，战端四起，胸怀廓清天下之志。

周瑜与孙策是挚友。当年，孙策的父亲孙坚兵讨董卓时，家小移居舒县。孙策和周瑜同岁，交往甚密。周瑜让出路南的大宅院供孙家居住，且登堂拜见孙策的母亲，两家互通有无。同时，周瑜和孙策广交江南名士，储备人才。孙坚死后，孙策继承父志，统率部卒。周瑜追随孙策，开始在江东大展雄图。孙策遇刺身亡后，孙权继位。他又得到了孙权的信赖，越发竭诚尽智，为东吴的崛起而奋战在前方。

曹操基本统一北方后，准备进而统一全国，第一个战略目标便是荆州。当时刘备中原逐鹿失败，正寄居在荆州刘表处。孙权也早看中了荆州。建安十三年(208)春，孙权征讨江夏，周瑜为前部大督都，打败了盘踞在那里的黄祖。

北方的曹操恐孙权抢先动手，在同年九月，大举挥师南下。当时刘表病死，刘琮不战而降。刘备力孤，无法与曹操争衡，率众南逃。曹操顺利占领荆州，收降刘琮的八万人马，拥有大军数十万，实力陡增，骄横益甚，并且扬言要顺流而下，席卷江东。在出行之前，曹操写信给孙权说："我奉旨南征，刘琮束手就擒。如今我训练了大军80万，准备与您会猎江东。"面对如此危局，周瑜建议孙权与刘备联军，共同迎曹。

◆ 周瑜

◆ 吴大帝孙权

建安十三年(208)十一月二十日,孙刘联军做好大战前的准备与部署。当夜东南风起,孙刘联军巧借东风,将20只大船装满芦苇干柴,浇上鱼油,铺好引火用的硫黄、焰硝等物,然后用青布油单遮盖好,驶向北岸的曹军水上大营。

江北的曹操,正与诸将在大帐中,东吴将领黄盖假意投降的密信送到。信中称:因周瑜关防甚严,黄盖一时无计脱身。巧遇鄱阳湖运粮船队到寨,周瑜遂命黄盖巡逻,这才有了出营的机会。于是,定于当晚二更来降,插着青龙牙旗的船队就是来降的粮船。曹操见书大喜,与诸将来到水寨的大船之上,专等黄盖的到来。

见时机一到,周瑜命令黄盖纵火,乘风向曹营进发。曹军以为黄盖真来投降,毫不防备。船队行到距离曹军水寨很近之时,各船同时起火。那时东南风正猛烈,火势蔓延到岸上的军营。很快曹军大乱,人马烧死淹死无数。曹军大败退到南郡。曹操留曹仁守江陵,自己返回北方。赤壁一战,周瑜名扬天下。

赤壁之战结束后,周瑜上书给孙权说:"刘备以枭雄之姿,而有关羽、张飞熊虎之将,必非久屈为人用者。愚谓大计宜徙备置吴,盛为筑宫室,多其美女玩好,以娱其耳目,分此二人,各置一方,使如瑜者得挟与攻战,大事可定也。今猥割土地以资业之,聚此三人,俱在疆场,恐蛟龙得云雨,终非池中物也。"但孙权认为曹操在北方势力太大,应该广泛招揽英雄人物才能与之抗衡;而刘备又绝非可轻易制服之人,所以,没有采纳周瑜的建策。

建安十五年(210),周瑜因病在江东去世。孙权为之大恸,将士尽戴孝。

延伸阅读

壮志未酬身先死

周瑜曾向孙权献策。当时益州牧刘璋、汉中张鲁不断生事滋扰,周瑜认为:"今曹操新折衄,方忧在腹心,未能与将军连兵相事也。乞与奋威俱进取蜀,得蜀而并张鲁,因留奋威固守其地,好与马超结援。瑜还与将军据襄阳以蹙操,北方可图也。"周瑜的这一计划,非常有战略眼光。孙权当即表示同意。周瑜想赶回江陵,做出征的准备工作,可惜半途染病,死于巴丘,享年36岁。如若周瑜不死,只怕历史就会改写,刘备或许未必能够占领荆州、益州,只怕三分天下的局面未必会形成。

韦睿：温文尔雅，威震敌胆

> 韦睿是南朝梁武帝时期的将军。他为人温文尔雅，器识超凡，果敢多谋，尤其在合肥一战中击败了北魏大军，受到梁武帝的极高赞誉。后世将他视为将中儒将，认为他有三国名将周瑜之风，名列南北朝四大名将。

韦睿(442—520)，字怀文，原籍京兆杜陵(今西安东南)人，曾祖时迁至襄阳。曾担任右军将军、辅国将军等职。他是南朝对抗北魏，并获胜的将领之一。北魏军队以骑兵著称，来去如风，但是每每遇到他就会败北。因此北魏军中流传着一首歌谣："不畏萧娘与吕姥，但畏合肥有韦虎。"在他们看来，梁朝军队的将领都如女人，只有韦睿一人令人害怕，犹如老虎。

南梁天监五年（506），梁朝北伐，合肥之战爆发。一天，韦睿带人侦察小岘城（今安徽含山北）的敌情，忽然城门洞开，魏军数百人出城列阵，大声叫嚣。韦睿想发动进攻，部将们都不赞成，说咱们不过是出来侦察，所以都是轻装，没有准备，不能硬拼。如若进攻，也得先回营穿上铠甲。韦睿说："城中魏军有两千余兵马，如果闭门紧守，足以自保，而这次无缘无故开城列阵在野，必定有骁勇之兵，如若能挫伤他们，那么此城不攻自破。"部将们仍然犹豫不决，韦睿马上板起面孔，拿出符节说："朝廷把它授予我，不是用来作装饰的，我的军法，是不可违抗的！"于是命令进攻，士兵们以一当十，殊死作战，结果大败魏军，一举占领了这座军事重镇，为夺取合肥扫清了障碍。

梁天监六年（507）十月，北魏集结数十万大军，号称百万，连营40余座，围攻位于淮河南岸的钟离城。梁武帝命右卫将军曹景宗都督诸军20万救钟离，结果走到邵阳洲就不敢前进了。梁武帝大怒，派镇守合肥的韦睿出兵，并赐给他龙环御刀，授权说"诸

◆ 梁武帝萧衍

◆ 彩绘骑马持物俑（南北朝）

将有不用命者斩之"。韦睿接到命令，立刻起程，取直道而行，逢山开路，遇水搭桥，昼夜急行军，只用了十天就到了邵阳。当时梁军都畏惧魏军兵势强盛，都劝韦睿慢点走，以静观局势变化。韦睿说："钟离如今危在旦夕，快马加鞭还怕来不及，何况还慢慢走呢？你们不用担心，魏人早成了我囊中之物了！"夜里抵达后，就在距离魏军城寨仅百余步的地方，挖壕沟，树鹿角，到拂晓时分，一座营垒便建好了。魏军早晨醒来，非常震惊，立即发动进攻。韦睿的儿子韦黯请求到城下去躲避箭雨，韦睿不许，他如往常一样乘坐一顶白轿，手拿犀角如意，镇定自若地指挥军队，钟离之围遂解。

韦睿慈爱仁厚，抚养兄长的孤子，比对自己的亲生儿子还要好。他从来不置办产业，常把自己的俸禄，散给亲戚故人，家中几乎没什么积蓄。他爱惜士兵，行军打仗，每到一个地方，士兵的营帐没有立起来，他从不肯进自己的大帐休息，士兵的锅灶没有建成，他从不肯自己先吃饭。受到如此关爱，士兵们上了战场，无不勇猛如虎。

在梁朝，韦睿功高盖世，但他却从不恃功自傲，相反见了功劳就躲，见了利益就让。钟离之战胜利后，曹景宗和诸将争先恐后地向朝廷告捷，只有韦睿独居其后，默不作声。钟离守将昌义之十分感激韦睿，宴请曹景宗和韦睿之后，又请他们娱乐一番，他拿出二十万钱作为赌注，让他们二人掷骰子。曹景宗掷了个"雉"，韦睿掷的是"卢"，韦睿赢了。但他故意重掷，掷出了一个"塞"，把二十万钱尽数输给曹景宗。曹景宗为人争强好胜，唯独特别敬重韦睿，无论在什么场合，对他总是恭敬三分。

梁武帝极其信佛，所谓上有所好，下必甚焉，不要说官场，全国都形成了风气，到处建寺院，开道场，拜佛诵经，香烟缭绕。但韦睿身居要职，却不愿跟随世俗之风，不信不听，言谈举止一如往常，显示出智者风采。

延伸阅读

毛泽东读《韦睿传》

毛泽东读史，尤其喜欢《韦睿传》，在文中密加圈点，批注有25处之多，有人统计这是他读史书批注最多的一个人物。韦睿这个人物，外柔而内刚，对士兵如慈父，打仗身先士卒，对功劳财产淡然处之，想别人多，想自己少，与人相处，坚守自己的信念，不因上级领导的好恶而跟风媚俗。这样的一个人，怎么让人感觉高山仰止，令人肃然起敬呢？

元英：聪敏锐识，英风绝伦

> 元英，原名拓跋英，南北朝时北魏名将，是北魏南安王拓跋祯之子，曾受封"广武伯"。他为人英俊绝伦、擅长骑射，精通音律，为北魏王朝南征屡次出兵，功勋卓著，被封为"中山王"，是北魏皇族中最有器识的人物之一。

元英(？—510)，字虎儿，代(今山西外长城以南大同)人。孝文帝时，元英为平北将军、武川镇都大将，不久受命督梁益宁三州诸军事，任安南将军、领护西戎校尉、仇池镇都大将、梁州刺史。

北魏太和十九年(495)，孝文帝南伐，元英为汉中别道都将。孝文帝率军攻南齐(今安徽凤阳东北)之际，诏元英率军于边境一带进行防御。元英认为"大驾亲动，势倾东南，汉中有可乘之会"，便于四月上表请求率兵会同平南将军刘藻进攻汉中(今属陕西)，此举得到孝文帝的赞同。元英军至沮水时，南齐梁州刺史萧懿派部将尹绍祖、梁季群等领兵2万占领险要，徼山立五栅，居高临下，隔水为营，以抗击魏军。元英认为："彼帅贱民慢，莫能相服，众而无上，罔知适从。若选精卒，并攻一营，彼不相救，我克必矣。若克一军，四营自拔。"随即发起猛烈进攻，攻破一营，其他四营均不来相救，接着进攻，敌军四营全部

◆ 北魏马具装墓志画像砖

崩溃，俘虏敌军700余人，斩杀3000余人。元英乘胜长驱直入，进抵南郑（今陕西汉中东郊）城下。一时"汉川之民，以为神也，相率归附"。

萧懿闻后，又派部将姜修反攻。到了晚上，元英率军进攻，颇有杀伤。姜修屡战屡败，尽为魏军所获。姜修又向萧懿求援，魏军阻援之敌抵挡不住齐军的进攻，向元英告急。元英率骑兵1000人，倍道救援。未至，齐军已然退还。元英担心齐军回城之后便不易歼敌，于是命一军尾随齐军，自率主力在前面拦劫，将齐军合围并歼灭。

魏军收兵之际，萧懿派出的另一支部队抵达战场。此时魏军皆已疲惫，未料齐军突至，加上敌众我寡，皆大为恐惧，准备遁走。元英见齐军来攻，故意放松缰绳，驱马缓行，神色自若。而后登高瞭望，指指划划，如布置阵势状，等各军退出狭地，整列后才命前进。萧懿疑心魏军设有伏兵，徘徊不前。元英率魏军乘机反击，大破齐军，遂包围南郑。同时严令军纪，一无所犯，使远近百姓悦附，皆供租运。此后，元英屡次攻破敌军。因功升为安南大将军，赐爵广武伯。

北魏景明四年（503）三月，投降北魏的原鄱阳王萧宝寅和江州刺史陈伯之请求北魏出兵攻梁。宣武帝元恪应允，遣任城王元澄率军5万及萧宝寅、陈伯之等并力攻南梁的钟离。八月，宣武帝又诏命元英为使持节、假镇南将军、都督征义阳诸军事，率军进攻义阳（今河南信阳）。梁司州刺史蔡道恭闻魏军将至，遣骁骑将军杨由率城外居民3000余家于城西南十里贤首山（今河南信阳西南），依山做成三营寨，作表里之势。

十月，元英领兵围攻贤首山，焚其寨门，并格杀敌军主帅杨由。十一月，元英在白沙（今河南光山西南）击败梁将吴子杨，围攻义阳。正始元年（504）二月，梁帝萧衍派平西将军曹景宗、后将军王僧炳等率步骑3万增援义阳。元英击败梁增援部队，斩俘4000余人。魏军围义阳，昼夜不息，梁朝多次派遣将领增援，不是被元英击退，就是不敢来攻击。双方一日三战，都遭到元英的痛击，大败而归。

八月，义阳守将蔡灵思在援兵未奏效、守城力竭的情况下，开城降魏。三关守将闻后，均弃城而逃。魏军占领义阳后，置为郢州。宣武帝下诏褒奖元英，封其为中山王，食邑一千户。至此，元英的人生达到巅峰。永平三年（510），元英去世，谥号献武王。

延伸阅读

料敌制胜

北魏永平二年（509），元英至义阳城，准备夺取梁朝的东关、武阳、黄岘三关。敌军马广率众防御魏军，军主胡文超另屯于松岘。元英故意放援救的敌军进城，对众将说："纵之使入此城，吾先曾观其形势，易攻耳，吾取之如拾遗也。"但众将不信。等敌援军入武阳后，元英才围攻义阳，只用六天，敌军便出降。于是元英进击黄岘，梁朝大将弃城逃窜。元英又进讨西关，敌军再次弃城退走。作战的过程和元英所预料的完全一样。此战，元英共俘梁军大将6人，部将20人，士兵7000人，米40万石。

陈庆之：白袍七千，直趋河洛

> 陈庆之是南北朝时期南梁的将领，他虽不善骑射，但却驭军有方，士卒俱能为其拼死效命。他的士卒皆白袍白甲，冲锋陷阵锐不可当，号称"白袍军"，是一支具有传奇色彩的军队。陈庆之率领这支军队攻城略地，千里纵横，创造了罕见的战场奇迹。

陈庆之（484—539），字子云，义兴国山（今江苏省宜兴市）人，少为梁武帝萧衍随从。因其出身寒门，在讲求身份的南朝，长期未得重用，直到41岁，才获得独立领兵的机会。

梁普通六年（525），陈庆之被梁武帝萧衍任命为武威将军，和其他将领一起去迎接北魏徐州刺史元法僧的投诚。不过，此次接受投降颇为顺利，未动一刀一兵。随即，梁武帝又任命陈庆之为宣猛将军，领兵两千护送豫章王萧综接管徐州。北魏不甘心如此轻易丢掉徐州，派两万大军来夺，陈庆之得到情报之后，逼近敌人营垒挥师直击。北魏军被击溃，陈庆之第一次显露出他的为将天赋。

梁普通八年（527），陈庆之和曹仲宗伐涡阳，梁武帝未让他担任主帅，但是却让他担任了位高权重的监军。梁军进军不久，北魏就派遣皇族元昭率领15万大军来救援，前军部队赶到驼涧。陈庆之建议夜袭，但将军韦放则认为敌军的前锋部队都是精锐，不易取胜。陈庆之见计谋不被采纳，亲率自己的200名亲兵长途奔袭40里，对北魏先头部队发动突然袭击，北魏军不明真相，纷纷溃散。

此战，陈庆之一举打掉了北魏军的士气。但并未消灭敌方的主力，双方实力悬殊，梁军不能一下子吞并魏军。双方在涡阳对峙一年，战斗上百次，胜负未分，但北魏已经在梁军后方筑起营垒，形成夹击之势。主帅曹仲宗、大将韦放准备撤退。陈庆之拿出皇帝颁发的符节，站在营门口说："我们一起来这里，士兵死了多少，粮草靡费多

◆ 甲骑交战图

少？难道就要轻易放弃吗？我有皇上密诏，今天要撤军的，立即处死。"曹仲宗和韦放一听，立即交出了军队的指挥权。陈庆之立刻率领精锐突袭北魏援军的营垒，顷日之间攻破敌军13处营垒，魏军被斩首极多，尸首淤塞淮水支流，遂使战斗告捷。

北魏后期，朝政腐败，权臣作乱。尤其是尔朱荣进驻洛阳，大肆屠杀北魏宗室亲贵。北海王元颢逃奔南梁，向梁武帝哭诉，并请梁朝出兵回洛阳夺取帝位。梁武帝萧衍为了在北魏内部树立亲梁的势力，答应了元颢的要求，以元颢为魏王，任命陈庆之为飙勇将军，率7000将士护送元颢北归洛阳称帝。

中大通元年(529)四月，陈庆之攻占荣城(今河南商丘东)，进逼梁国(今河南商丘)。下一个城池就是睢阳，睢阳守将丘大千，统领7万人马，十倍于陈庆之。他筑营九座，相互呼应。陈庆之采用各个击破的方法，先攻破三座，其余皆溃，丘大千只好投降。另外，陈庆之还攻破有两万兵据守的考城，活捉守将元晖业。此战之后，陈庆之之名震于南北，进军路上不少敌人闻风归降。

五月，北魏孝庄皇帝元子攸听说陈庆之保护另一位皇族来洛阳抢自己的帝位，立即部署将领扼守荣阳(今属河南)、虎牢(今荣阳西北汜水镇)等地，以保卫京都洛阳。其中魏左仆射杨昱、西阿王元庆、抚军将军元显恭等率羽林军7万守荣阳。另外还派遣上党王元天穆率大军呼应，骠骑将军尔朱吐没儿领铁骑5000、骑将鲁安率夏州步骑9000、右仆射尔朱世隆、西荆州刺史王罴率骑兵1万，共计30万人。北魏皇帝元子攸以图对梁军进行合围，将陈庆之率领的7000白袍军歼灭在洛阳外围。可惜魏军虽然兵多，但缺乏统一指挥，没能协调作战，包围圈刚刚形成，还未来得及进攻，陈庆之已经攻破了有7万守军的荣阳，进城了。

过了荣阳，陈庆之一路进军，敌众望风披靡。兵临洛阳城下后，还未及接战，北魏孝庄皇帝元子攸已经弃城逃亡长子(今山西长子西)。元颢遂入洛阳，魏临淮王元彧、安丰王元延明率百官迎元颢入宫。元颢改元大赦，即皇帝位。加封陈庆之为侍中、车骑大将军、左光禄大夫，增邑万户。陈庆之一路进军，连战连捷，民谣曰："名师大将莫自牢，千兵万马避白袍。"

延伸阅读

陈庆之成功的客观因素

第一，其时魏内外交困，于下则流民四起，于上则官廷频变，洛阳方圆数百里内兵力空虚、士气低落，故陈庆之所向披靡。

第二，陈庆之此次北伐，始终未与魏最精锐之师接战，其时魏朝第一名将尔朱荣初破葛荣，正回兵上党至邺城一线，而元天穆实际上也未全力与陈庆之正面接战，其主要精力耗在进攻济南邢杲方面。

第三，《梁书》记陈庆之自述，"我辈众才七千，虏众三十余万。"其实"虏众"不只指敌军，亦指敌军胁带做后勤等工作的百姓。且古代打仗，多爱浮夸，如曹操之号百万，实际不过数十万。进一步看，据今人考证，当时北魏用兵不超过20万。

韦孝宽：慷慨激扬，屡出奇策

> 韦孝宽是西魏、北周时期杰出的军事家、战略家。他为人喜读经史，善出奇谋，攻守兼备，尤其善于使用反间计，在战胜东魏、灭北齐的战争中起到了积极的作用。

韦孝宽(509—580)，名叔裕，字孝宽，京兆杜陵(陕西西安南)人。他出身显赫，祖上数代均曾担任高官，其祖父韦直善曾担任北魏冯翊、扶风二郡守；父亲韦旭曾为武威郡守，南幽州刺史。出身于这样的家庭，韦孝宽从小就受到了良好的教育，沉容有大度，气度不凡。

西魏大统三年(537)十一月，韦孝宽受命进攻东魏，攻克豫州城，俘东魏刺史豫州冯邕。次年二月，东魏军进攻，西魏军作战不利，韦孝宽与颍川守将梁回均弃城西归。时边境骚乱，宇文泰令韦孝宽以大将军行宜阳郡事。不久，迁南兖州刺史。

西魏大统五年(539)，韦孝宽进爵为侯。此后曾转任晋州刺史、并州刺史、南汾州大都督等要职。东魏丞相高欢多次进攻西魏，双方互有胜败。西魏大统十二年(546)，高欢倾山东之兵自邺城(今河北临漳西南)出发，向西魏大举进攻。玉壁处于汾水的下游，西魏设在这里的要塞对东魏的晋州威胁很大，所以高欢决定先攻玉壁。九月，东魏军连营数十里，包围玉壁，以引诱西魏军出战。韦孝宽据城固守。

十月，东魏军攻城，昼夜不停。面对这种形势，韦孝宽随机应变，竭力抗御。东魏军在城南筑土山，欲居高临下攻城。城上先有二楼，韦孝宽缚木加高城楼，令其始终高于土山，并多备战具以御之，使东魏军不能得逞。高欢派人对城中说："纵尔缚楼至天，我会穿城取尔。"东魏军遂改变战术，于城南挖掘10条地道，又用"孤虚法"，集中兵力攻击北城，昼夜不息。北城素为天险，韦孝宽挖掘长沟，切断东魏军的地道，并派兵驻守，待东魏军挖至深沟时，即将其

◆ 韦孝宽

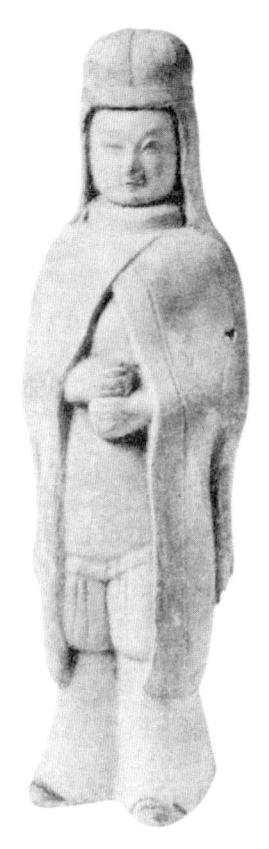

◆ 南北朝陶风帽立俑

所破，而且还守城有余。高欢攻城不克，遂派人劝降，遭到韦孝宽的严辞拒绝。于是向城中射信箭，信中说："能斩城主降者，拜太尉，封开国郡公，邑万户，赏帛万疋。"韦孝宽在信的背面写上回信，反射城外，同样说："若有斩高欢者，一依此赏。"高欢又把韦孝宽的侄子韦迁锁到城下，把刀放在脖子上，对韦孝宽说："若不早降，便行大戮。"史载"孝宽慷慨激扬，略无顾意。士卒莫不感励，人有死难之心"。

高欢攻城50天，士卒死亡7万人，精疲力竭，用尽心计，仍未攻克，急得旧病复发。时有陨石坠入东魏军营中，东魏军惊惧，高欢遂于十一月初一解除对玉壁的包围，撤军。高欢回到晋阳后，一病不起，于次年正月死去。

擒杀。韦孝宽又在沟外堆积木柴，备好火种，发现东魏军在地道中潜伏，便将木柴塞进地道，投火燃烧，还借助牛皮囊鼓风，烈火浓烟，吹入地道，地道中的东魏士卒被烧得焦头烂额。东魏军又造"攻车"撞击城墙，所到之处，莫不摧毁。韦孝宽便用布匹做成帐幔，随其所向张开，攻车撞之，布受冲击立即悬空，城墙未受损坏。东魏军又转用地道，在城四周挖掘地道20条，用木柱支撑，然后以油灌柱，放火烧断木柱，使城墙崩塌。韦孝宽在城墙崩塌处用栅栏堵住，使东魏军无法攻入城内。

东魏军尽用攻城之术，但皆被韦孝宽

知识小百科

韦孝宽用反间计

韦孝宽屡与北齐名将斛律光交战，皆不能获胜。他知道北齐后主高纬昏庸，又听说斛律光与祖珽等权臣有矛盾，便用反间计，制造了斛律光篡位的谣言，编成儿歌，在邺城歌唱。歌曰："百升飞上天，明月照长安。"百升为一斛，明月是斛律光的字，谣言暗喻斛律光有篡位野心。祖珽等乘机向高纬进谗言，又指使人诬告斛律光谋反。高纬不辨真假，就将斛律光赐死。北周武帝听说斛律光被害的消息极为高兴，当天就下令大赦境内，不久举兵灭齐。周武帝灭齐，韦孝宽功不可没。

杨素：胸怀大志，位列三台

杨素出身士族，祖父杨暄，官至北魏辅国将军、谏议大夫。杨素"少落拓，有大志，不拘小节"，后来受到隋文帝杨坚的器重，在灭陈以及统一全国、消除各方割据势力的战争中起到了重要作用。

杨素（544—606），字处道，弘农华阴（今陕西华阴）人，为人知识渊博，在文学、书法上均有造诣。史书称其"研精不倦，多所通涉。善属文，工草隶，颇留意于风角。美须髯，有英杰之表"，是一个多才多艺，儒雅的统帅型人物。

北周武帝雄才大略，颇重人才。在世时，颇为看重杨素。周武帝死后，宣帝即位后，杨素仍然受到重用，袭父爵为临贞县公。北周大象元年（579），杨素随上柱国韦孝宽攻陈朝的淮南（今淮河以南地区），杨素率军攻克盱眙（今江苏盱眙东北）、钟离（今安徽凤阳东北），更加受到重用，胸怀野心的丞相杨坚对其一再笼络。

北周大象二年（580）五月十一日，北周宣帝宇文赟病死。周静帝宇文衍年幼，左丞相杨坚专政。杨坚有称帝之意，遂极力拉拢杨素。不久，就任命杨素为汴州刺史。在上任途中行至洛阳时，杨素方知相州（治邺城）总管尉迟迥等举兵反杨坚。尉迟迥原为北周文帝宇文恭的外甥，位望素重，杨坚恐其有异图，遂以会葬宣帝为名，诏使其子尉迟敦等入朝；并以韦孝宽为相州总管赴邺（今河北临漳西南）取代尉迟迥。六月，尉迟迥恐杨坚专权对北周不利，公开起兵反对杨坚。荥州刺史宇文胄据武牢以应尉迟迥，使杨素无法前行。

杨素和其他多人分别被任命为行军总管，率军讨伐尉迟迥。之后，即被拜为大将军，领河内兵攻打宇文胄，破斩之，迁徐州

◆ 杨素

总管，进位柱国，封清河郡公，邑二千户。杨坚篡位自立后，改元开皇，是为隋文帝，并加杨素为上柱国，参与隋朝法律的修定。

开皇四年(584)，杨素被拜为御史大夫。由于其妻郑氏是个悍妇，夫妻两人吵架时杨素说了一句："我若作天子，卿定不堪为皇后。"结果被其妻告发，杨素因此获罪，并被免官。不过，隋文帝重视人才，最终还是赦免了他。开皇五年(585)十月，杨素任信州总管，经略长江上游，并赐钱百万、锦千段、马二百匹而遣之。

开皇七年(587)，杨素与尚书左仆射高颎、吴州总管贺若弼及光州刺史高劢、虢州刺史崔仲方等争献平陈之策。杨素在永安(今四川奉节东)建造"五牙""黄龙"等战船，加强水师，做灭陈准备。并故意在江中漂下造船废料，以威慑陈人。

开皇八年(588)三月，隋文帝下诏，列举陈后主罪行又送玺书暴其罪恶20条，并将诏书在江南散发30万份，以争取人心。十月，杨坚在寿春(今安徽寿县)设淮南行台省，以晋王杨广为行台尚书令，主管灭陈之事。隋军自长江上游至下游分为8路攻陈，其中杨素指挥水军主力，出巴东郡，顺流东下，负责消灭长江及沿岸陈水陆军。

十二月上旬，杨素按隋灭陈作战部署，首先率舟师自巴东郡东下三峡，在长江上游发起攻势作战。军至流头滩(今湖北宜昌西北)，陈将戚昕率青龙战船百余艘、战士数千人坚守前方狼尾滩(今湖北宜昌西北长江中)，以遏隋军。狼尾滩地势险峭，水流湍急，易守难攻，诸将皆患之。杨素认

为："胜负大计，在此一举。若昼日下船，彼则见我，滩流迅激，制不由人，则吾失其便。"于是决定采用水陆协同，分进合击的方针，乘夜突袭，将其击败。杨素率黄龙战船数千艘，利用夜暗，令将士衔枚开进，实施正面突破；令开府仪同三司王长袭率步兵由长江南岸攻击戚昕别栅；令大将军刘仁恩率甲骑自江陵(今属湖北)西进，沿长江北岸进击陈军白沙(今宜昌东)要点。隋军水陆配合，于次日拂晓，一举击败戚昕所部。戚昕逃走，部属全部被俘。杨素对俘虏不杀不辱，慰劳后全部释放。秋毫不犯，陈人大悦。此战，杨素恰当选择进攻时机，以水军突袭与两岸步、骑兵协同攻击，速战速决，取得首战胜利，为灭陈战争创造了有利条件。实行优待俘虏政策，有利于争取更多的陈军将士。

延伸阅读

杨素谄媚筑宫室

杨素为隋文帝监造仁寿宫，时值天热，服劳役的人昼夜不息地工作，他犹嫌不够，不断催促。因此而死的工匠和民夫尸体堆满道路两侧，史载"役夫死者相次于道"，其残暴程度令人发指。仁寿宫建成后，隋文帝亲临现场，看到如此奢侈豪华，非常震惊，大怒说"(杨素)为吾结怨天下"，准备惩处他。但杨素早已暗结皇子杨广和独孤皇后，独孤皇后为之说情："公知吾夫妇老，无以自娱，盛饰此宫，岂非忠孝。"结果，杨素不但未被处罚，而且被赐钱百万，锦绢三千段。从此，杨素恃财凌物，更加肆无忌惮。

李靖：纵兵塞上，屡建奇功

> 李靖是唐初的著名军事统帅、军事理论家。他原是隋末马邑郡丞，后降唐，唐高祖时任行军总管、岭南道抚慰大使。唐太宗时历任兵部尚书、尚书右仆射，因功封"卫国公"。他屡建功勋，为唐朝统一全国和打击突厥作出了巨大贡献。

李靖(571—649)，字药师，京兆三原(今陕西京兆三原东北)人。出身显赫，祖父李崇义曾任殷州刺史，封永康公；父李诠仕隋，官至赵郡太守；舅父韩擒虎是隋朝的开国元勋。他年轻时便有文武才略，精熟兵法。隋朝大军事家杨素见了他，曾经抚摸着自己座椅对他说："卿终当坐此！"

李靖归唐后，颇受重用。唐高祖李渊任命李靖为行军总管，随赵郡王李孝恭征讨盘踞长江中下游的萧铣。九月，李靖趁长江水位暴涨、萧铣疏于防备之机，率军从夔州出三峡，顺江东下，以迅雷不及掩耳之势，一举攻至江陵城下，迫使萧铣投降。李靖率军进入江陵后，军纪严明，秋毫无犯，江南各州郡闻风归附。李靖因功授上柱国，封永康县公，任检校荆州刺史。接着，李靖率军南下广西，派人到各州进行招抚，使岭南地区96个州，60多万户归顺唐朝。由此，李靖被任命为岭南道抚慰大使、检校桂州总管。

武德六年（623），辅公祏在江南重新起兵反唐。高祖以李孝恭为元帅，李靖为副元帅前往讨伐。李靖出其不意地先攻破辅公祏的水军，接着率轻装直趋丹阳，俘虏了辅公祏，彻底平定江南。之后，李靖先后出任东南道行台兵部尚书、检校扬州大都督长史。

武德八年（625），突厥犯太原，高祖李渊命李靖为行军总管，领江淮兵一万北上

◆ 李靖

◆ 唐太宗李世民

抵御突厥，同年任检校安州大都督。次年四月，李靖在灵州与突厥颉利可汗激战一天，迫使颉利引兵北撤。唐太宗即位后，决定反击突厥，命李靖为定襄道行军总管，统兵10万，分六道出击突厥。贞观四年（630）正月，李靖亲率三千精骑趁黑夜攻下颉利可汗的牙帐所在地定襄。于是，进封李靖为代国公。二月，李靖又率一万精骑突袭阴山，俘虏突厥兵一千余帐。接着趁大雾向铁山急进，一举攻破颉利可汗的牙帐，生擒颉利可汗，为患中原多年的东突厥从此灭亡。李靖因灭东突厥之功，加光禄大夫，拜尚书右仆射。

贞观八年（634），西北吐谷浑犯境，李靖主动请缨出征，太宗即任命李靖为西海道行军大总管，统帅大军征讨吐谷浑。贞观九年（635），李靖在积石山大败吐谷浑军，吐谷浑可汗伏允被杀，其国土尽归唐朝。贞观十一年（637），太宗改封李靖为卫国公。贞观二十三年（649），李靖病情恶化，唐太宗亲临病榻慰问。他见李靖病危，涕泪俱下。这年四月二十三日，李靖溘然逝去，享年79岁。唐太宗册赠司徒、并州都督，给班剑、羽葆、鼓吹，陪葬昭陵，谥曰景武。因为他战功显赫，善于抚民，深受老百姓爱戴，于是，到晚唐时候，李靖渐渐被神化了。

李靖一生南平江南，北灭突厥，西定吐谷浑，显示了非凡的军事才能。史家称李靖"临机果，料敌明"，是战绩与理论俱丰的军事家，著有《李靖六军镜》等兵书多部，但大多已散佚，后人辑有《唐太宗李卫公问对》《卫公兵法》等兵书。

延伸阅读

李靖预言侯君集谋反

唐太宗素知李靖精通兵法，因此要他传授给侯君集。可是后来侯君集却上奏太宗，说李靖谋反。太宗不信，转而责问李靖。原来李靖每到精妙处就含糊其辞，要侯君集自己了悟。因此侯君集怪他。李靖面对太宗的责问，回答说："今中夏义安，臣之所教，足以安制四夷矣。今君集求尽臣之术者，是将有异志焉。"也就是说侯君集会谋反。

一次，朝会罢散朝，侯君集骑马越过尚书省省门数步尚未发觉。李靖便对人说："君集意不在人，必将反矣。"后来，侯君集果然与太子承乾谋反，事败被杀，验证了李靖的预言。

王玄策：三度大使，以一人而灭一国

> 王玄策是唐朝贞观年间的大使，也是利用外军打赢对外战争的名将。他曾三次出使印度，完成外交使命，也曾一人灭一国，创造了盛世帝国传奇。

王玄策是唐代著名的外交官。贞观十五年（641），印度半岛上的摩揭陀国国王"戒日王"继玄奘访问该国之后致书唐政府，愿意两国交好。唐政府命云骑尉梁怀璥回报，"戒日王"遣使随之来中国。贞观十七年（643）三月，唐派行卫尉寺丞李义表为正使、王玄策为副使，伴随印度使节报聘，两年后到达摩揭陀国的王舍城（今印度比哈尔西南拉杰吉尔），次年回国。

贞观二十一年（647），唐太宗李世民任命王玄策为正使，与副使蒋师仁出使印度。但是还未到该国境内，就传来戒日王的死讯，阿罗那顺自立为王，拒绝唐使进入该国国境，并发兵对唐朝的使团进行攻击。王玄策等30余人拼力死战，无奈敌方2000多人，寡不敌众，护卫人员大多战死，王玄策和蒋师仁被俘。

阿罗那顺攻击了唐朝的使团，获得了大量财物，非常高兴。王玄策等人先是震惊，后是悲哀，深感自己有辱大唐使命。他和蒋师仁商量好了对策，然后寻机逃跑。二人越过甘第斯河和辛都斯坦平原，以喜马拉雅山脉为目标，一路来到吐蕃国。吐蕃是大唐属国，唐蕃关系非常密切。王玄策对松赞干布和文成公主说："天竺动乱，袭击唐使，是挑衅大唐，为了维护大唐尊严，特来借兵讨伐天竺乱臣。"

松赞干布当即借给他精兵1200人，同时修书一封，让王玄策、蒋师仁到属国尼泊尔借取更多的兵将。到尼泊尔后，王蒋二人说服了老国王，借得7000尼泊尔骑兵。王玄策自为总管，以蒋师仁为先锋，直扑摩揭陀国的中天竺。阿罗那顺突然看到唐军旗号，

◆ 武官石像

◆ 唐军铠甲装备

王玄策完成使命，遣散联军，然后回朝。唐太宗亲自接见了这位以一人之力而灭一国的大使，并下诏封赏王玄策，授其为散朝大夫。蒋师仁等人也皆有封赏。至于阿罗那顺，唐太宗出于国际间的友好往来，并未加罪，而是赦免了他。唐太宗曾就此事说："夫人耳目玩于声色，口鼻耽于臭味，此乃败德之源。若婆罗门不劫掠我使人，岂为俘虏耶？昔中山以贪宝取弊，蜀侯以金牛致灭，莫不由之。"可见当时，唐政府在外交上和政治上的成功，既有武功，也有德治。

王玄策并非军人出身，而是以大使身份在境外借兵数万，然后奔袭敌人，从容作战，并将敌人击溃，消灭破坏正常外交的敌对国，不但显示出他的军事天赋和外交天赋，同时也反映出大唐尚武精神之盛。

不由大吃一惊，急忙部署7万战象部队，企图对抗王玄策的联军。王玄策利用地形，巧布"火牛阵"，一举摧毁中天竺的战象部队。阿罗那顺惊惧不安，坚守不出。王玄策拿出唐军攻城的各种手段——火攻、云梯、抛石，猛攻月余，最终城破，阿罗那顺率领部众逃跑。王玄策一路追杀，歼敌数千，俘虏数万。

阿罗那顺一面败逃，一面收拾散兵游勇，准备反攻。王玄策巧设伏兵，引诱阿罗那顺上钩，然后一举全歼来敌，活捉了阿罗那顺。随后，王玄策派蒋师仁继续进攻敌军残余，生擒阿罗那顺王妃及王子，俘敌1.2万余人。然后造访印度半岛上的其他国家，传达唐朝政府友好之意。

延伸阅读

王玄策与那罗迩娑婆

王玄策击败阿罗那顺后，从印度带回了一个名叫那罗迩娑婆的和尚。这个印度和尚吹嘘自己有200岁高龄，专门研究长生不老之术，并信誓旦旦地说，吃了他炼的丹药能长生不老。当时唐太宗正在病重，被其蒙骗，服食了他所炼制的小药丸，病情加重，中毒而死。王玄策受此牵连，终生再未得到重用。

李光弼：血战太原，挫败强敌

> 李光弼是安史之乱中参与平叛的主要将领之一，善于谋略，为人有大度。《新唐书》赞颂他沉鸷有守，赏信罚明，毅然有古良将风。在太原之战中，他率领军民坚决抵抗，一举挫败了史思明叛军，成功地打了一场防御战，因平叛有功，后封临淮郡王。

李光弼（708—764），唐代营州柳城（今辽宁省朝阳）人，契丹族。唐天宝十五年(756)初，李光弼经郭子仪推荐为河东节度副使，率兵东出井陉（今河北井陉西北），参与平定安史之乱。先后攻破常山（今河北正定）、九门（今河北藁城西北）、赵郡（今河北赵县）等地。五月，与郭子仪会师常山，乘敌疲惫出击，大败史思明部于嘉山（今河北曲阳境），进围博陵（今河北定县），军威大振，使河北十余郡皆杀叛吏归唐。

至德二年(757)春，安禄山攻陷潼关，正围困史思明于博陵(今河北定州)的李光弼部，撤围西入井陉(今河北定州)，还太原。史思明再度攻占常山(今河北正定)，夺回河北全境。二年正月，史思明自博陵、蔡希德自上党(今山西长治)、高秀岩自大同(今山西朔州东北马邑)、牛廷玠自范阳(今北京城西南)率兵共10万，会攻太原，企图夺取河东，进而长驱直取朔方、河西、陇右等地。

当时，李光弼所部精兵都已调往朔方，太原所剩只有河北兵5000人，加上团练(地方武装)之众，也不满万人。面对叛军的强大攻势，诸将都惶惧不安，主张修城自固。李光弼认为，太原城方圆40里，叛军将至而动工修城，是未见敌而先使自己陷于困境。他率领军民在城外挖掘壕沟，并做了几十万个土砖坯。等到史思明的大军攻打太原时，他命令将士用土坯修筑营垒，哪里被损，就用土坯补上。史思明派人去山东取攻城器械，以蕃兵3000人护送，途中被李光弼

◆ 李光弼

◆ 骑兵铜像

遣兵拦击，全部歼灭。

史思明围攻太原月余不下，便选精锐士卒为游兵，让他们进攻城南，再转攻城西，自己则率兵攻城北，而后转攻城东，试图寻找唐军防守漏洞。然而李光弼治军严整，警戒巡逻无丝毫懈怠，使史思明无懈可击。李光弼派人悄悄挖掘地道，通至城外，叛军在城外叫骂挑战，常冷不防被唐军拖入地道，拉至城上斩首，吓得叛军胆颤心惊，走路时都低头看地。叛军用云梯和筑土山攻城，唐军便在城下先挖好地道，使其靠近城墙便塌陷。李光弼为阻止叛军强行攻城，还在城上安装大炮(抛石器)，发射巨石，一发可击毙叛军20余人，史军士卒死于飞石之下者甚众，被迫后退，但围困愈加严密。李光弼为打破叛军围困，以诈降手段，与叛军约期出城投降，暗地派人挖掘地道直至叛军军营之下，先以撑木支顶。到约定之日，李光弼派部将率数千人出城伪降。叛军不知有诈，正在调动出营时，突然营中地陷，死千余人，顿时一片慌乱。唐军乘机擂鼓呐喊，猛烈冲击，歼灭叛军万余人。

正当太原之战紧张进行时，安禄山被其子安庆绪所杀。安庆绪夺取帝位后，命史思明回守范阳，留蔡希德等继续围困太原。二月，李光弼率军出击，大破蔡希德军。

乾元二年(759)七月，李光弼任天下兵马副元帅。史思明军突然渡河，陷汴州(今开封)，逼洛阳。李光弼退守河阳(今河南孟县南)，威胁叛军侧翼，使其不敢西进。随后伺机出战，挫败了叛军对河阳三城的进攻，歼敌2万。

宝应元年(762)，李光弼进封临淮郡王。次年，遭到李光弼打击的叛军首领史朝义自杀身亡。安史之乱基本被剿平。但是，朝内宦官程元振、鱼朝恩等人都与李光弼不睦，力图中伤。广德二年(764)，备受朝廷猜疑的李光弼在徐州抑郁而死。

延伸阅读

安史之乱

安史之乱是唐朝由盛而衰的转折点。自唐玄宗天宝十四年(755)起，掌握兵权的节度使安禄山、史思明发动叛乱，直到唐代宗宝应元年(762)才彻底剿平，前后达八年之久。这次叛乱虽然被剿灭，但是造成的影响非常恶劣，藩镇割据成为事实。唐朝中央政权失去了对藩镇大将的控制，从而形成了唐朝后期藩镇割据的局面，并最终导致唐朝灭亡。

曹彬：仁爱为本，儒将风采

> 曹彬是后周时期的著名将领，后来赵匡胤发动陈桥兵变，他由周入宋，成为北宋初年的重要将领之一，在征伐南唐的战争中起到了重要作用。以功授爵"鲁公"，死后配享宗庙，是宋代诸将中受到尊崇最高的将领之一。

曹彬（931—999），字国华，真定灵寿（今属河北）人。北宋时，因为受宋太祖器重，于建隆二年（961）被提为客省使。累迁左神武将军兼枢密承旨、宣徽南院使、检校太傅，拜枢密使，检校太尉。

曹彬少时喜习武，担任成德军牙将时，节帅武行德就看出他与众不同，称赞曹彬："远大器，非常流也。"曹彬平常为人低调，虽然他婶婶张氏是周太祖贵妃，但是他没有因自己是后周的姻亲而骄横，反而比任何人都谦恭。曹彬在后周担任监军的时候，"执礼益恭，公府燕集，端简终日，未尝旁视。"王仁镐对自己的从事官员说："老夫自谓夙夜匪懈，及见监军秪严，始觉己之散率也。"

宋太祖赵匡胤还未登基时，与曹彬同为周世宗之将。赵匡胤当时位高权大，曹彬则是掌管朝廷茶酒的小官。有一天，赵匡胤向曹彬讨酒喝，曹彬说："此官酒，不敢相与。"后来，曹彬自己掏钱，买了酒送给赵匡胤。宋太祖后来即位便说，"以前世宗手下的那些人，只有曹彬从不欺主。"

曹彬带兵攻蜀，占领遂宁，他部下的将士都主张要屠城，曹彬严令禁止屠杀。士兵们掳获了敌人的妇女，他下令辟室妥慎保护，绝对不许有奸淫非礼的行为。战事停止以后，对于有家可归的妇女，给资遣回；无家可归的妇女，也都替她们备礼择配嫁人。因此民众们都很感谢他的德政。

乾德二年（964）冬，朝廷平定蜀乱。当时

◆ 曹彬

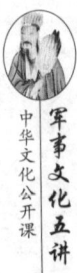

◆ 宋太祖赵匡胤

多数将领掳掠了女子和财物，曹彬袋子中只有图书、衣物而已。开宝七年（974），朝廷讨伐江南。李煜危急，派遣他的大臣徐铉拿着国书到宋朝，请求宋朝暂缓攻打，赵匡胤不看李煜的国书。长围不攻，曹彬也放缓了进攻的节奏，希望李煜降服。十一月，曹彬又派人告诉他说："事情已经到了如此地步，可怜的是全城百姓，如果能归降，这才是上策。"城将被攻克时，曹彬忽然称病不管事。本来曹彬是主帅，他完全可以立下军令状：克城之日，妄杀一人者，杀无赦。可是他却没有做，这体现了道家的"慈"，即人应有悲天悯人的仁心和普度众生的胸襟，他是想以此感化众将领不要涂炭生灵。当时，诸将领都来探视病情。曹彬说："我的病不是药物能治好的，只须各位真心实意发誓，在攻下城池时，不乱杀一人，那么我的病就自然好了。"众将领应承，一起焚香发誓。第二日，曹彬病情逐渐"好转"。第三日，城池被攻破。江南民众们都箪食壶浆以迎王师，不以武力克复江南，保全了千万人的生命。

曹彬担任徐州长官时，有一官员犯罪，都已经结案了，过了一年而后才实施杖刑，人们都不知其中的缘故。曹彬说："我听说这个人刚娶了妻子，如果给他实施杖刑，她的公婆必定会认为新媳妇不吉利，而经常打骂她，使她难以生存。所以我把这件事缓了一步，但是法律也没有违背。"曹彬的这些作风，充分体现其仁爱之风，并显示其独立人格的一面，这在古代的将领中是非常罕见的。

知识小百科

曹彬清廉俭德

曹彬为人谦恭柔顺，成而不恃，知荣守辱，知止不殆。本来曹彬作为大使出使吴越，吴越出于对大周贵宾的礼敬，送他礼物很正常。可三番五次曹彬都没接受，还偷偷地跑了，最后弄得"吴越人以轻舟追遗之"。最终曹彬是被逼地接受了礼物，回来后他又把礼物"悉上送官"。他这种做法连周世宗都看不下去了，强行将礼物退还给他，"彬始拜赐，悉以分遗亲旧而不留一钱"。到头来曹彬还是分文未沾，做到了清心不贪，见素抱朴。宋太祖有一次问他对当朝官员有什么个人意见，曹彬回曰："臣主军事，军事之外不是臣所应当知晓和介入的。"太祖执意追问，也只推荐随军转运使沈伦，认为他廉洁谨慎，可任要职。

岳飞：民族英豪，百世流芳

> 岳飞是宋代抗金名将。他率军抵御北方金军的入侵，对保护当时老百姓的生活和生产有极大的意义。他与韩世忠、张俊、刘光世等三人一起被称为"南宋中兴四将"。

岳飞（1103—1142），字鹏举，河北西路相州汤阴县永和乡孝悌里（今河南省安阳市汤阴县菜园镇程岗村）人。出身佃农，喜欢看《左氏春秋》《孙子兵法》。为了让他铭记国仇，母亲在他的背上刺了四个字"精忠报国"。他曾亲眼目睹北宋灭亡前后的惨痛事实，老百姓流离失所，民不聊生，胸怀收复故土，统一中原河山的壮志。

建炎三年（1129），金军在主帅兀术率领下南侵，南宋将领杜充弃开封南逃，岳飞随之南下。是年秋，兀术继续南侵，改任建康（今江苏南京）留守的杜充不战而降。金军得以渡过长江天险，很快攻下临安、越州（今绍兴）、明洲等地，高宗被迫流亡海上。岳飞率孤军坚持敌后作战，先在广德攻击金军后卫，六战六捷，又在金军进攻常州时，率部驰援，四战四胜。次年，岳飞在牛头山设伏，大破金兀术，收复建康，金军被迫北撤。从此，岳飞威名传遍河朔。七月，岳飞升任通州镇抚使兼知泰州，拥有人马万余，建立起一支纪律严明、作战骁勇的抗金劲旅"岳家军"。

绍兴三年（1133），岳飞剿灭李成、张用等为金军充当走狗的"伪军"，得到宋高宗的嘉奖。次年四月，岳飞挥师北上，击破金傀儡伪齐军，收复襄阳、信阳等六郡，因功升任清远军节度使。同年十二月，岳飞又败金兵于庐州（今安徽合肥），金兵被迫北还。绍兴五年（1135），岳飞率军镇压了杨幺起义军，从中收编了五六万精兵，使所部实力大增。

绍兴六年（1136），岳飞再次出师北伐，攻占了伊阳、洛阳、商州和虢州，继而围攻陈、蔡地区。但岳飞发现自己是孤军深

◆ 岳飞雕像

◆ 宋高宗赵构

入,既无援兵,又无粮草,不得不怀着悲愤撤回鄂州。次年,岳飞升为太尉。他屡次建议高宗兴师北伐,一举收复中原,但都被高宗所拒绝。绍兴九年(1119),高宗和秦桧与金议和,南宋向金称臣纳贡。这使岳飞不胜愤懑,上表退隐。

绍兴十年(1140)五月,金国主帅金兀术分四路进攻南宋。由于缺乏有效防御,宋军节节败退,城池相继失陷。岳飞挥兵从长江中游挺进,实施反击,他一直准备着的施展收复中原抱负的时机到来了。岳飞亲率一支轻骑驻守河南郾城,和金兀术1.5万精骑发生激战。岳飞亲率将士,向敌阵突击,大破金军"铁浮图"和"拐子马",把金兀术打得大败。郾城大捷后,岳飞乘胜向朱仙镇进军(离金军大本营汴京仅45里),金兀术集合了十万大军抵挡,又被岳飞打得落花流水。岳飞这次北伐中原,一口气收复了颍昌、蔡州、陈州、郑州、郾城、朱仙镇,消灭了金军有生力量,金军军心动摇,金兀术准备连夜撤逃。南宋抗金斗争有了根本的转机,再向前跨出一步,沦陷十多年的中原,就可望收复了。岳飞兴奋地对大将们说:"直抵黄龙府,与诸君痛饮尔!"

就在抗金战争取得辉煌胜利的时刻,朝廷一天连下十二道金牌,急令岳飞"措置班师"。岳飞眼见恢复中原的大好形势就要葬送,痛心地说:"十年之功,废于一旦,所得州郡,一朝全休。社稷江山,难以中兴,乾坤世界,无由再复!"但君命难违,不得不班师。岳家军班师时,久久渴望王师北定中原的父老兄弟,拦道恸哭。岳飞为了保护老百姓的生命财产,故意扬言明日渡河,吓得金兀术连夜弃城北窜,准备北渡黄河,使岳飞得以从容地组织河南大批人民群众南迁到襄汉一带,才撤离中原。

回到临安,岳飞即遭到秦桧、张俊的陷害,被诬谋反。岳飞面对诬陷,在供状上写下八个字:"天日昭昭,天日昭昭!"即服毒酒身亡。

延伸阅读

风波亭

风波亭,原是南宋时临安(今杭州)大理寺狱中的亭名。1142年,一个大阴谋在这里密就。宋高宗赵构听信奸相秦桧谗言,诬陷岳飞谋反,岳飞及其子岳云、部将张宪一起在风波亭内被杀害。从而使风波亭成为"冤案"的代名词。

徐达：戎马一生，明初第一功臣

> 徐达出身农家，少有大志。明初，他多次率军远征漠北等地，戍守边疆，被朱元璋誉为"万里长城"。徐达长于谋略，治军严整，战功显赫，名列功臣第一，死后被追封"中山王"。

徐达(1332—1385)，字天德，濠州（今安徽凤阳）人，明代开国勋臣。至正十三年(1353)，朱元璋回到家乡招募兵士，22岁的徐达听到消息，毅然仗剑从军，投奔到朱元璋部下，开始了追随朱元璋南征北战的戎马生涯。

至正十五年(1355)六月，朱元璋派兵遣将。徐达与诸将听命，各自挥师进发，直抵牛渚矶。常遇春奉命为先锋，先登上岸，徐达等率军一拥而上。在经过一阵短兵相接的激烈战斗之后，元兵不支，溃败逃窜，徐达等占领了牛渚、采石。沿江一带的元兵望风而降。

朱元璋根据当时的形势，及时提出继续进攻周围州县的计划，采取"置之死地而后生"的策略，下令砍断渡船缆绳，把船推到江中，顺流漂下。众军士一见大惊，朱元璋趁机说道："成大事者不规小利。此去太平甚近，舍此不取，将奚为？"士兵们只好听命。他们吃饱饭，就从观渡(采石附近)向太平进发，经太平桥直抵城下。纵兵急攻，守城元军抵御不住，守将完者不花等弃城而逃，万户纳哈出等被俘。

翌年三月，徐达为先锋，率水陆军士并进。至江宁镇，攻破陈兆先营垒，陈兆先以所部投降，得兵3.6万余人。十月后，再攻集庆，大败元兵于蒋山(今南京钟山)。元御史大夫福寿督兵出城接战，被徐达等击败。明军乘胜攻城，冯胜率陈兆先部降兵奋勇先登，终于攻破城门，打进城内。福寿战死，蛮子海牙逃奔张士诚，水军元帅康茂才率军民50余万降附。

至正二十三年(1363)四月，陈友谅建造高数丈的巨舰，纠集号称60万人的大军，倾

◆ 徐达墓遗址

巢而出，进围南昌。南昌守军浴血奋战，为朱元璋从容调兵遣将，准备与陈友谅决战赢得了宝贵的时间。七月初六，徐达回师救援南昌。朱元璋在龙江(今江苏南京兴中门外)誓师，亲率大军20万进击陈友谅。陈友谅听说朱元璋亲率大军到来，遂解南昌之围，东出鄱阳湖迎战。这是一场关系到双方生死存亡的大决战，史称"鄱阳湖之战"。作为主攻部队，徐达率军先行，首先与陈友谅相遇于康郎山(今江西南昌康山)，两军依湖对阵。陈友谅人多势众，舰船高大，气势汹汹。徐达毫无惧色，身先诸将冒死闯阵，其部下将士大受鼓舞，无不以一当十，奋勇冲杀。徐达部一举击败陈友谅前锋，斩杀1500余人，缴获巨舰一艘，初战告捷。接着俞通海等乘风发射火炮，焚毁敌船20余艘，烧死、溺死很多敌军。徐达在敌阵中奋力拼杀，连续酣战。大火从敌船上烧到徐达的战船上，他一面指挥士兵扑火，一面继续与陈军格斗，越战越勇，并指挥战船在敌阵中节节推进。双方在康郎山鏖战整整一天，湖水被血染成了红色，天空也被炮火硝烟遮蔽得暗淡昏黑。明军在徐达率领下，殊死搏战，最终击退陈友谅的进攻。

至正二十六年（1366）八月十二日，朱元璋任命徐达为大将军，常遇春为副将军，率军20万讨伐张士诚。徐达利用反间计制胜，使张士诚的老巢平江完全陷入孤立。破城之日，徐达严格约束部下，立下军令："掠民财者死，毁民居者死，离营二十里者死！"随后，徐达率军入城，纪律严明，秋毫无犯，很受平江老百姓的欢迎。徐达论功

◆ 朱元璋

被封信国公。

洪武十七年(1384)闰十月，徐达在北平病重，次年病逝，赐葬钟山，配享太庙。

延伸阅读

朱元璋对徐达的评价

明太祖朱元璋特别爱写对子，他不但自己写，还让家家户户都写。据说家家户户贴春联，就是朱元璋时期开始的。他凭着皇帝之尊提倡，这对推广、普及对联，确实起了很大作用。朱元璋亲手写了不少对联，送给大臣们。他送给徐达的一副对联就挺有名。这副对联是：

破房平蛮，功贯古今人第一
出将入相，才兼文武世无双

戚继光：民族英雄，平倭防虏

> 戚继光是明代著名将领，民族英雄。在明代中叶倭寇横行中国东南的时候，戚继光与俞大猷等将领通力合作，剿灭倭寇，为抗倭卫国作出了重大贡献。

戚继光（1527—1587），字元敬，号南塘，又号孟渚，山东登州（今山东蓬莱）人，原籍河南卫辉，生于一个军人世家。戚继光的父亲熟读兵书，精通武艺，治军有方。从小，戚继光就受到良好的家庭熏染，怀抱忠心报国之志。明朝中叶，倭寇对中国东南沿海的侵扰越来越甚。日本武士、浪人、海盗等在日本官府的支持和怂恿下，与中国沿海的地方官僚、土豪、奸商沆瀣一气、狼狈为奸，在万里海疆大肆烧杀抢掠、为害百姓。

嘉靖三十一年（1552），戚继光参加了山东的武举考试，在数百名考生中脱颖而出，一举考中。第二年夏天，戚继光被提拔为山东都指挥佥事，开始全面参与防海抗倭。戚继光率军之初，同僚和敌人都不把他放在眼里。一次，一支800余人的倭寇窜到浙江慈溪一带，将数倍于自身兵力的明军打得大败。戚继光率军救援，他跳到一个高处，弯弓搭箭，一连三箭，把三路倭酋一一射倒。贼首束手，喽啰们作鸟兽散，将士们连连称赞。

鸳鸯阵是戚继光在抗倭战争中独创的一种阵法，此阵法以十一人为一队，居首一人为队长，旁二人夹长盾，又次二从持狼筅，复次四从夹长矛、长枪，再次二人夹短兵。阵法可随机应变，变纵队为横队即称两仪阵，两仪阵又可变为三才阵。

戚继光虽然以三箭退敌，但他深感明军存在严重问题，整肃军纪、加强装备、提高战斗力才是制胜的关键。原先世袭的卫军

◆ 戚继光坐像

◆ 嘉靖帝

战斗力太差，戚继光多次上书请求招募新军。他说："现在的官军，平时不训练，行军不带粮，打仗时没有统一号令，驻扎时不会安营扎寨，这样的军队，绝不可能抵挡身经百战、有必死之心的倭寇！"在戚继光的一再坚持下，终于获准招募新兵。经过几个月的严密筛选和艰苦训练，他建立起一支以义乌农民和矿工为主的新军。此后几年，戚家军驰骋海疆，所向无敌。嘉靖四十五年（1566），在中国沿海横行200年的倭患终被肃清。

隆庆元年（1567），刚刚平定"南倭"的戚继光奉命北上抵御"北虏"。他先被任命为京军神机营副将，后被任命为蓟镇总兵，负责从山海关到京师的军政事务。在戚继光任蓟镇总兵不到三年的时间里，明朝北部最强劲的敌人、蒙古贵族俺答汗就放弃了敌对态度，接受明王朝的封贡，并表示永远不再南下骚扰。戚继光知道，俺答汗放弃对抗愿意合作，原因之一就是蓟镇的强大军事压力。所以，他一刻也没有放松对军队的操练。

隆庆六年（1572），兵部官员汪道昆到蓟镇巡视。戚继光组织了一次有数万士兵参加的军事演习，步兵、车兵、炮兵等多兵种联合参与，既有基本技能的表演训练，也有各兵种之间的协同作战。规模之大，气势之伟，令观看演习的戚继光本人都深受感动，相信"边事真有可为"。

戚继光在蓟镇做的第二件大事就是修筑、加固长城。在修筑山海关长城时，戚继光发现长城东端与大海接合处防御薄弱，敌人很容易乘机而入，必须想办法堵塞漏洞。他与参将吴惟忠彻夜商量，决定建造"入海石城"，将长城一直延长到大海深处。在40多年的戎马生涯中，戚继光"一年三百六十日，多是横戈马上行"，或在东南沿海扫灭倭寇，廓清海疆；或在北方练兵御边，使蓟门安然。他智勇兼备，多谋善断，练兵有方，指挥戚家军"飙发电举，屡摧大寇"，甚至还出现过歼敌上千人，而"戚家军"却无一人阵亡的罕例，被誉为我国"古来少有的一位常胜将军"。

延伸阅读

戚继光《凯歌》

万众一心兮，群山可撼。惟忠与义兮，气冲斗牛。

主将亲我兮，胜如父母。干犯军法兮，身不由。

号令明兮，赏罚信。赴水火兮，敢迟留！

上报天子兮，下救黔首。杀尽倭奴兮，觅个封侯。

石达开：龙凤之姿，天日之表

> 石达开是太平天国运动中最具有远见卓识的领袖人物，他不但多谋善战，而且敢于跳出常规，勇于实践。尤其是太平军占领庐州，在安徽开拓根据地期间，石达开积极设立地方行政体系，显示出其长远的政治眼光。

石达开（1831—1863），绰号石敢当，广西贵港人，客家人，太平天国名将，近代中国著名的军事家、政治家。石达开是太平天国最富有传奇色彩的人物之一，16岁"被访出山"，19岁统帅千军，20岁封王。太平军金田起义后，屡次受挫。突破清军在两广的防线后，石达开率军进入湖湘，他在28天的时间里驰骋1200里，战无不胜，攻无不克，令敌闻风丧胆，为太平天国运动初期的发展作出了巨大的贡献。

石达开生于农家，虽自幼丧父，饱经磨难，但少年时勤于耕读，颇知诗书，尤喜孙子兵法。1851年金田起义时，石达开率众4000余人赴金田团营，战斗中屡立战功，被封为太平军左军主将，永安封王时封为翼王五千岁，意为"羽翼天朝"。

太平军从广西向金陵进军，途经湖南、湖北、江西、安徽、江苏等省，石达开均为开路先锋，攻城夺镇，所向无敌。尤其是1852年西王萧朝贵在湖南长沙阵亡后，太平军在长沙城下陷入清军反包围，形势万分危急。石达开率部西渡湘江，开辟河西基地，缓解了太平军的缺粮之危，又多次击败进犯之敌，取得"水陆洲大捷"，重挫清军士气。

1853年秋，石达开奉命出镇安庆，节制西征，他打破太平天国以往重视攻占城池、轻视根据地建设的传统，采取稳扎稳打的策略，逐步扩大根据地范围，亲自指挥攻克清安徽临时省会庐州（今合肥），迫使守城名将江忠源自尽。

1854年夏秋，太平军在西征战场遭遇湘军的凶狠反扑，节节败退，失地千里。石达开看出两军之差距在于水师，便命人仿照湘军的船式来造舰，加紧操练水师。在湘军

◆ 太平军号衣图

◆ 石达开"入川题壁"碑

兵锋直逼九江的危急时刻，石达开再度出任西征军主帅，亲赴前敌指挥，于1855年初在湖口、九江两次大败湘军，湘军水师溃不成军，统帅曾国藩投水自尽，被部下救起，西线军事步入全盛。同年秋天，石达开又挥师江西，四个月连下七府47县。由于军纪严明，施政务实，爱护百姓，江西人民争相拥戴，许多原本对太平天国敌视的知识分子也转而支持太平军，队伍很快从一万多人扩充到十万余众，敌人哀叹"民心全变，大势已去"。

1856年9月，太平天国领导人之间矛盾激化，发生了天京变乱的悲剧，东王杨秀清及其部下2万余人被杀害。石达开闻讯，从湖北赶回天京，因严责韦昌辉滥杀无辜，遭到毁害，即缒城逃出天京，但家眷被杀。到安庆后，立即起兵回京靖难。天王洪秀全迫于形势，处死韦昌辉，并诏令石达开回京辅政。石达开回天京后，深受满朝文武拥戴，被尊为"义王"。但洪秀全此时已经不再信任石达开，他不得已于1857年5月离京避祸，先后转战于浙江、江西、湖南、广西、贵州、云南、四川等地。

1863年5月，太平军到达大渡河，被清军围困于狭小的地域。石达开决心舍命以全三军，经双方谈判，由太平军自行遣散4000人，这些人大多得以逃生。剩余2000人保留武器，随石达开进入清营。石达开被押往成都后，清军背信弃义，石达开麾下2000将士全部战死。石达开遇害时，被割100多刀，他从始至终默然无声，观者无不动容，叹为"奇男子"。

延伸阅读

敌手对石达开的评价

清军方面对石达开的评价颇高，主帅曾国藩说"查贼渠以石为最悍，其诡谲莠民，张大声势，亦以石为最谲"；左宗棠说"狡悍著闻，素得群贼之心，其才智诸贼之上，而观其所为，颇以结人心，求人才为急，不甚附会邪教俚说，是贼之宗主而我之所畏忌也"；骆秉章说"能以狡黠收拾人心，又能以凶威钤制其众"，是"首恶中最狡悍善战"。文人周洵在《蜀海丛谈》中称其为"奇男子"，清朝一位贡生公开说石达开"龙凤之姿，天日之表"。

曾国藩：清廷柱石，中兴名臣

> 曾国藩是晚清的柱石，他与左宗棠、胡林翼一起被称为"同治中兴三大臣"，是清末汉族官僚中影响最大的人物。经他所推荐的人物多能任要职，尤其是太平天国起义爆发后，经他所推荐的督抚几乎占据了清朝督抚一级官员的一半以上，可见其影响力之大。

曾国藩（1811—1872），初名子城，字伯函，号涤生，谥文正。中国清朝时期的军事家、理学家、政治家、文学家，晚清散文"湘乡派"创立人。官至两江总督、直隶总督、武英殿大学士，封一等毅勇侯。

曾国藩的一生是和镇压太平天国革命运动分不开的。1852年，曾国藩因母丧在家。这时太平天国的革命风暴已席卷半个中国，清政府屡次颁发奖励团练的命令，力图利用各地的地主武装来遏制革命势力的发展，曾国藩遂在家乡办团练，这就是湘军。

1854年初，曾国藩所创立的湘军组成陆军13营，水师10营，共1.7万多人，同年正式出师与太平军作战。在湖南、湖北战场上，形势对太平天国十分不利，尤其是进军江西九江后，曾国藩得意忘形地叫嚷："肃清江面，直捣金陵。"为了扭转这种被动局面，太平天国派石达开等率军西援，在湖口、九江战役中，痛歼湘军水师。1855年2月11日，太平军放火焚毁停泊在江面的湘军大船百余艘，夺得曾国藩座船，曾国藩走投无路，投水自杀，被救起仓促逃入南昌，连连惊叹"呼救无人""梦魂屡惊"。

1856年，太平天国内部发生变乱，湘

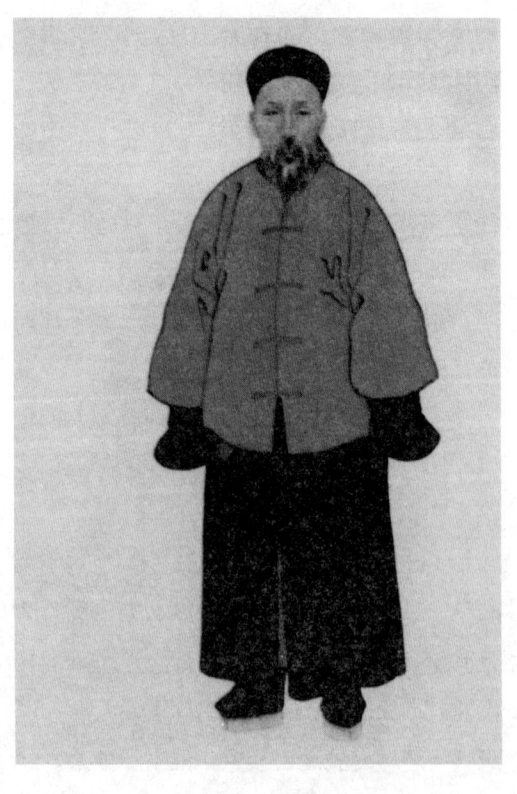

◆ 曾国藩

军乘机卷土重来，12月攻下武汉。接着李续宾率领湘军主力投入江西战场，陷九江，进逼太平军重要军事据点三河镇。由于孤军深入，湘军陷入太平军将领陈玉成、李秀成包围圈，湘军大败，李续宾以下文武官员400余人全部被歼。曾国藩不得不承认："三河之挫，敝邑阵亡达六千人，士气大伤！"

曾国藩的湘军，虽然在三河遭到惨败，但力量并未溃灭，他仍然坚持夺取安庆进取天京的战略。1860年，曾国藩亲率湘军八万实现了对安庆的包围。这时太平军击溃江南大营，东征苏、常，咸丰帝气急败坏，要曾国藩赶快发兵救援。但是他拒绝应命，说："安庆一军，目前关系淮南之全局，将来即为克服金陵之张本。"为了解安庆之围，太平天国决定分兵两路，突入敌人后方，攻取武汉。这一行动，引起了湘军内部的一片惊慌，有人主张撤安庆之围，回师救援湖北。可是曾国藩不为所动，仍坚持原议，说："吾但求力破安庆一关，此外皆不遑与之争得失。"果然，太平军西取武汉的计划未能实现，而曾国藩孤注一掷，如愿以偿。经过五个月的争夺，1861年9月5日，安庆终于落入湘军手中。

1861年，曾国藩受命督办江、浙、皖、赣四省军务，四省巡抚、提督悉归节制。这样，曾国藩集团一跃而成为汉族官僚中最大的实力派，并逐步取得了西方列强的好感和支持。1862年春，清政府宣布"借助"外国侵略军进剿太平军，"不为遥制"。曾国藩也认为帝国主义"有德于我"，"目下情势，舍借助洋兵，亦实别无良策。"他决心与洋人携起手来，共同镇压太平天国。1862年初，他保荐左宗棠为浙江巡抚，带兵入浙，保荐李鸿章为江苏巡抚，率淮军去上海，让他们放手与洋人合作，协同夹击太平军。曾国藩自己则坐镇安庆，派他的胞弟曾国荃率领湘军主力由皖北东下，进逼天京。

1864年春，太平天国在江浙基地大部分丧失，同时，天京各城门也被湘军合围。7月19日，天京陷落，太平天国起义失败了。在镇压太平天国起义的过程中，曾国藩屡败屡战，勇于调整错误，稳扎稳打，协调各方关系，凸显其优秀的政治天赋和军事才能。他是中国近代史上一个毁誉参半的人物，毁之则为帮凶，誉之则为圣相。

延伸阅读

备受推崇的曾国藩

曾国藩对近代中国影响很大，受到不少人的推崇。同僚左宗棠给他的挽联中说："知人之明，谋国之忠，自愧不如元辅；同心若金，攻错若石，相期无负平生。"梁启超曾说，"岂惟近代，盖有史以来不一二睹之大人也已，岂惟我国，抑全世界不一二睹之大人也已。"章炳麟曾说，"誉之则为圣相，谳之则为元凶。"毛泽东则说："愚于近人，独服曾文正。"蒋介石对曾国藩也推崇备至，曾说"足为吾人之师资"，并将《曾文正公全集》常置案旁，终生拜读不辍。

第二讲
军事战役——铁马冰河入梦来

鸣条之战：商汤灭夏

鸣条之战是奴隶时代一场著名的战役，发生于夏代末年。当时夏桀无道，国内矛盾重重，危及四伏，四方的诸侯也纷纷背叛，约公元前1766年，在鸣条（今河南省洛阳市附近，一说在今山西省运城市夏县之西）商汤正式兴兵伐夏。这场战争成为夏朝灭亡的转折点，商汤由此建立了中国第二个奴隶制王朝——商朝。

商，是一个历史悠久的氏族部落，在漫长的发展过程中，它逐渐强盛起来，由夏的属国演变为足以与之抗衡的对手。商汤即位并迁徙部族统治中心到亳地（今河南商丘）后，即积极筹措攻夏立国的大计。当时，夏朝的统治者是桀。他骄奢淫逸，宠用嬖臣，对民众及所属方国部落进行残酷的压榨奴役，引起普遍的憎恨与反对。

商汤首先在政治上采取了争取民众的政策，揭露夏桀的罪行，为讨伐夏桀奠定了舆论基础。在政治军事上，他重用伊尹、仲虺，极力开展军队建设，修明政治。具体地说，他实施了以下几个步骤。

第一，开展"用间"活动，派遣伊尹数次打入夏桀内部，充当间谍，掌握了夏王朝"上下相疾，民心积怨"的混乱状况。做到知彼知己，然后有针对性地实施自己的战略方针。

第二，先弱后强，由近及远，铲除夏桀羽翼。把第一个打击目标指向夏的属国葛，以替童子复仇的名义起兵灭葛。继而又集中兵力逐次灭亡了韦、顾等夏朝属国，并攻灭夏桀最后一个支柱，即实力较强的昆吾。夏桀陷于孤立的境地，商汤也完成了对夏桀的战略包围。

第三，正确选择和把握决战时机。在

◆ 商汤

◆ 殷祭祀狩猎涂朱牛骨

完成对夏桀的战略包围后，商汤对最后决战仍持十分慎重的态度，几经试探和权衡方才作出决定。"百足之虫，死而不僵"，立国近400年的夏王朝，即便已面临灭亡，但仍具有相当的实力。商汤试探性地停止纳贡，夏桀立即调动九夷之师，准备讨伐商汤。商汤马上"谢罪请服，复入职贡"，稳住夏桀，继续等待时机。不久，传来了夏桀诛杀重臣、众叛亲离的消息。商汤再次停止向夏桀纳贡。这次，夏桀再次调动九夷之师，诸侯已经不听他的号令，有缗氏诸侯甚至公开反抗。此时，商汤认为伐桀的时机完全成熟，果断下令起兵。

约在公元前1766年，商汤正式兴兵伐夏。在战前，他隆重举行了誓师活动，一一列举夏桀破坏生产、残酷盘剥压迫民众的罪行，申明自己是秉承天意征伐夏桀，目的是为了救民于水火之中。商汤还宣布了严格的战场纪律。这番誓师，极大地振奋了士气。战前誓师后，商汤简选良车70乘，"必死之士"6000人，联合各方国的军队，采取战略大迂回，绕道到夏都以西，出其不意，攻其不备，突袭夏都。夏桀仓促应战，西出拒汤，同商汤军队在鸣条（今河南洛阳附近）一带决战。在决战中，商汤军队奋勇作战，一举击败了夏桀的主力部队，夏桀败退归依于属国三朡（今山东定陶东一带）。商汤发扬速战速决、连续作战的作风，乘胜追击，攻灭了三朡。夏桀穷途末路，率少数残部仓皇逃奔南巢（今安徽寿县南），不久病死在那里，夏王朝宣告灭亡。

商汤回师西亳（今河南偃师西），召开"景亳之命"大会，得到3000诸侯的拥护，取得了天下之主的地位，建立了一个新的王朝——商。

延伸阅读

中国历史上的第一个亡国暴君——夏桀

夏朝尚无皇帝尊号，也无天子之说。史书上把夏朝的君主叫做夏后或夏后氏。夏桀是历史记载的第一个亡国暴君，桀是商汤在他死后封他的谥号，是"凶猛"之意。桀是夏朝的第十六个君主，也是最后一个。桀本名履癸，大约在公元前1818年前后继承了父亲的大位。履癸文武双全，赤手可以把很粗的铁钩拉直。可惜，他虽然有勇力，却残暴无比，导致诸侯反叛，国灭身亡。

牧野之战：武王伐纣

> 商纣王统治下的社会动荡不安，而西方属国——周正如日中天，蒸蒸日上，积极开展伐纣灭商的大业。牧野之战，是周武王在吕尚等人辅佐下，率军和商军进行战略决战的一次大规模战争。战场上商军临阵倒戈，商朝灭亡。

商朝末年，周文王积极准备灭商，先后出兵攻灭西部的犬戎（今陕西武功东、兴平北，一说在今陕西凤翔境）、密须（今甘肃灵台西南），巩固了后方，又转兵东进攻灭耆（商西土与国，一说在今山西长治西南）、邘（今陕西户县北，一说在今河南沁阳西北）、崇（今陕西户县附近）等商的盟国，对商都朝歌（今河南淇县）形成进逼之势。然后，又将国都从岐地迁到丰邑，作为灭商的前进阵地。

周文王去世后，姬发继位，称周武王，加紧进行灭商部署。武王以姜尚为"师"负责军事，弟周公姬旦为"辅"，处理政务，召公、毕公为左右助手。他于文王墓前祭祀，令将文王牌位载于车中，宣称奉文王之命，率六师军队东进至孟津（今河南孟津东北、孟县西南），会盟各诸侯国军。传说800诸侯不期而至，一起拥武王为盟主，结成灭商阵线。武王认为时机尚不成熟，拒绝诸侯即刻伐商的建议，会盟完毕，即率军西归，

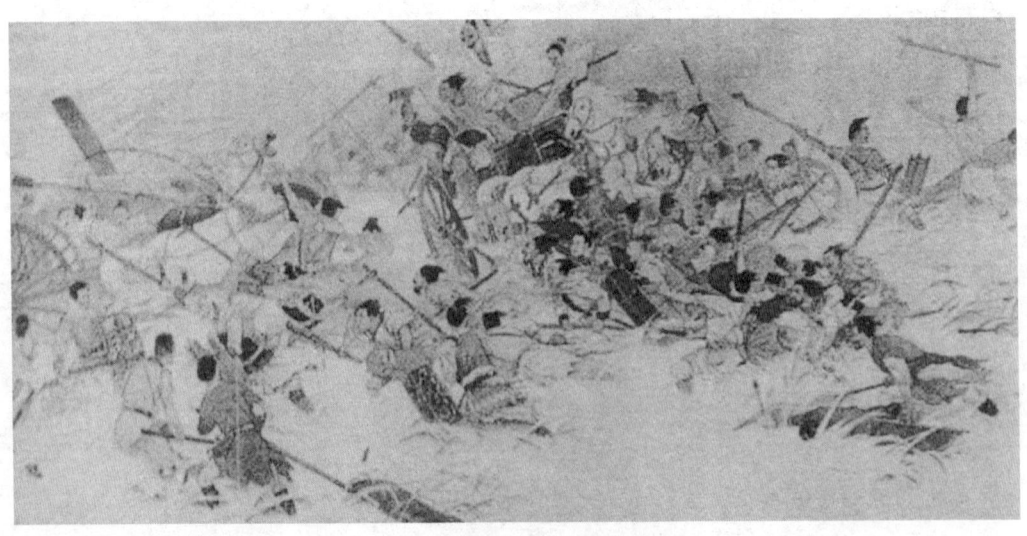

◆ 牧野之战中的商军倒戈图

罪行，宣布今"维共行天罚"的决定。接着，武王挥军北上，冒雨行军，于一月初抵商郊牧野。甲子日早晨，攻商大军在牧野集结，武王占卜为吉，要求将士英勇奋战，又不滥杀败逃之敌。周军与诸侯国军士气高昂，列成左、中、右三个方阵，准备与商军交战。

纣王得知周军来攻，慌忙调集少数贵族军队，并武装了一大批奴隶、战俘开赴牧野。结果奴隶们临阵倒戈，引领周军杀往朝歌，纣王登上鹿台，自焚而死。

◆ 商纣王

史称"孟津观兵"。

武王一面积极部署，一面派间谍到朝歌侦察商朝情况，并收买纣王重臣微子启、胶鬲等，促其反叛。当得知纣王杀死王子比干，囚禁其弟箕子，微子出走，太师疵和少师疆奔周而来时，周武王大喜过望。此时，商统治集团已严重分裂，商军主力远攻东夷(东部沿海地带)，朝歌空虚，遂决定先发制人，乘隙决战灭商。

周武王四年（前1057，一说前1027）十二月，武王率六师战车300乘、虎贲3000人、甲士4.5万人，并联合庸(今湖北西北、陕西南部)、蜀(今四川境)、羌(今陕西、甘肃境)、微、卢、彭（均在今四川南部）、濮(今湖北西南)等方国军队，大举东进。戊午日，周军在孟津渡河，与各方国军队汇合。武王作"泰誓"，历数纣王"自绝于天"的

延伸阅读

《封神演义》

《封神演义》是一部以商周之争为线索的神魔小说。故事情节的真实成分微乎其微，大多是虚构出来的。然而，小说却创造了一个缤纷多彩的神话世界。殷商后期，朝政昏乱，传至纣王，更是荒淫无道。于是，天意决定兴周灭商，由女娲娘娘派遣狐狸精妲己出来祸乱商朝。纣王听信谗言，造炮烙，杀害忠良，诛杀后妃。元始天尊派遣姜尚下山，助周亡纣。姜子牙率领同门及周国军队，攻城掠地，声势日益壮大。而与姜子牙同一祖师的通天教主则因一些琐事与同门反目，协助商纣抗拒周师。于是以元始天尊、老子等及其同门子弟与西方教祖为一方，与通天教主一方，展开斗法，斗阵大战。种种道法、阵式、兵器各逞神威。前者代表正义，后者代表邪恶。最后还是由双方的同一师祖鸿钧老祖出面，平息了战争，鸿钧老祖将通天教主收归仙山。神仙之争一结束，商朝也就跟着完结。纣王摘星楼自焚，三位女妖完成灭商使命，周武王登基，建周家800年基业，姜子牙登台封神。全书在一片凯歌中结束。

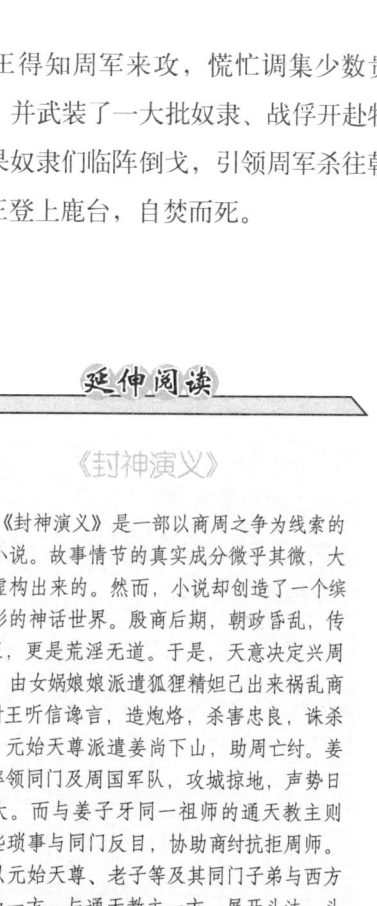

柏举之战：千里破楚，五战入郢

> 柏举之战是公元前506年吴国与楚国在柏举发生的一场战争。此战吴国以少胜多，大败楚国，显示出兵圣孙子的谋略水平和一代名将伍子胥的指挥能力。

前506年秋，楚国大军围攻蔡国，蔡在危急中向吴国求救。另外，唐国国君也因愤恨于楚国的不断侵凌勒索，而主动与吴国通好，要求助吴抗楚。唐、蔡两国虽是蕞尔小国，但位居楚国的北部侧背，战略地位相当重要。吴国通过和它们结盟，遂可以实施其避开楚国正面，进行战略迂回、大举突袭、直捣腹心的作战计划。

同年冬天，吴王阖闾亲率其弟夫概和谋臣武将伍子胥、伯嚭、孙武等，倾全国3万水陆之师，乘楚军连年作战极度疲惫，东北部防御空虚薄弱之隙，进行战略奇袭，吴军溯淮水浩荡西进。进抵淮汭（今安徽凤台附近，一说今河南潢州西北）后舍舟登陆，以3500精锐士卒为前锋，在蔡、唐军配合导引下，兵不血刃，迅速地通过楚国北部大隧、直辕、冥阨三关险隘（在今河南信阳南），挺进到汉水东岸。楚军在极其被动的情况下仓促应战。楚昭王急派令尹囊瓦、左司马沈尹戌、大夫武城黑、大夫史皇等人率军赶至汉水西岸进行防御。两军隔着汉水互相对峙。

楚军中左司马沈尹戌针对吴军作战的特点，向统帅囊瓦提出如下建议：由囊瓦率楚军主力沿汉水西岸阻击吴军的进攻，正面牵制吴军。而由他本人北上方城（今河南方城县境），征集那里的楚军，迂回到吴军的侧后，毁坏吴军舟楫，阻塞三关，切断吴军的归路。尔后与囊瓦所率的主力实施前后夹击，一举消灭吴军。囊瓦起初同意了沈尹戌的建议，可是待沈尹戌奔赴方城后，却又听

◆ 孙武雕像

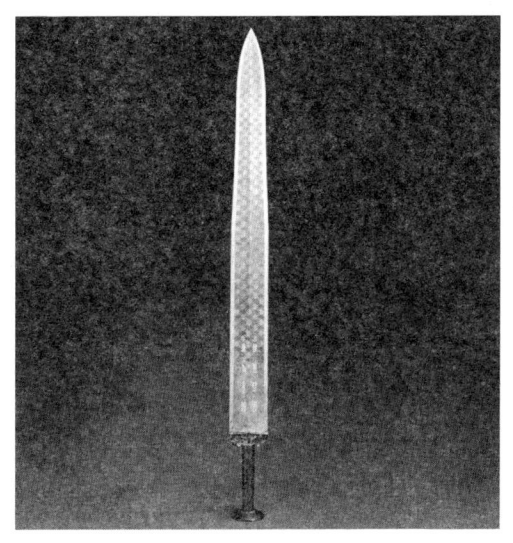

◆ 吴国制造的宝剑

从武城黑和史皇的挑拨怂恿，出于贪功的心理，而一改原先商定的作战计划，采取冒进速战的方针，不待沈尹戍军完成迂回包抄行动，即擅自单独渡过汉水向吴军进攻。

吴军见楚军主动出击，大喜过望，遂采取后退疲敌、寻机决战的方针，主动由汉水东岸后撤。囊瓦果然中计，尾随吴军而来，自小别（在今湖北汉川东南）至大别（今湖北境大别山脉）间，连续与吴军交战，但结果总是失利，由此而造成士气低落、军队疲惫。吴军见楚军已陷入完全被动的困境，于是当机立断，决定同楚军进行战略决战。

十一月十九日，吴军在柏举（今湖北麻城）列阵迎战楚军。阖闾弟夫概认为囊瓦素来不得人心，楚军无死战之志，因此主张吴军立即发起攻击。但阖闾出于谨慎而否决了夫概的意见。夫概不愿放弃这一胜敌的良机，便率领自己的5000部属奋勇进攻囊瓦的军队。楚军一触即溃，阵势大乱。阖闾见夫

概部突击成功，乃乘机以主力投入交战，扩大战果，大胜楚军。囊瓦失魂落魄，弃军逃奔郑国，史皇战死。

楚军主力在柏举决战遭重创后狼狈向西溃逃。吴军及时实施战略追击，尾随不舍。终于在柏举西南的清发水（今湖北安陆西的涢水）追上楚军。吴军"因敌制胜"，用"半济击"的战法，再度给渡河逃命中的楚军以沉重的打击。吴军继续追击，至雍澨（今湖北京山西南）赶上正在埋锅造饭的楚囊瓦军残部，大破之；并与由息（今河南息县西南）回救的楚军沈尹戍部遭遇，主将沈尹戍伤重身亡，楚军大败。至此，楚军全线崩溃，郢都（今湖北江陵西北）完全暴露在吴军面前。

吴军长驱直入，势如破竹，五战五胜，于十一月二十九日，一举攻陷郢都。楚昭王如丧家之犬逃往随国（今湖北随州）。吴国兵锋所向，威震天下。

延伸阅读

评点柏举之战

柏举之战是春秋晚期一次规模宏大、战法灵活、影响深远的战争。吴军灵活机动，因敌用兵，以迂回奔袭、后退疲敌、寻机决战、深远追击的战法，一举战胜多年的宿敌楚国，给长期称雄的楚国以十分沉重的打击，从而有力地改变了春秋晚期的整个战略格局，为吴国的进一步崛起，进而争霸中原奠定了坚实的基础。

长勺之战：一鼓作气，以弱胜强

> 长勺之战发生于鲁庄公十年(前684)。齐鲁两个诸侯国交战于长勺，最后以齐国的失败、鲁国的胜利而告终。鲁军一鼓作气打败齐军，后乘胜追击，直逼齐国国都，获得了长勺之战的胜利。此战成为中国战争史上的经典案例。

公元前684年春，齐桓公在巩固了君位之后，自恃实力强大，不顾管仲的谏阻，决定兴师伐鲁，以报复鲁国当年支持公子纠复国的宿怨，企图一举征服鲁国，向外扩张齐国的势力。

当时鲁国执政的是鲁庄公，他闻报齐军大举来攻，决定动员全国的力量，同齐军一决胜负。就在鲁庄公准备发兵应战之时，鲁国有一位名叫曹刿的人认为当政者庸碌无能，未能远谋。他不忍心看到自己的国家遭受齐国军队的蹂躏，因而入见庄公，要求参与战事。曹刿询问庄公依靠什么同齐国作战。鲁庄公说，对于衣物食品之类的东西，总是要分赐给臣下，不敢独自享用。曹刿指出，这样做不过是小恩小惠，不能施及全国，民众是不会出力作战的。鲁庄公又说，自己对神明是很虔敬的，祭祀天地神明的祭品从不敢虚报，很守信用。但曹刿认为，对神守点小信，未必能感动神明，神也是不会降福的。鲁庄公想了一下又补充道，自己对待民间的大小狱讼，虽然不能做到明察秋毫，但是必定准情度理地予以处理。曹刿这时才说，这倒是尽到了君主的责任，为老百姓办了好事，具备了同齐国决一胜负的基本条件了。为此，他请求随同鲁庄公奔赴战场，鲁庄公允诺了他的这一请求，让他和自己同乘一车前往长勺。

鲁庄公十年(前684)，齐军仗着兵强马

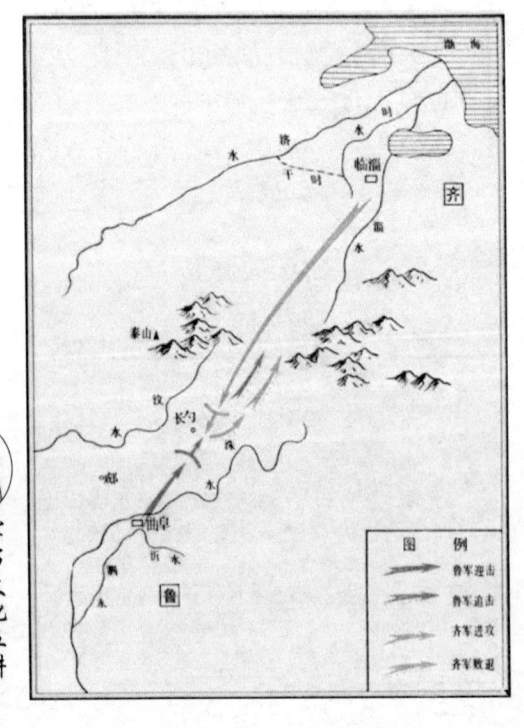

◆ 长勺之战形势图

◆ 鲁庄公与曹刿（石雕）

壮，直逼鲁境。鲁庄公暂时避开齐军锋芒，撤退到有利于反攻的地方长勺(今山东曲阜北郊)。齐国由于长期战争的胜利，将领鲍叔牙以下将士都轻视鲁军，认为不堪一击，于是发起声势浩大的攻击。鲁庄公见齐军攻击鲁军阵地，就要擂鼓下达应战的命令。曹刿劝阻说：齐兵势锐，我军出击正合敌人心愿，胜利没有把握，"宜静以待"，不能出击。庄公遂饬令鲁军固守阵地，只令弓弩手射击，以稳住阵势。齐军没有厮杀的对手，又冲不进鲁军阵地，反而受到鲁军弓弩猛射而无法前进，只得向后撤退。经过稍事休整，鲍叔牙又下令展开第二次攻击，曹刿劝庄公仍然不要出击，继续固守阵地。齐军攻势虽猛，但仍攻不进阵内，士气不免疲惫，再退回到原阵地。

齐军两次进攻，鲁军都没有应战，鲍叔牙和齐军将领都认为鲁军怯于应战，决定再次发动进攻。于是齐军声势浩大的第三次进攻开始了。曹刿看到这次齐军来势虽猛，但势头没有上两次大，认为出击时机已到，立即向庄公提出反击齐军的建议。庄公亲自擂起战鼓，发出攻击命令。鲁军将士闻令，士气高昂，奋勇出击，争先恐后，锐不可当，把齐军打得七零八落，溃不成军，节节败退，鲁军获得了决定性的胜利。

鲁军战胜，庄公传令追击。曹刿认为齐乃大国，兵力素强，不容易判定是否真正失败，很可能另有埋伏，阻止庄公下达追击令。他登轼而望，见齐军旗鼓杂乱，兵器倒曳，又下车观察到齐军战车的车辙十分混乱，判定齐军是真正溃败，这才追击。齐军大败。

延伸阅读

曹刿劫持齐桓公

曹刿，又名曹沫，春秋前期鲁国的大夫。著名的军事理论家。帮助鲁庄公打赢了长勺之战。司马迁在《史记·刺客列传》也曾记载了他。鲁国和齐国打仗，三次都输了。鲁庄公献出城邑求和。因此，齐桓公和鲁庄公在柯会盟。两个国君在坛上盟誓的时候，曹刿执匕首劫持了齐桓公。桓公左右人都不敢动，桓公问他："子将何欲？"曹刿说："齐强鲁弱，而大国侵鲁亦以甚矣。今鲁城坏即压齐境，君其图之！"桓公只好答应把原来夺取鲁国的城池都归还，鲁国不费一兵一卒讨回失地。

城濮之战：退避三舍，诱敌深入

城濮之战，是我国春秋时期晋、楚争霸中原的一次具有决定意义的战争。居于劣势的晋国正确地分析了当时的客观形势，恰当地选择了战场，采取政治外交联盟，形成对楚优势，掌握主动权，处于有理、有利的战略地位。然后，避楚锋芒，退避三舍，诱敌深入，合兵突击，取得决战胜利。

春秋时期，楚成王痛恨宋国背叛联盟，便发兵攻打宋国，攻占了缗邑，一直打到睢阳，四面用土筑起长长的围墙，想迫使宋军投降。忽然听说卫国派来使臣告急求救。原来晋不出兵援宋，采取借道卫国的策略，去进攻楚国的盟国曹国。卫国拒绝了晋国的要求，晋军就袭占了卫国重镇五鹿（今河南濮阳市南），留军驻守，大军继续东进，进而威胁卫国首都楚邱（今河南滑县）。

晋国知道楚国是强国，因此继续开展外交手段，派使臣到齐国修复与齐的友好关系。然后，又恢复了和鲁国的友好关系。晋军接着进攻曹国都城陶丘（山东定陶县西南），俘虏了曹共公。楚成王听说卫国被困，分派出申、息二镇的军队援救，留下元帅成得臣和斗越椒、斗勃、宛春等一班将

◆ 晋文公复国图卷（局部）

领,和各路诸侯继续围宋。

晋军进攻卫、曹,原本是引诱楚军解宋围,北上和晋决战,然而楚继续围攻宋国。宋国再次告急,如果晋文公置之不救,不但不能报答宋襄公过去对自己的恩惠,而且失去宋国会影响全局。然而直接发兵救宋,又违背了引楚军于曹卫之野决战的战略。而联合齐秦还未成功,战胜楚国的把握不大,元帅郤縠又在此时死于军中,更使晋文公难下救宋战楚的决心。这时,新任元帅先轸提出对楚战略的良策:一是让宋国重礼赂贿齐、秦,使他们干预宋楚战争,进行调解;二是将曹国、卫国的土地赐给宋国,弥补宋国的损失,激励宋国军民斗志,继续坚守待援。

楚成王行至半途的时候,他听说晋军已攻破曹国,并且俘虏曹国国君,不由大惊失色。晋军侵曹伐卫进展迅速,卫降曹破,中原形势突变,楚国失去救援的战机,再继续下去,势必与晋军发生直接冲突。楚国本不想和晋军直接交战,没有作准备。因此,楚军决定立即停止进攻,进行战略退却,以待有利时机,再图对晋作战。同时派人告诫元帅成得臣,不要刚愎自用,不要进逼晋军。但成得臣并未在乎楚成王的告诫,而是率军追击晋军。

晋军哨骑传来楚军进击的消息后,晋国军队退避三舍,以实践晋文公当年对楚订下的诺言:如果两国交战,晋军先退让三舍。晋军的退避占据了外交优势,激励了晋军和联军的士气;而且避开楚军锋锐,选择有利时机、有利地形决战;还可以接近本土,缩短补给路线,可谓一退得先机,占尽了天时、地利、人和的有利因素。

楚军到达城濮后占据有利地形,派斗勃送战书挑战。公元前632年四月四日晨,楚军元帅成得臣发出"今日必无晋"的号令,命令左右两军分别向晋军进攻。晋下军将领栾枝利用战场上沙尘扑面的条件,作为蒙蔽敌人掩盖自己虚实的沙幕。胥臣把马身上蒙上虎皮以壮大声威。晋军副帅胥臣指挥的大队兵车于战鼓声中突然杀出,蒙着虎皮的战马吓得陈、蔡军队惊慌回窜,阵容混乱,反而冲乱了楚军右军。晋军乘机猛攻猛打,击杀了蔡将公子印,将军斗勃也中箭而逃。楚军右翼死伤很多,进攻完全失败,把中军侧面暴露在晋军面前。栾枝驾车拖着树枝向北奔驰,掀起遮天沙尘。楚帅成得臣和将领斗宜申都以为晋军真败,力命左军攻击,晋方上军应战,随即后撤。不久,楚的左、右军失败,中军暴露。成得臣见大势已去,在晋军尚未形成合围前,出兵撤退,脱出包围圈,晋军获得了整个战役的胜利。

延伸阅读

晋将先轸

先轸(?—前627),春秋时期晋国的卿大夫。姬姓,先氏。因采邑在原(今河南济源西北),又称原轸。他是我国古代著名的军事将领,以谋略见称,是早于孙武和吴起的谋略大师,是奠定中国古代军事谋略学的人物之一。他在"城濮之战"与"崤之战"中充分发挥了自己的才华,成为我国历史上第一位有元帅头衔的军事统帅。

即墨之战：坚壁清野，借机反攻

前284年，燕国将军乐毅率领多国联军伐齐，连下齐国70余城，齐国仅剩莒（今山东莒县）和即墨二城，国家处于危亡之中。齐将田单整顿守城士卒，坚壁清野，抗击燕军。燕军换将后，齐军不断转换策略，等待战机。前279年，田单大破燕军，并复国，因功封"安平君"。

周赧王三十一年（前284），燕昭王利用齐与诸侯的矛盾，联合韩、赵、魏、秦等国，以乐毅为主将，率五国联军击破齐军主力，燕军深入齐腹地，连取70余城后，遂集中兵力围攻仅存的即墨和莒（今山东莒县），时齐旧臣在莒拥立齐襄王法章，两城遂成犄角之势抗燕。乐毅见强攻一年仍不能克，即命燕军撤至两城外九里处设营筑垒，并对即墨采取绥抚之法，欲攻心取胜。

当时田单在即墨，因颇有军事才能被推为将军，代战死的即墨大夫率城中军民抗燕。即墨地处胶东，为齐之大城，人力、物

◆ 即墨市的"火牛阵"雕塑

力较为充裕，足可支撑一时。田单将城中将士7000余人加以整顿、扩充，并增修城垒，加强防务；继又抓住燕昭王新死，继立的燕惠王与乐毅不和这一有利时机，派人入燕行反间，离间燕君臣关系，言乐毅久攻不克，实为拖延时日以收买人心，企图占齐为王；又说齐人所惧者并非乐毅，如燕将易人，即墨即可攻破。燕惠王中计，改派骑劫代乐毅，燕军将士因主将被撤，内部不和。骑劫到任后，急于求功，改变乐毅长围久困之法，实施强攻，未能奏效，又改用恐怖手段威吓齐军。田单将计就计，诱使齐军施暴。即墨军民见被俘齐人皆被割鼻置于阵前，又见城外即墨人的祖坟被掘，尸首遭戮，无不痛心疾首，皆欲出战。田单又令城中人食必祭祖，引得鸟群翔集于即墨城上空，诡称有神师助齐，既给燕军造成心理压力，又稳定即墨军民之心。

周赧王三十六年（前279），田单见即墨军民斗志旺盛，遂将妇女编入行伍之中，并亲与士卒劳动，犒劳将士。尔后，令精壮甲士掩伏城内，作好战斗准备。派老弱、妇女在城墙上守望，同时派使者诈降于燕。燕军因与齐军相持已达三年余，师老兵疲，皆欲尽早停战，遂不辨真假而信之。田单又征集民间黄金千镒，派一即墨富豪送至燕将手中，诈言即墨将降，请燕军保全其家，燕军至此深信不疑，只等受降，防备松懈。田单认为反攻时机成熟，乃征集千余头牛，牛身披五彩龙纹外衣，将锐利的兵器缚于牛角，以饱浸油脂的芦苇系于牛尾，又将城墙凿开十余洞以供牛出。趁夜驱牛出洞，点燃牛尾

上的芦苇，受惊之牛狂奔燕军阵地，燕军见状大惊，被火牛撞死、撞伤者不计其数，继而又被紧随火牛阵后的5000齐军壮士搏杀。即墨城中则鼓声雷动，人声喧沸，声援齐军，燕军无备，仓促间无力抵抗，乱作一团，仓皇溃逃，骑劫于乱军之中被杀。齐军乘胜追击，将燕军赶出齐境，收复失地，迎齐襄王回临淄（今山东淄博东北）。田单受封安平君。

此战，田单面对优势之敌，打破常法，不厌诡诈，积极创造条件，变不利为有利，终以夜间奇袭战法一举扭转战局。"火牛阵"制胜，成为中国军事史上的著名战例。

延伸阅读

复国的胜利

齐军后来在即墨保卫战中能先坚守后反攻，最终一举击败燕军，是由于即墨有一定的防御条件，燕军分兵多路攻齐，发展过快，攻城克坚的准备和力量不充分，田单面对优势之敌，采取有效措施，取得即墨军民的支持，为挽救危局、实施反攻创造了条件。接着巧施反间计，借敌之手除去最难对付的乐毅，又针对骑劫警惕性不高，燕军士气不振的弱点，以诈降手段造成错觉，使之麻痹松懈。然后实施夜间奇袭，出其不意地击破围攻即墨的燕军主力，打好了反攻初期的关键性一仗，取得战场的主动权。最后不给敌人喘息之机，乘胜追击，在齐国民众的支持下，终于取得了复国的胜利。

桂陵、马陵之战：围魏救赵，增兵减灶

> 桂陵之战和马陵之战，是战国中期齐、魏两大国之间的两场著名战争。军事家孙膑，创造性地运用和发展孙武"避实而击虚""攻其所必救""致人而不致于人""示形动敌"的作战指导思想，在桂陵和马陵地区，先后以"围魏救赵""增兵减灶"之计谋击败实力强大的魏国军队。这两场战争，彻底改变了战国时代的军事格局。

齐国自西周以来一直是东方的大国。公元前356年齐威王即位后，任用邹忌为相，改革吏治，强化中央集权，扩张军事，国势日渐壮大。面临魏国向东扩张的严重威胁，它积极利用赵、韩诸国与魏国的矛盾冲突，展开了对魏的斗争。

赵国为了摆脱魏国的控制，国君赵成侯于公元前356年在平陆（今山东汶上）和齐威王、宋桓侯相会结好，同时又和燕文公在阿（今河北南阳北50里）相会。赵国的行为引起魏惠王的极大不满，适逢公元前354年，赵国向依附于魏国的卫国发动战争，迫使卫国称臣。于是魏国便藉口保护卫国，出兵进攻赵国，包围了赵国国都邯郸。赵国立即向盟国齐国求援。

齐威王闻听赵国告急，遂召集文武大臣进行商议。丞相邹忌反对出兵救赵。齐将段干朋则主张救赵。但他同时又指出，以当时的战略形势来考虑，如果立即出兵前赴邯郸，赵国既不会遭到损失，魏军也不会消耗实力，对于齐国的长远战略利益来说是弊大于利。因此，他主张使魏与赵相互削弱，而后"承魏之弊"的战略方针，齐威王欣然采纳这一建议。

当时魏国的扩张，也引起楚国的敌视。因此，楚宣王便乘魏国出兵攻赵、后方空虚的时候，派遣将军景舍率领部队向魏国南部的睢、濊地区进攻。而西边的秦国也不甘寂寞，发兵先后攻打魏国的少梁、安邑等要地。这样，魏国实际上已处于四面作战的困难境地。幸亏它实力雄厚，主将庞涓又决心破赵，不为其他战场的局势所动摇，因而

◆ 马陵之战故址

一直勉力维持着邯郸方面的主攻局面。

魏赵两军相持一年有余,军队都非常疲惫,齐威王认为与魏军决战的时机已经成熟,于是任命田忌为主将,孙膑为军师,统率齐军主力救援赵国。田忌计划直奔邯郸,同魏军主力交战,以解救赵围。但军师孙膑提出了"批亢捣虚""疾走大梁"的策略。田忌接受了孙膑的作战策略,统率齐军主力迅速向魏国国都大梁挺进。魏军听说都城遭到攻击,主将庞涓立刻率主力回救大梁。齐军在桂陵(今山东菏泽东北一带)设下埋伏,以逸待劳,痛击魏军,使得强悍的"魏武卒"遭到极大的损失。

魏军虽在桂陵之战中严重失利,但不久就得到恢复。前342年,它再次发兵攻打比它弱小的兄弟之邦——韩国。韩国危急中遣使奉书向齐国求救。齐威王一如当年赵国求援,召集大臣商议此事。孙膑提出了"深结韩之亲,而晚承魏之弊",即首先向韩表示必定出兵相救,促使韩国竭力抗魏。当韩处于危亡之际,再发兵救援,从而"尊名""重利"一举两得。他的这一计策为齐威王所接受。

魏国眼见胜利在望之际,又是齐国从中作梗,立即将兵锋指向齐军。魏国太子申为上将军,庞涓为将,率雄师10万扑向齐军,企图同齐军一决胜负。这时齐军已进入魏国境内纵深地带,魏军尾随而来,一场鏖战是无可避免。孙膑针对魏兵强悍善战,素来蔑视齐军的情况,巧妙利用敌人的轻敌心理,示形误敌,诱其深入。齐军与魏军刚一接触,就立即佯败后撤。为了诱使魏军进行追击,齐军按孙膑预先的部署,施展了"增兵减灶"的高招,第一天挖了10万人煮饭用的灶,第二天减少为5万灶,第三天又减少为3万灶,造成在魏军追击下,齐军士卒大批逃亡的假象,而暗中却不断增兵。魏军果然中计,不断追击。

孙膑判断魏军将于日落后进至马陵(今山东郯城一带),遂把这里作为预定战场。马陵一带道路狭窄,树木茂盛,地势险阻,有利于打伏击战。天黑后,魏军进入马陵,遭到齐军伏击。大将庞涓奋命抵抗,发现路旁一棵大树的皮剥掉,上面似乎有字,便命令士兵举火把查看,只见上面写着:"庞涓死于此树之下。"忽然四周乱箭齐射,庞涓见大势已去,自杀身亡。齐军乘胜追击,又连续大破魏军,前后歼敌10万余人,并俘虏了魏军主帅太子申。

马陵之战,魏国自魏文侯、魏武侯以来所创的基业完全损毁,魏国的实力一落千丈,其大国地位被齐国所代替。

延伸阅读

马陵之战分析

马陵之战是我国历史上一场典型的"示假隐真"、欺敌误敌、设伏聚歼的成功战例。齐军取得作战胜利,除了把握救韩时机得当,将帅之间密切合作,正确预测战场和作战时间以外,善于"示形"、运用"增兵减灶"之计谋巧设埋伏乃是关键性的因素。所谓的"减灶"就是这场战争中"示形"的主要方式。它实际上是孙武"能而示之不能,用而示之不用"以及"以利动之,以卒待之"等"诡道"原则的实战体现。

伊阙之战：集中兵力，各个击破

> 秦国为了打开东进的大门，攻占了韩国的新城，韩国为了夺回新城，联合魏军，与白起所率领的秦军在伊阙(今河南洛阳龙门)展开了一场殊死的战斗。白起率领秦军在伊阙大败韩、魏联军，使其一战成名，这就是伊阙之战。

公元前293年，经过商鞅变法的秦国，日益强盛。到秦昭襄王时，加快了兼并六国的步伐。乘齐、魏相持之际，首先蚕食中原要冲的韩、魏土地。

周赧王二十一年（前294），秦左庶长白起率军夺占韩地新城（今河南伊川西南），并继续向韩、魏进攻。韩、魏以公孙喜为主将，率联军24万进据伊阙迎击。伊阙为韩、魏门户，两山对峙，伊水流其间，地势十分险要。当时秦军兵力不及韩魏联军的

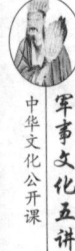

◆ 出土的秦军铜箭镞

82

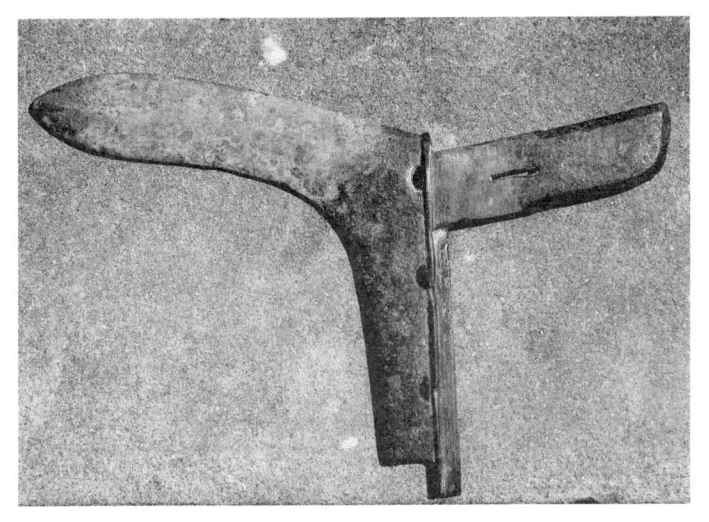

◆ 秦军铜戈

一半,且联军已据险扼守,呈对峙态势。白起针对韩、魏两军互相观望,不愿当先出击的弱点,以少量兵力钳制联军的主力韩军。

秦军牵制住韩军后,集中优势兵力来对付魏国的部队。魏军战斗意志比较松懈,魏国人本来就不想战斗,仅为韩国助战,韩国为了夺回新城,战斗意志特别旺盛。但韩国是小国,认为魏军必会相助,所以希望魏军能担当抵御的主力。遭到攻击的魏军毫无防备,仓促应战,迅即惨败。韩军震慑,且侧翼暴露,遭秦军夹击,溃败而逃。白起乘胜挥师追击,全歼韩魏联军,俘公孙喜,攻占伊阙,夺取五城,共歼灭韩、魏联军24万。伊阙之战是先秦战史中一次较大规模的、且是以少胜多的歼灭战。战后韩、魏两国精锐丧失殆尽,被迫献地求和。白起因战功卓著擢升国尉,开始了其辉煌的军事历程。秦国也因此战的胜利以不可抗拒之势向中原扩展。

白起作为战国时期最杰出的将领,他的一生不仅对自己所处的时代产生了巨大的影响,也为后世留下了许多宝贵的军事财富。他的作战指挥艺术,代表了战国时期战争发展的水平。白起用兵,善于分析敌我形势,然后采取正确的战略、战术方针对敌人发起进攻。他创造了先秦战史上多次成功的歼灭战战例,是中国历史上最擅长打歼灭战的将领。

延伸阅读

伊阙

伊阙,位于今河南省洛阳市区南约2000米处,是洛阳南面重要的天然门户。伊阙两侧是对峙的香山、龙门山,伊水流于其间,远望就像天然的门阙一样,故而被称作"伊阙"。隋朝的时候,炀帝都洛阳,皇宫大门正对伊阙,因此将伊阙改名"龙门"。此名称一直沿用至今。古来龙门的名胜古迹就很多,除了龙门石窟,还有白居易墓园、龙门十寺等。唐朝大诗人白居易曾说:"洛都四郊山水之胜,龙门首焉;龙门十寺观游之胜,香山首焉。"

秦灭六国：远交近攻，分化瓦解

> 公元前238年，秦王嬴政亲政后，继续采用远交近攻之谋，加快统一六国的步伐。他一面派谋士姚贾、顿弱等携带重金进行外交分化和拉拢活动；一面采用先弱后强、由近及远的方针，展开强大的军事进攻。秦先后消灭了韩、赵、魏、楚、燕、齐六国，统一了中国，结束了长达500年的诸侯割据。

秦国自秦孝公任用商鞅，变法改革，国力逐步强盛。从秦孝公到秦王政的100多年时间中，秦国国力不断上升，在政治上施行郡县制，在军事上施行战功爵禄制，不但完善了军队组织，而且加强了军队的后勤补给。在外交策略上，采用范雎所提出的远交近攻策略。具体方法是和较远的、没有直接利益冲突的国家结成同盟，不断削弱临近的较弱的国家，增强自己的实力。通过这种方略，秦国逐渐蚕食并巩固其占领地区，实行有效占领，相继灭掉西周、东周，攻占韩国黄河以东和以南地区，设置太原、上党、三川三郡，领土包括今陕西大部，山西中南部，河南西部，湖北西部，湖南西北部和四川东北部的广大地区，为统一六国打下了基础。

六国面对强秦的威胁，虽然屡次合纵抗秦，但在秦国连横策略下先后瓦解而失败。他们时而"合众弱以抗一强"，时而"恃一强以攻众弱"，无法形成稳固统一的抗秦力量，给秦国各个击破以可乘之机。秦王嬴政在李斯、尉缭协助下制定了统一全国的战略。

前236年，秦王嬴政乘赵攻燕、国内空虚之际，分兵两路大举攻赵，经过数年的连续攻伐，极大地削弱了赵国实力。在无法一

◆ 秦始皇

战灭赵的情况下，秦国转而攻国力较弱的韩国。前231年，韩国的战略要地南阳失守，次年，秦内史腾攻破韩国都城阳翟（今河南禹州市），韩国灭亡。前229年，秦大举攻赵，名将王翦率军由上党（今山西长治市）出井陉（今河北井陉县），杨端出河内攻赵都邯郸。双方在这场战斗中互有胜负，但总体上秦国的国力较强，而赵国国君偏听偏信，杀害名将李牧，自毁长城。公元前228年，王翦向赵国发起总攻，秦军攻破邯郸，俘虏赵王迁，赵国公子嘉逃奔代，自立为代王。

秦国在攻赵的同时，兵临燕境。燕国无力抵抗，太子丹派荆轲以进献燕国地图为名，谋刺秦王政，结果刺杀失败。秦王政以此为借口，派王翦率兵攻打燕国。次年十月，王翦攻陷燕都蓟，燕王喜与太子丹率残部逃到辽东（今辽宁辽阳市）。秦国灭掉韩赵、重创燕国以后，北方大部分地区已为秦有，只有地处中原的魏国，孤立无援。前225年，秦将王贲引黄河水灌城，攻陷魏国都城大梁，魏国灭亡。

前223年，秦国大将为王翦率领60万大军攻楚，楚国大将项燕被杀，楚国灭亡。五国灭亡后，只剩下东方的齐国和燕赵残余势力。前222年，秦将王贲率军歼灭了辽东燕军，燕王喜杀太子丹向秦投降，燕国彻底灭亡。回师途中（今山西代县）俘获赵国余部代王嘉（其人在押途中自杀），赵国彻底灭亡。然后直逼齐国。齐王建慌忙在西线集结军队，准备抵抗。秦军避开西线齐军主力，从北面直插齐国都城临淄（今山东淄博

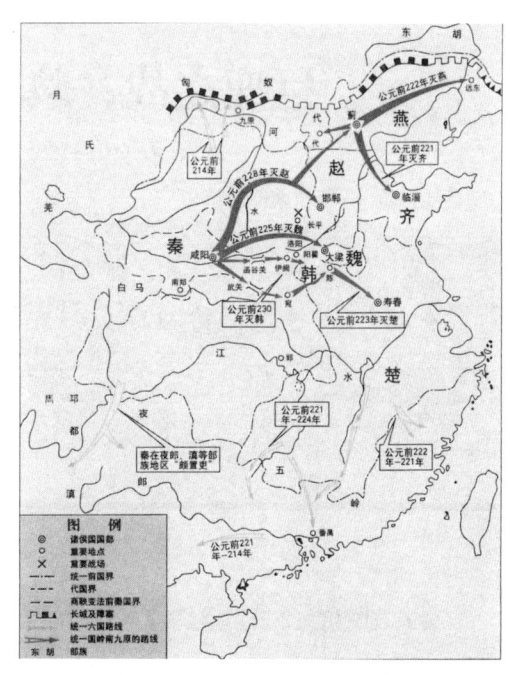

◆ 秦统一形势图

市），齐国不战而亡。至此，六国全部为秦所灭。

延伸阅读

战略大师范雎

范雎(?—前255)，也叫范且。祁姓，范氏，名雎，爵封"应侯"。战国时魏国人，著名的政治家，谋略大师。他是秦国发展为强国的里程碑式人物，对秦国的贡献不低于商鞅、李斯。他提出了著名的"远交近攻"策略，这一策略加速了秦国的统一进程，并深深影响了后世的许多谋略家，成为著名的军事外交策略。

巨鹿之战：破釜沉舟，背水一战

> 秦朝末年，天下大乱，诸侯割据，军阀混战。公元前208年，复国不久的赵王歇被秦军将领王离率领的20万大军围困在巨鹿（今河北平乡），无奈之下派使者向楚怀王求援。当时秦军十分强大，没有人敢前去迎战。项羽为报秦军杀叔之仇主动请缨，于是楚怀王便以宋义为上将军，项羽为次将，范增为末将，率军6万余以解巨鹿之困。

秦末农民起义，陈胜吴广战死后，项梁率领的队伍成为义军中最大的一支，他大败秦军于东阿（今山东阳谷东北），斩杀秦三川守将李由。

项梁在取得一系列胜利后骄傲轻敌，被章邯偷袭以至被杀。章邯破项梁军后，认为楚地农民军主力已被消灭，于是渡河北上，移兵邯郸，攻击以赵歇为王的河北起义军。赵歇退守巨鹿（今河北平乡西南）。秦军几十万围攻，赵歇粮少兵单，危在旦夕，乃遣使求救于楚怀王。

楚怀王接到信使的求援后，立即与起义军首领在彭城（今江苏徐州）召开紧急军事会议，决定分兵两路：一路由刘邦率领向西直指关中；另一路以宋义为上将军，项羽为次将北上救赵。援赵大军进至安阳（今山东曹阳东南）后，宋义不敢向前。项羽痛斥宋义的怯懦行为并杀死了他，自率大军前行。

◆ 霸王举鼎（雕像）

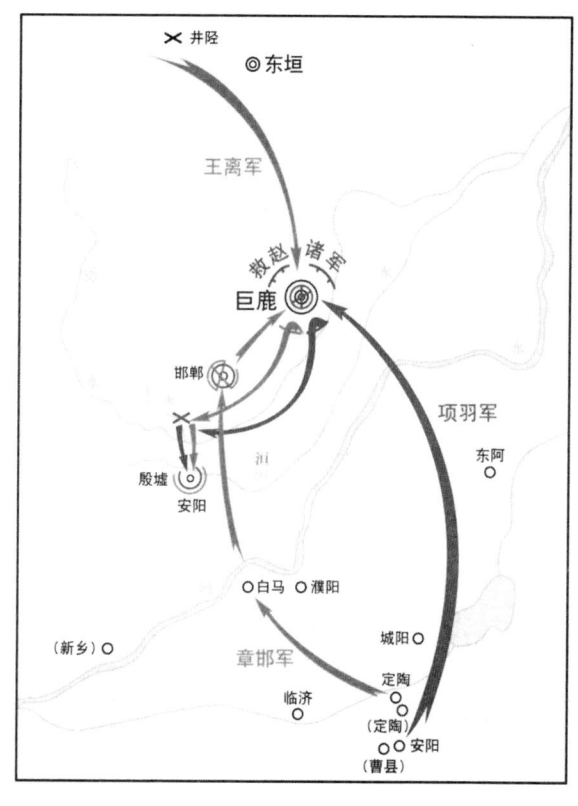

◆ 巨鹿之战示意图

前207年12月，项羽率起义军到达巨鹿县南的漳水，立刻派遣英布和蒲将军率2万义军渡过漳水，援救巨鹿，初战告捷。接着，项羽率领全军渡过漳水，命令全军破釜沉舟，只带三日粮，以示不胜则死的决心，以迅雷不及掩耳之势直奔巨鹿，断绝秦军粮道，包围了王离军队。项羽的决心和勇气，对将士起了很大的鼓舞作用。楚军猛烈攻击王离的大军。秦军大败，大将王离被俘，猛将苏角被杀，其余秦军将领或逃或死，巨鹿之围瓦解。

巨鹿解围后，章邯军退至棘原（巨鹿南），项羽军驻漳水之南，两军对峙，秦军的连续失败使章邯不再被秦朝所信任。项羽抓住时机，派蒲将军击秦军于漳水南岸。接着又亲率大军破秦军于汙水。章邯固守棘原与项羽对峙，派部将司马欣向秦廷告急求援。当时，秦廷赵高专权，猜忌将相，欲杀司马欣。司马欣潜回棘原，劝章邯早图良谋。章邯在降楚、退军之间犹豫不决。项羽派蒲将军率军日夜兼程渡三户津（古漳水渡朔，今河北磁县西南），断秦军归路，自率主力大败秦军。在项羽的沉重打击下，章邯进退无路，不得不于前207年7月在洹水南殷墟（今河南安阳）率其部众20万投降项羽。

巨鹿之战是秦末农民战争所取得的一场巨大胜利。它基本上摧毁了秦军的主力，扭转了整个战局，奠定了反秦斗争胜利的基础。

延伸阅读

由"破釜沉舟"说开去

有志者，事竟成，破釜沉舟，百二秦关终属楚；

苦心人，天不负，卧薪尝胆，三千越甲可吞吴。

这是《聊斋志异》的作者蒲松龄的自勉联。上联用的是项羽破釜沉舟、大破秦兵的典故，下联用的是越王勾践卧薪尝胆、灭吴雪耻的典故。

平灭三秦之战：明修栈道，暗度陈仓

> 秦朝末年，群雄并起，纷纷反秦。刘邦和项羽成为反秦义军中最大的两支，由于项羽军的势力最大，因此成为义军的实际领袖。刘邦虽被封为汉王，但不甘于偏居一隅。后来，他用"明修栈道，暗度陈仓"的计谋出关中，一举荡平三秦。

秦朝被推翻的时候，项羽、刘邦以及其他参加反秦战争的各路义军首领裂土封王，成为割据势力。当时势力最强的项羽准备一统天下，他表面上主张封王、分配领地，实际上暗怀称帝之心，准备对各个诸侯蚕食消灭。

各路诸侯中，唯一能和项羽抗衡的只有沛公刘邦，因此在分封土地时项羽故意把巴、蜀（今都在四川）和汉中（在今陕西西南山区）三个郡分给刘邦，爵为汉王，以汉中的南郑为都城。为了制衡刘邦，项羽还把关中划作三部分，分别分给秦朝的三个降将章邯、司马欣和董翳。项羽自封为西楚霸王，封地九郡，占领长江中下游和淮河流域一带的广大肥沃之地，以彭城（今江苏徐州）为都城。

刘邦虽然不满于自己的封地，但是慑于项羽强大的兵力，只能暂时领兵南进，入子午谷，经宁陕、石泉、洋县等地，到汉中就国。张良护送刘邦到汉中，目睹了汉中一带的山川地形，对汉中盆地、秦岭山脉南麓进行了详查，汉军绕道汉中城不进，先到汉中城西的褒中。张良查看了褒谷口地形后对刘邦说："大王，你何不将这条栈道烧毁？"刘邦问道："烧毁这条栈道，我怎能出得去呢？"张良说："这条道路的北口就在雍王章邯的大门上！若不烧掉，你还没有打出去，他就会打进来。"张良接着说："项羽

◆ 栈道

可是，不久章邯便接到紧急报告，说刘邦的大军已攻入关中，陈仓（在今陕西宝鸡市东）被占，守将被杀。章邯起初不相信，以为是谣言，等到证实后，慌忙领兵抵抗，已经来不及了。章邯被逼自杀，驻守关中东部的司马欣和北部的董翳也相继投降。号称三秦的关中地区全部被刘邦全部占领。

原来韩信表面上派兵修复栈道，装作要从栈道出击的姿态，实际上却和刘邦统率主力暗中抄小路袭击陈仓，趁章邯不备取得了胜利。"明修栈道，暗度陈仓"这一计果然奏效，由于吸引了敌军注意力，把敌军的主力引诱到了栈道一线，韩信派大军绕道到陈仓（今陕西宝鸡县东）发动突然袭击，一举打败章邯，平定三秦。

◆ 汉中的韩信雕像

不是怀疑你会再进攻他吗？烧掉了这条栈道，就等于向项羽表明你无能力抵抗他的进攻，也不准备再打回关中和他争夺天下。这样就可以麻痹项羽，使他解除戒备。然后大王以汉中这块地方为基地，屯兵养马，广积粮草，养精蓄锐，再图来日。"

刘邦听后，恍然大悟，连连称赞张良深谋远虑，立即下令烧毁栈道。栈道，是在险峻的悬崖上用木材架设的通道。烧毁栈道的目的是为了防御，而更重要的是迷惑项羽，使他以为刘邦的确没有出蜀中与之争天下的野心，从而放松对刘邦的戒备。

刘邦到了南郑，不久就拜韩信为大将，积极进行军事部署。韩信的第一步计划是，先夺取关中，打开东进的大门，建立兴汉灭楚的根据地。刘邦立刻派官兵修复栈道。这时，占据关中西部的章邯听到这个消息，不禁大笑，他认为栈道烧毁后几乎不可能修复，即便要修复，其工程量是非常浩大的，仅仅几百个士兵根本不可能一时修复，没有十余年的时间汉军不可能修好。因此，章邯对汉军的行动并未作出有效的部署，仅派兵在栈道的出口一带进行戒备。

延伸阅读

"明修栈道，暗度陈仓"的故伎重演

一般来说，同一个将领使用某一策略后，敌方会吸取教训，防止再次上当。因此，故伎重演，难度很大。但韩信二施"暗度陈仓"，仍然让敌军上当，堪称一绝。楚汉相争，各路诸侯各自寻找靠山。西魏王豹原本是汉军的盟军，他见汉兵受挫就投靠了项羽。

韩信举兵攻打西魏，大军进至黄河渡口临晋关（今陕西大荔东）。西魏王豹派重兵把守临晋关对岸的蒲坂（今山西永济西），凭借黄河天险，封锁临晋关河面，壁垒森严。

韩信佯装从临晋关渡河决战，调集人马，大张声势，做出强攻的样子。魏军立即部署，准备迎敌。汉军却已从夏阳渡河，直取魏都平阳（今山西临汾），西魏王豹派兵堵截已来不及，西魏王豹被俘，西魏灭亡。

彭城之战：风雷激荡，快速袭击

前205年4月，刘邦乘楚攻齐之际，由洛阳率诸侯兵56万东向攻占项羽的都城彭城。项羽得知彭城失陷，立即率领精锐3万大破汉军，收复彭城，掳去刘邦的父亲和夫人吕雉。刘邦仅率数十骑突围出奔下邑(今安徽砀山)。这就是著名的"彭城之战"。

汉王二年（前205），刘邦东向伐楚，此时，项羽大军正在东边平定齐国之乱，后方空虚。刘邦抓住这个机会大举东进，一路上所向披靡，兵锋直指项羽的都城彭城。刘邦定三秦后，联合五个诸侯一起进攻项羽。

汉军分三路行军，中路军由刘邦亲自统帅，部将为张良、陈平、韩信、吕泽、张耳、卢绾、夏侯婴以及五诸侯军。北路军由曹参、灌婴率领，汇合陈余军从梁鲁，与中路军会攻彭城。南路军由薛欧、王陵军自

◆ 彭城之战故址（今属徐州）

关中出武关走南阳，攻阳夏，向东进攻彭城。

此时关中并不稳定，章邯等势力还在负隅顽抗。刘邦留下萧何守关中，周勃围废丘，樊哙郦商转战关中各地，而立韩国贵族后裔信为韩王平定韩地。早在刘邦定三秦的时候，项羽就预感刘邦会东进，不过此时他带兵进攻齐国有些分身乏术。而对刘邦的攻势，项羽一面分封郑昌为韩王，前往韩地抵抗刘邦东进。派龙且抵挡北路军，又派兵到阳夏阻拦南路军。除了南路战况史书缺乏记载外，其余各路作战均告失败。而项羽寄以厚望的英布却作壁上观，并未投入战斗。刘邦大军浩浩荡荡，56万大军数月就尽占楚地。

面对如此局面，项羽做出了一个大胆的举动，他留部将继续攻齐，自率精兵3万由鲁(今山东曲阜)迅速南下，出胡陵占领萧县，切断联军退路，随后，由西向东反攻。到达彭城外围后，暗暗潜伏，晨时突然发动进攻，中午即大破联军，将刘邦所部挤压于谷水、泗水(位于今江苏徐州市西)之地。联军自相践踏，被楚军斩杀10余万人，余部向西南山地溃退。楚军追至灵壁(今安徽濉溪西南)的睢水再歼联军10余万，并围困刘邦。当时天气状况非常恶劣，沙尘大起，刘邦仅率数十骑乘机逃走。此战，刘邦遭到严重挫折，诸侯纷纷背汉向楚。

彭城之战是一场经典的战例。刘邦夺取彭城时，项羽面对五大困境。其一，面临两线作战。齐国尚未平定，回师救楚，则腹背受敌；其二，兵力的极大悬殊。刘邦联军56万人，规模空前。项羽能够调动的军队至多十余万（此处史书记载不明确）；其三，后方沦陷，孤军深入，此时项羽的根据地全部丢失，完全成为孤军；其四，远离战场，长途奔波，敌人则以逸待劳，利用防御工事抵抗回师楚军；其五，盟友背叛，大环境陷入极度孤立的状况。

面对如此险恶的政治，军事局面，项羽提敢于大胆奇袭，以诸将率领大军继续平定齐国，作为迷惑刘邦的手段。而自己亲自带领3万精兵绕道彭城后方，以彭城为钓饵引刘邦上钩。战局果如项羽所料，汉军大败。

延伸阅读

楚河汉界的由来

楚河汉界来源于楚汉战争。"楚汉界"在古代的荥阳（属郑州）成皋一带，该地北临黄河，西依邙山，东连平原，南接嵩山，是历代兵家必争之地。前205年，败于彭城之后刘邦仅率数十骑突围出奔下邑(今安徽砀山)，收集残部，退守荥阳。之后霸王项羽和汉王刘邦以荥阳为主战场，展开了攻伐激战。前203年，刘邦出兵攻打楚国，项羽粮缺兵乏，被迫提出了"中分天下，割鸿沟以西为汉，以东为楚"的要求，从此就有了楚河汉界的说法。至今，在荥阳广武山上还保留有两座遥遥相对的古城遗址，西边那座叫汉王城，东边的叫霸王城，传说就是当年的刘邦、项羽所筑。两城中间，有一条宽约300米的大沟，这就是人们平常所说的鸿沟，也是象棋棋盘上所标界河的依据。

井陉之战：背水列阵，奇袭敌军

井陉之战是楚汉战争中最重要的战役之一。汉军大将韩信在井陉（今河北井陉东）出奇制敌，击破赵军。这次战役中，韩信以不到3万的劣势兵力，背水列阵，一举歼灭号称20万的赵军，阵斩赵军主将陈余，活捉赵王歇，灭亡了项羽分封的赵国，为刘邦统一全国进一步扫清了障碍。

前205年，项羽在彭城大破刘邦，这使许多诸侯纷纷背汉归楚，刘邦的处境十分困难。为了摆脱这一不利局面，刘邦采纳了张良等人的建议，制定了正面坚守、侧翼发展、敌后袭扰的战略方针。其中命令大将韩信率军开辟北方战场，逐次歼灭黄河以北的割据势力，向楚军侧背发展，就是这一战略计划的重要环节之一。

当时，黄河北岸尚有代（今山西北部）、赵（今河北南部）、燕（今河北北部）三个割据势力。这些诸侯国都依附于项羽，成为楚的羽翼。汉要灭楚，就必须先翦除这些诸侯国，使项羽陷于孤立。

韩信针对这些割据势力只图据地自保、互不救援的弱点，向刘邦提出逐次消灭代、赵、燕，东击田齐，南绝楚军粮道，对楚军实施侧翼迂回，最后同刘邦会师荥阳的战略，刘邦接受了韩信的作战方略。

前205年闰九月，韩信率军平定代地，活捉代国相国夏说。战斗刚刚结束，刘邦就把韩信的精兵调往荥阳一带去正面抗击项羽的进攻。前204年十月，韩信统率3万名新近招募的部队，越过太行山，向东挺进，对赵国发起攻击。赵王歇、赵军主帅陈余闻讯后，即以号称20万的大军集结于井陉口防守。

赵军主帅陈余手下的谋士李左车很有

◆ 如今的井陉关

◆ 抱犊寨

战略头脑，建议由自己领奇兵3万从小道出击，去夺取汉军的辎重，切断韩信的粮道；而由陈余本人统率赵军主力深沟高垒，坚壁不战，与韩信军周旋相持。李左车认为如果采取自己的策略，不出10天，就可以彻底消灭汉军。可惜陈余刚愎自用，没有采纳这一建议。

韩信得知李左车的策略未被采纳，赵军主帅陈余有轻敌情绪和希图速决的情况后，当即指挥军队开进到距井陉口30里的地方扎下营寨。半夜时分，命令2000名轻骑兵人手持一面汉军的红色战旗，由偏僻小路迂回到赵军大营侧翼的抱犊寨山（今河北井陉县北）潜伏下来；另外派出1万人为前锋，乘着夜深人静越过井陉口，到绵蔓水（今河北井陉县境内）东岸背靠河水布列阵势，以迷惑赵军，增长其轻敌情绪。部署甫定，东方天际晨曦微露，决战的一天悄然来临了。

天亮之后，韩信亲自率领汉军，打着大将的旗帜，携带大将的仪仗鼓号，向井陉口东边的赵军进逼。赵军见状，果然离营迎战。两军厮杀了一阵后，韩信佯装战败，让部下胡乱扔掉旗鼓仪仗，向绵蔓水方向后撤，与事先在那里背水列阵的部队迅速会合。赵王歇和陈余误以为汉军败退，挥军追击，倾全力猛攻背水阵，企图一举全歼汉军。

汉军士兵看到前有强敌，后有水阻，人人死战，赵军遇到惨烈的攻击。这时，埋伏在赵军营垒侧翼的汉军2000轻骑则乘着赵军大营空虚无备，突然出击，袭占赵营。赵军久攻背水阵不下，陈余只好退兵，猛然发现自己的大营插满汉军战旗，顿时惊恐，纷纷逃散。占据赵军大营的汉军轻骑见赵军溃乱，当即乘机出击，从侧后切断了赵军的归路；而韩信则指挥汉军主力全线发起反击。赵军仓皇向泜水（今河北获鹿南2.5千米）方向败退，被汉军追上，结果全部就歼。陈余被杀，赵王歇和李左车束手就擒，井陉之战韩信大获全胜。

延伸阅读

李左车

李左车是西汉初柏（今河北隆尧）人，战国时期赵国名将李牧之孙。秦末，爆发农民大起义，原来六国的贵族们纷纷复国，李左车帮助赵王歇复国，立下了赫赫战功，被封为广武君。韩信灭赵，李左车被俘。韩信以师礼待他，并向他请教攻打燕齐的方针，李左车说："目前不宜攻燕、齐。应抚恤百姓，犒劳将士，同时以优势兵力向燕国进发，以造声势，迫使燕国顺从。一旦燕王顺从，齐国就会闻风而服。"这就是兵书上说的先虚后实之法。韩信采纳了建议，不久就取得了燕、齐的国土。后来韩信受到猜疑，遇害。李左车知道多留无益，回归故里，后世人将他神化，视为雹神。

昆阳之战：团结一心，以少胜多

昆阳之战是绿林起义军推翻王莽政权的一次战略性决战，也是中国历史上以少胜多的一个典型战例。在这次决战中，刘秀以大无畏的勇敢精神和灵活机动的战法，一举击溃王莽军的主力，敲响了新莽王朝彻底覆灭的丧钟。

西汉末年，王莽篡权建立新朝。统治极端黑暗，因而爆发了农民大起义。其中以北方的赤眉、南方绿林两支起义军最大。起初王莽认为赤眉军声势较大，于是把进攻的重点放在围剿北方的赤眉军，派出由太师王匡、国将哀章统率的精兵10余万。以纳言将军严尤、秩宗将军陈茂拼凑的郡县军和临时招募的部队对付绿林起义军。

新朝派出数路"剿贼"大军，其中甄阜、梁丘赐所部被绿林军歼灭，严尤、陈茂所部被击溃，绿林军的声势空前强大，起义首领刘玄称帝，公开提出恢复汉朝，并建立更始政权。王莽这才意识到南方的绿林起义军的发展势头之猛烈，因此急忙转移战略重心，一方面将进攻赤眉的主力军调到南方作战；一方面紧急调集各郡兵力，准备彻底消灭绿林军。王莽为了编成对绿林军作战的强大部队，特任命大司空王邑和司徒王寻为统帅，征调当时所谓精通63家兵法的人，充当军中的参谋人员，并任用长人巨毋霸为垒尉，专门负责构筑营垒，将虎、豹、犀牛、象等凶猛野兽圈至军内饲养，以便在作战时放出来，震撼敌人。各州郡均自选精兵，由郡和牧守亲自率领，限期到洛阳附近集中，各地到洛阳的兵力达42万，号称百万大军。这些军队集中后，即向颖川开进。在颖川又会合了严尤、陈茂的残部，随即向昆阳方向进击。

地皇四年(23)，新莽大军在统帅王邑的率领下围攻昆阳。纳言将军严尤根据以往作

◆ 汉光武帝刘秀

战的失利教训，认为不可把兵力用于昆阳这个既坚固又无碍大局的小城，大军应当直趋宛城，击破围攻宛城的绿林军，则昆阳将不攻自破。王邑听不进严尤的建议。他既无战略眼光，又缺乏深思熟虑，傲气十足地说："我以前围攻翟义时，就因为没有能生俘敌人而受过指责，现在统帅百万大军，碰到敌人城池，竟绕道而过，不能攻下，这怎么能显示我们的威风！应当先杀尽这个城中的军民，全军踏着他们的鲜血，前歌后舞而进，岂不是更痛快吗！"于是王邑仍然坚持以10万大军围攻昆阳。昆阳城中的王凤、王常等见新莽大军云集昆阳，意志产生动摇，众将也都有分散离去之心。

起义将领刘秀看到这种情况后对城中的诸将说："目前我军兵粮缺，而城外又有强大之敌，如能集中力量抗击敌人，还有取胜的可能；如果分散各自回去，势必都不保。况且刘绩等攻打宛城，尚未得手，也无力挽救我们。昆阳一旦失守，不出一天，各部也必将被敌各个击破。现在我们不同心协力，存亡与共，反而贪生怕死，真能保住自己的妻子财物吗？"诸将遭到刘秀嘲笑，都愤怒不已。王凤等向来轻视刘秀，此时见刘秀很有见识，才向刘秀请教破敌之策。刘秀经过分析情况，提出以王凤和廷尉大将军王常率人坚守昆阳城，自己当夜和宗佻、李轶等13骑，出昆阳城南门到外面去调集援军，对新莽军内外夹击。

起义军坚守昆阳的部队不足万人，在绝对优势之敌的猛烈攻击下，王凤等人发生动摇，向莽军表示降服，遭莽军的拒绝，这反而坚定了起义军的必死之心。于是，城内的绿林军军民并肩战斗，一次一次地打退新莽军队的强攻。刘秀到达定陵、郾城等地调集各地起义兵马杀回昆阳。刘秀为鼓舞大家的斗志，自率步骑兵1000多人为前锋，李轶率主力跟进。王邑、王寻也派兵数千前来迎战。刘秀亲自率领人马冲杀，斩莽军几十个人，跟随的将领一起奋勇杀敌，大败莽军，打掉了王邑、王寻的锐气。刘秀又散布宛城汉军战胜莽军的虚假消息，大大地影响了莽军的战斗意志。接着刘秀自率3000敢死队，自城西冲击敌人的中坚。王邑、王寻轻视刘秀，结果被打得大败，并阵斩王寻。昆阳城内的守军看到刘秀等人胜利，也冲出城门，内外夹攻莽军，杀声震天动地，王邑的42万大军迅速土崩瓦解。昆阳之战以起义军的最终胜利结束。

延伸阅读

汉光武帝刘秀

刘秀，东汉王朝开国皇帝，中国古代著名的政治家、军事家。新朝末年，海内分崩，天下大乱。刘秀与兄长刘演在家乡乘势起兵，与诸豪杰并争天下。25年，刘秀与更始政权公开决裂，在河北鄗城的千秋亭登基称帝，依照封建王朝"家天下"的传统，刘秀所建立的王朝沿用了其祖先的国号——"汉"，史称东汉或后汉，刘秀就是光武帝。经过长达十数年之久的统一战争，刘秀先后平灭了绿林、赤眉、刘永、张步、隗嚣、公孙述等诸多割据势力和为数达百余万的大小农民起义军，使得自新莽末年以来纷争20余年的中华大地再次归于一统。之后，光武帝偃武修文、大兴儒学、推崇礼教，奠定了东汉王朝近200年的基业，也把中国古代的经济和科技发展推向了又一个高峰。

官渡之战：火烧乌巢，乱敌军心

> 官渡之战，是三国时期"三大战役"之一，也是中国历史上著名的以弱胜强的战役之一。曹操以弱势兵力与袁绍的大军相持于官渡（今河南中牟东北）。曹军奇袭袁绍屯积在乌巢的粮仓（今河南封丘西），继而击溃袁军主力。此战奠定了统一中国北方的基础。

东汉末年群雄割据，天下大乱，其中以曹操和袁绍两股的实力最强。建安三年（198），袁绍击败公孙瓒，占有青、幽、冀、并四州之地。次年六月，袁绍挑选精兵10万，战马万匹，准备南下进攻许昌，消灭曹操的势力，官渡之战的序幕由此拉开。

袁绍举兵南下的消息传到许昌，曹操部将多认为袁军强大不可敌。但曹操却根据他对袁绍的了解，认为袁绍志大才疏，胆略不足，刻薄寡恩，刚愎自用，兵多而指挥不明，将骄而政令不一，于是决定以数万兵力抗击袁绍的进攻。为争取战略上的主动，他作出如下部署：派臧霸率精兵自琅玡（今山东临沂北）入青州，占领齐（今山东临淄）、北海（今山东昌乐）、东安（今山东沂水县）等地，牵制袁绍，巩固右翼，防止袁军从东面袭击许昌；曹操率兵进据冀州黎阳（今河南浚县东，黄河北岸），令于禁率步骑2000屯守黄河南岸的重要渡口延津（今河南延津北），协助扼守白马（今河南滑县东，黄河南岸）的东郡太守刘延，阻滞袁军渡河和长驱南下，同时以主力在官渡（今河南中牟东北）一带筑垒固守，以阻挡袁绍从正面进攻；派人镇抚关中，拉拢凉州，以稳定侧翼。

建安四年（199）十二月，当曹操正部署对袁绍作战时，刘备起兵反曹，占领下邳，屯据沛县（今江苏沛县）。刘军增至数

◆ 官渡之战壁画

万人，并与袁绍联系，打算合力攻曹。曹操为保持许昌与青、兖二州的联系，避免两面作战，于次年二月亲自率精兵东击刘备，迅速占领沛县，转而进攻下邳，迫降关羽。刘备全军溃败，只身逃往河北投奔袁绍。当曹、刘作战正酣之时，袁绍谋士田丰建议袁绍"举军而袭其后"，但袁绍以儿子有病为辞拒绝采纳，致使曹操从容击败刘备回军官渡。

建安五年（200）二月，袁绍进军黎阳，企图渡河寻求与曹军主力决战。他首先派颜良进攻白马的东郡太守刘延，企图夺取黄河南岸要点，以保障主力渡河。四月，曹操为争取主动，求得初战的胜利，亲自率兵北上解救白马之围。此时谋士荀攸认为袁绍兵多，建议声东击西，分散其兵力，先引兵至延津，伪装渡河攻袁绍后方，使袁绍分兵向西，然后遣轻骑迅速袭击进攻白马的袁军，攻其不备，定可击败颜良。曹操采纳了这一建议，袁绍果然分兵延津。曹操乃乘机率轻骑，派张辽、关羽为前锋，急趋白马。关羽迅速迫近颜良军，冲进万军之中杀死颜良，袁军溃败。曹操解了白马之围后，迁徙白马的百姓沿黄河向西撤退，袁绍率军渡河追击，军至延津南，派大将文丑与刘备继续率兵追击曹军。曹操当时只有骑兵600，驻于南阪（在白马南）下，而袁军达五六千骑，尚有步兵在后跟进。曹操令士卒解鞍放马，并故意将辎重丢弃道旁。袁军一见果然中计，纷纷争抢财物。曹操突然发起攻击，击败袁军，袁军主将文丑也死于乱军之中。

当时曹操缺粮，但袁绍却兵精粮足。

其屯粮之地乌巢被曹军侦知，恰逢袁绍谋士许攸投奔曹操，建议曹操轻兵奇袭乌巢，烧其辎重。曹操立即付诸实行，留曹洪、荀攸守营垒，亲自率领步骑五千，冒用袁军旗号，人利用夜暗走小路偷袭乌巢，一把火将其粮草辎重烧了个尽光。袁绍获知曹操袭击乌巢后，只派轻骑救援，主力则猛攻曹军大营。可曹营坚固，攻打不下。袁军前线闻得乌巢被破，导致军心动摇，内部分裂，大军遂溃。袁绍仓惶带800骑退回河北，曹军先后歼灭和坑杀袁军7万余人。

官渡大战是三国时期最精彩的战役，也是战争史上著名的范例；它标志着曹操正式称雄于北方，为北方的统一打下了基础。

延伸阅读

毛泽东看官渡之战

官渡之战是毛泽东在《中国革命战争的战略问题》一文中列举的中国历史上"双方强弱不同，弱者先让一步，后发制人，因而战胜"的著名战例之一。战争的胜负取决于双方政治、军事、经济等多方面的条件，但首当其冲的是双方军事实力的较量。曹操在官渡之战中，实力明显不如人力物力上都占有绝对优势的袁绍，但他却以少击众、以劣势对优势并最终大获全胜，其取胜之道是值得后人很好地深思的。

毛泽东对曹操这样评价：曹操能接纳能人之言，取得最终的胜利，这全在于用人之道。这可以细分来看：刘晔、荀攸、许攸皆是人才，献上计谋，有化险为夷之功，由此观之，人才应该任用可说是一计敌万人。至于曹操，他是一个懂得运用人才的人才，能接纳他人之言，故袁绍兵多也不足为惧，正所谓兵不在多，在乎能否调遣。

赤壁之战：巧借东风，一战而天下三分

> 赤壁之战是三国形成时期的重要一战，孙权与刘备两军联合，以劣势对抗挟荆州之胜的优势曹军。孙刘联军在周瑜的指挥下，运用火攻大破曹军，从而奠定了天下三分的基础。

建安十三年（208）八月，荆州的割据军阀刘表病死，次子刘琮在舅舅蔡瑁、将领张允等人的支持下，继承了刘表的荆州牧之职。曹操率领大军从叶、宛的小路南下，击败了依附于荆州的刘备，占领新野。

面对曹操大军的声势，年幼的刘琮毫无主张，只好听信蔡瑁等人的建议投降曹操。败退的刘备想占领南郡（江陵），依靠那里大量的物资抵抗曹操；曹操得知刘备意图后，亲率5000精锐骑兵星夜追击刘备，由于大量百姓跟随刘备南下，曹军于当阳追上刘军，并将刘军击溃，刘备、赵云等仅以身免；刘备逃脱后直奔驻防夏口的关羽水军。曹操取南郡后，又攻取、招降了荆州八郡，受降刘琮水、陆军达15万人。

刘备的军师诸葛亮认为，要抵抗曹军，必须联合江东孙权。刘备采纳了他的意见，派诸葛亮与孙权结盟，孙权在听取了周瑜、鲁肃、诸葛亮的分析后，决定抗曹，并命令周瑜、鲁肃、程普带3万多水军与刘备会合。十一月，曹操率领10余万大军，进攻夏口的刘备。曹操水军在赤壁与孙刘联军初次交战失利。曹操领主力到达后，大军在乌林驻扎，由于水土不服，曹军大量染上血吸虫病。为了克服曹军不适应水战的缺点，曹操命令把大部分船只用铁索联起来，形成为日后惨败致命的"连环船"。周瑜、黄盖等人发现连环船有不易躲避火烧的致命弱点，

◆ 周瑜雕像

◆ 赤壁古战场

决定利用火攻。通常冬天吹北风,而江南由于气候问题,每年在十二月有几天反常的吹东南风。为方便纵火,周瑜、黄盖使出"苦肉计",曹操被蒙骗上当。

在一个北风转东南风的夜晚,黄盖诈降,成功纵火,曹军大乱,联军乘机进攻。曹军大量被烧死、淹死、投降,曹操在亲卫队的保护下,仓皇从华容道逃回江陵。为避免战船落入联军手中,曹操命令放火烧毁其他营寨的所有战船。同时孙权在南方进攻合肥,曹操无奈命令张辽、乐进、李典星夜驰援合肥;留下曹仁、徐晃守江陵,自己退回许昌。一年后,曹操命令曹仁、徐晃退出江陵,防守襄阳、樊城,荆州大部分落入刘备、孙权手中。209年,孙权从东线进攻合肥,为刘馥所挡。曹操20余万大军,败给了只有五六万的孙刘联军,主要的原因是血吸虫病的流行和水土不服令北方军队丧失了战斗力,而曹操过于骄傲轻敌是主观原因;联军充分地利用了各个有利的条件,赢得胜利是理所当然的。

赤壁之战后,曹操的水军全部丧失,而刘备、孙权在赤壁之战后实力大大增强,曹操失去了在短时间内统一中国的机会。

延伸阅读

曹操在赤壁之战中的失误

1. 马超、韩遂尚在关西,是曹操的后患。关西军一直是曹操的威胁。

2. 舍弃陆上部队,用水师和东吴战争,不是曹操所擅长的。曹操也明白这个道理,他希望用荆州水军对抗吴军,可惜他错了,赤壁之战前那场接触战证明了一切。所以曹操才会锁战船,只不过正是因为这样才被敌人火攻。说到底还是水军不济造成的。

3. 冬天,马没有粮草。《三国志·孙权传》记载:"公烧其余船引退,士卒饥疫,死者大半。"可见战马没有草料,人也好不到哪去,饥饿与瘟疫是困扰曹军的两大难题。这样的部队即使数量多也很难取胜。

4. 率领中原的士兵打水仗,水土不服。

5. 新收的荆州部队,还没有归心。

夷陵之战：后发制人，火烧连营

> 夷陵之战是三国时期吴蜀之间的一场大规模战役，刘备在蜀中称帝三个月后，立刻以替大将关羽报仇为由，挥兵东征，气势强劲。东吴君主孙权拜陆逊为大都督，率军应战，陆逊以逸待劳的方法，消减了蜀军的攻势，并利用地形，纵火烧敌，大破蜀军。

建安二十四年（219），关羽被吕蒙擒杀，荆州为孙权所有，刘备在巴山以东的势力全部消亡。为挽回既得利益，并为关羽报仇，不顾大臣劝告，刘备决意东出，首先令车骑将军张飞自阆中(今属四川)会师江州(今重庆)。张飞出发前被部将刺杀，刘备大为痛惜，令诸葛亮留守成都，赵云在江州为后军督，自统大军于七月东征。

孙权听说刘备进军、派使求和，但却遭到拒绝。向刘备求和不成，孙权进一步与魏修好，八月，再次遣使称臣。曹魏趁势封孙权为吴王，加紧离间孙、刘。孙权接受封爵，同时命右护军、镇西将军陆逊为大都督，统率朱然、潘璋、徐盛、韩当、孙桓等部5万人拒蜀军；令平戎将军步骘领兵万人守益阳(今属湖南)，企图阻止武陵(今湘西、黔东及鄂西南一带)土著部族助蜀。

当4万蜀军进攻巫(今四川巫山)、秭归(今属湖北)时，陆逊针对蜀军势盛、求胜心切以及地形于己不利的状况，采取先让一步、集中兵力、相机决战的方略，令守将李异、刘阿率部退至夷陵咸亭(今湖北枝城北，长江东岸)一带，据守有利地形，将几百里峡谷山地让给刘备，以疲惫蜀军。次年正月，刘备遣将军吴班、陈式督水军进入夷陵地区，锁江东西岸。二月，亲率诸将自秭

◆ 陆逊

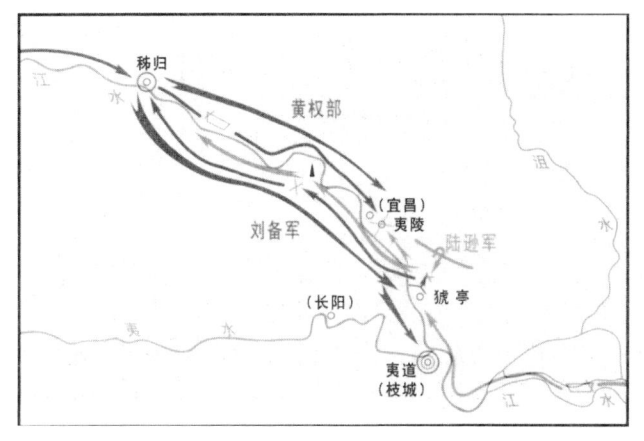

◆ 夷陵之战示意图

桓等扼守夷陵道，分割蜀军于大江东西，进而各个击破，火烧连营，克营40余。蜀军死伤惨重，将领杜路、刘宁投降，大将冯习及沙摩柯被杀。

刘备败退西北马鞍山，依险据守。陆逊集中兵力，四面围攻，歼蜀军数万。刘备领余部趁夜向西突围，后卫将军傅肜等被吴军斩杀。刘备军退向秭归，并令驿人于险道上烧铙铠阻塞道路以断后。吴军将领纷纷请战欲大举追击。陆逊为防曹魏袭吴，仅派李异、刘阿跟踪至南山（指秭归南岸之山）。黄权因归路被吴军截断，率众投魏。刘备收集散兵后由秭归退回白帝城（今四川奉节东），不久病故。夷陵之战是中国历史上疲敌制胜，后发制人的著名战列。

归南渡，经崎岖山道，进至夷陵，在夷道（今枝城）一带结成连营，刘备坐镇指挥；以黄权为镇北将军，督江北诸军至夷陵北，与吴军相拒，兼防魏军袭击；派侍中马良进至武陵郡，接应反吴投蜀的部族首领沙摩柯，争取更大支援。当刘备遣前部督张南围孙桓于夷道时，吴军众将请求陆逊派兵救援，陆逊知孙桓得人心，且夷道城坚粮足，坚持不予分兵。蜀军频繁挑战，吴将急欲迎击，陆逊耐心劝止，坚守不出。有的老将和公室贵戚出身的将领企图各行其是，欲贸然出动，陆逊绳以军纪，严加制止。

刘备埋伏8000蜀兵于山谷，派吴班在平地扎营，企图诱陆逊出战。陆逊识破其计，仍不与战。两军相持达半年之久。蜀军远道出师，速决不成，且营地分散，运输困难，兵疲意懈。时值暑热，刘备将水军移驻陆上，失去主动。闰六月，陆逊认为时机成熟，决定由防御转入反攻。先以火攻破蜀军一营，继令诸军乘势进攻，迫使刘备西退。张南闻讯，亦弃夷道北走，受朱然、孙桓南北夹击，战死。陆逊即令水军封锁江面、孙

延伸阅读

陆逊

陆逊(183—245)，字伯言，吴郡吴县（今江苏苏州）人。三国时期吴国的丞相，历任东吴大都督、上大将军、丞相。吴大帝孙权之兄孙策的女婿，世代为江东大族。于222年率军与入侵东吴的刘备军作战，以火攻大破之。曾多次和魏军作战，多能取胜。吴主孙权凡有大事都向他询问。孙刘联盟恢复后，专门为他刻印，让他代自己处理吴蜀之间的大事，信任程度极高，死后谥"昭侯"。

淝水之战：风声鹤唳，草木皆兵

> 淝水之战是中国历史上又一次以少胜多的战役，东晋军在谢安的支持下，由其侄谢玄、谢石指挥抵御前秦苻坚的优势兵力。前秦军轻敌冒进，战线过长，补给无法跟进，军心不稳，遭到攻击后又风声鹤唳，草木皆兵，导致大败。

东晋太元八年（383），前秦帝国大举攻晋，淝水大战爆发。前秦军举兵近百万，浩浩荡荡。东晋宰相谢安坚决抵抗，命晋军北上抗击秦军，总兵力8万，以谢石为大都督，谢玄为前锋，主力军队就是闻名天下的北府兵。秦军前锋苻坚之弟苻融领兵30万首先到达颍朔，秦军初战告捷，苻融攻占了寿阳，与此同时，秦军慕容垂部攻占了郧城。而且截断了东晋派来援救的胡彬退路，将其包围在硖石。曾经反对伐晋最坚决的的苻融赶快送信给苻坚说："敌人少而且易捕获，就是担心逃跑了，请赶快派大军过来。"苻坚见信大喜，灭东晋心切，留大军于项城，带轻骑八千赶到寿阳。这时候无论是苻坚或者是苻融都认为东晋已是案板上的肉，于是派出原东晋守将朱序去劝降。朱序是淝水大战苻坚失败的最关键原因。

朱序原是东晋襄阳守将，太元三年（378），苻坚派出大军围攻襄阳，朱序顽强抵抗，坚守了一年，屡破秦军，城破后，苻坚没有杀他，反留在身边重用为太守。朱序到了谢玄营中将秦军部署和盘托出，并建议，趁秦军未完全集结，迅速出击。谢石本打算坚守不战，听了朱序的话后，便改变了作战方针，决定主动出击。十一月，谢玄派刘牢之率精兵5000到洛涧，秦将梁成率部5万隔洛涧布阵以待。刘牢之以5000军强渡洛

◆ 谢安

◆ 谢玄

水,攻击敌军5万人马,秦军居然被杀的大败,战死及践踏而亡15000人,秦大将梁成也被刘牢之突入阵内一槊刺死。这场战役下来,秦军有十多个将领被杀。

洛涧大捷后,令晋军信心倍增。谢石继续挥军水陆并进,直抵淝水东岸,在八公山边扎下大营,与寿阳的秦军隔岸对峙。由于秦军紧逼淝水西岸布阵,秦军扼守着淝水,晋军无法渡河,双方力量对比悬殊。又不允许晋军旷日持久的打消耗战,等到秦军90万大军都云集过来,这仗就不好打了。谢玄派使者去见苻融,要求秦军把阵地稍向后退,空出一块地方,双方一决胜负。苻坚认为让军队稍向后退,待晋军半渡过河时,再以骑兵冲杀,这样就可以取得胜利。苻融对苻坚的计划也表示赞同,于是就答应了谢玄的要求,指挥秦军后撤。这本来是一次正常的战术退却,但秦兵士气低落,结果一后撤就失去控制,阵势大乱。谢玄率领8千多骑

兵,趁势抢渡淝水,向秦军猛攻。朱序趁机在阵后大叫"秦军败了,秦军败了",秦军有很多是强征入伍的,而且属于不同民族的贵族集团,各怀鬼胎,人心本来就不稳。又刚吃了落涧惨败,朱序这一喊,越发慌乱,几十万军队像山崩了一样的大溃逃。后面追兵如狼是虎,前面溃散犹如决堤洪水,没有一点作战意识。

晋军乘胜追击,一直到达寿阳附近的青冈。苻融被乱兵杀死,苻坚中箭负伤,单枪匹马逃回洛阳。

延伸阅读

淝水之战的影响

淝水之战,前秦军被歼和逃散的共有70多万。苻坚统一南北的希望彻底破灭,不仅如此,北方暂时统一的局面也随之解体,再次分裂成更多的地方民族政权,鲜卑族的慕容垂和羌族的姚苌等少数民族贵族重新崛起,各自建立了新的国家,苻坚本人也被姚苌俘杀,前秦随之灭亡。此战的胜利者东晋王朝虽无力恢复全国的统治,但却有效地遏制了北方少数民族的南下侵扰,为江南地区社会经济的恢复和发展创造了条件。

刘裕灭南燕之战：以车制骑，掌握主动

> 东晋灭南燕之战是在政治家、军事家刘裕领导下对北方割据政权所进行的一场战役。在这场战争中，刘裕根据少数民族骑兵的机动优势针对性地作战，采用以车制骑的方法，遏制了敌军的骑兵，为后世对付骑兵提供了借鉴。

东晋元兴二年（404），刘裕起兵击败篡晋称帝的桓玄。次年，拥戴晋安帝复位，控制了东晋朝政。南燕主慕容超见东晋内乱，从义熙二年（406）起，多次派兵袭扰东晋边境，南下攻掠淮北。彭城（今江苏徐州）以南晋民，纷纷筑堡自卫，抗击南燕军。时南燕统治集团内部矛盾日益加剧，慕容超信用奸佞，诛戮贤良，赋役苛重，激起民众强烈的反抗。刘裕为抗击南燕，外扬声威，遂欲挂帅北伐。

刘裕伐南燕遭到大多数朝臣的反对，但左仆射孟昶、车骑司马谢裕、参军臧熹极力赞成。南燕得知东晋大军来攻，南燕主慕容超召集群臣商讨对策，公孙五楼建议说："吴兵轻敏果敢，利在速战，不应与其正面交锋，应据守大岘，阻敌深入境内，以拖延时日，沮丧敌之锐气，然后选拔精锐骑兵，沿海岸南下，切断敌军粮道，另以段晖率兖州军沿着山路东走，腹背夹击，此为上策；命各地郡守依险固守，坚壁清野，毁掉庄稼，使敌人无粮可取，其大军在外，求战不能，食尽兵疲，旬月之间即可获胜，此为中策；放纵敌人越过大岘，出城迎战，此为下策。"慕容超拒绝采纳公孙五楼上策和中策的建议。他主张放纵敌人越过大岘山，再行歼灭。太尉慕容镇也劝谏，不宜纵敌入岘，自贻窘逼，阻守大岘，才是上策。慕容超仍不听从。

东晋义熙五年（409）四月十一日，刘裕率军10多万，自建康出发，从水路走长

◆ 刘裕

江，自淮水入泗水北进。五月进至下邳（今江苏邳县西南），留下船舰、辎重，由陆路进至琅邪（今山东临沂北）。所过之地构筑城堡，分兵留守，以防备南燕骑兵的突袭和切断后路。

刘裕率军经过大岘山，不见燕军出战，异常高兴。部将询问原因，刘裕说："我大军已过大岘险关，士有必死的信念，田里到处是庄稼，我已无断粮之忧，敌人已在我掌握之中。"

六月十二日，慕容超派公孙五楼等将领率步骑5万，屯于临朐，当听到晋军已越过大岘山，又亲率步骑兵5万增援临朐。临朐在大岘山的西北，为广固南面的屏障，距城西40里有巨蔑水。慕容超遂令公孙五楼进据巨蔑水，但晋军前锋龙骧将军孟龙符也已到达，并将燕军击败。晋军占据了巨蔑水后，刘裕以兵车4000乘分为左右两翼，双车并行，继续前进。当晋军进至临朐城南，距城只剩数里，慕容超突然以万余骑兵前后夹击晋军。刘裕以车制骑，令兖州刺史刘藩、并州刺史刘道怜等部奋力迎击，双方战至半日，燕军的骑兵始终不能发挥优势。此时，刘裕参军胡藩向刘裕建议说："燕军全部出动，临朐城中留守兵力必然薄弱，愿以奇兵从间道攻取该城，此韩信所以破赵也。"刘裕欣然应允，立即派胡藩等将领率部暗中出燕军之后，直攻临朐；同时扬言晋后续大军已由海上而来。慕容超单骑逃出，奔于城南段晖军。刘裕乘胜猛击燕军，燕军大败，刘裕军斩南燕大将段晖等10多人。慕容超败广固，晋军奋力追击，进抵广固城下。

七月，南燕尚书垣尊、京兆太守垣苗越城而出，投降于晋军。随即向刘裕建议说，张纲善制攻城器械，如若擒获张纲，广固必能攻拔。不久，张纲被晋太山太守申宣俘获，送至刘裕军营。慕容超见大势危急，便向晋请求割让大岘以南为条件，称臣于晋，遭刘裕拒绝。

十月，张纲为刘裕军所造攻城器具完毕，晋军使用攻城器械杀伤燕军日众，加之燕军被困已久，城中粮食将尽，燕军士吏纷纷越城降晋。尚书悦寿认为燕"独守穷城，绝望外援。"虽然将军公孙五楼、贺赖卢曾挖掘地道，率众出城袭击晋兵，但无法破敌，故劝告慕容超降服。但慕容超说："吾宁奋剑而死，不能衔璧而生。"

义熙六年二月初五，刘裕命大军攻城，悦寿开启城门放入晋军，慕容超率数十骑突围而逃，被晋军生俘，送至建康斩首。至此，围攻广固八个月之后，南燕最终灭亡。

延伸阅读

刘裕灭南燕之战分析

刘裕在击灭南燕的作战中，针对燕军骑兵众多、机动和突击力强，长于平原作战的特点，采取以车战为主，配合以步、骑兵制胜的方针，既以车阵阻挡了骑兵的冲击锋锐，又发挥了车兵、步兵以弓箭矢石与长矛杀伤敌人的威力，使车战这种已从战国之后很少再成为战场的主要作战形式，又于特定的环境中重新显示了它的异彩，体现了古代"兵无常形、水无常势"的用兵法则。

隋灭陈之战：重点进攻，分割击破

> 隋灭陈之战是隋朝立国后统一全国，削平南方割据政权的一场战役。战争持续了两个月，便彻底摧毁了立国30多年的陈国。至此，自东晋十六国以来长达270年的分裂割据局面结束，中华大地重新统一于中央政权之下。

隋朝建立后，逐渐削平各地的割据政权，南陈是长江流域最大的一处割据政权，占据长江以南、西陵峡以东到东南沿海的400余县、200余万人口。隋文帝积极部署，准备灭陈。隋开皇五年（585）十月，隋文帝以清河公杨素为信州总管，经略长江上游，

◆ 杨广

在此后的三年内动员数十万人修缮朔方（治岩绿，今内蒙古乌审旗南白城子）、灵武（治回乐，今宁夏灵武西南）一带长城，并于朔方以东缘边险要，筑城数十，以加强北部边防，保障南进时后方无忧。

开皇七年（587），隋军进兵江陵（今属湖北），兼并萧梁小政权，扫除南进障碍。第二年三月，文帝下诏，列举陈后主罪行又送玺书暴其罪恶20条，并在江南散发诏书30万份，以争取人心。十月份，隋文帝在寿春（今安徽寿县）置淮南道行台省，以晋王杨广为行台尚书令，主管灭陈之事。命杨广为行军元帅，杨素等为副帅，集中51.8万人的水陆军，自长江上游至下游分为8路攻陈：杨素指挥水军主力，出巴东郡，顺流东下，与荆州刺史刘仁恩军相配合，一举袭占狼尾滩（今湖北宜昌西北），继而攻克岐亭、延洲（今长江西陵峡口、湖北枝江附近江中），击破上游陈军防御，消灭长江及沿岸陈水陆军；杨俊指挥上游3路进攻江夏（今武昌），以扼控长江，在汉口（今湖北汉水入长江之口）以西阻止上游陈军东援，为下游隋军主力进

攻陈都建康(今南京),创造了有利形势;晋王杨广指挥下游5路,渡江进攻陈都建康。十一月,文帝至定城(今陕西华阴东)誓师,准备渡江的各路隋军进抵长江北岸,完成进攻准备。

陈后主荒淫骄侈,政治腐败,既不懂军事,又不纳部将建议,自恃"长江天堑",疏于防务。为了元会(即春节)之庆,竟命镇守缘江重镇江州(治今江西九江)、南徐州(治今江苏镇江)的两个儿子率战船回建康,致使江防更为薄弱。十二月,长江上游隋军首先发起进攻。杨俊督水陆军10余万出襄阳(今属湖北),进屯汉口(今湖北汉水入长江之口)。陈命散骑常侍周罗睺都督巴峡缘江军事,与郢州刺史荀法尚部数万,据守江夏,同杨俊军相峙月余。时隋行军总管周法尚率舟师3万,进至樊口(今湖北鄂州西),击破抗拒的陈军。杨素率水军出巴东,于次年正月,攻破西陵峡口各要点,击败陈南康内史吕忠肃军,继续顺江而下。陈荆州刺史陈慧纪屯公安(今湖北公安西北),见大势已去,便率军3万、楼船千余艘,顺江东走,企图入援建康,被杨俊军阻于汉口以西。杨素继以主力沿江东下,与杨俊军会师汉口,另派一部南下湘州(治今湖南长沙),击擒陈岳阳王陈叔慎。

开皇九年(589)正月初一,隋军大将贺若弼军出广陵南渡,韩擒虎军出庐江由横江口(今安徽和县东南)夜渡,袭占采石(今安徽马鞍山市西南),晋王杨广军出六合(今属江苏)进屯桃叶山(今六合东南)。很快突破长江防线,贺若弼军攻占京口(今江苏镇江),

◆ 贺若弼

俘南徐州刺史黄恪。所俘6000余人,均优待释放。

陈后主放弃钟山(今南京紫金山)、石头(今南京城西清凉山)山险不守,命诸军屯于都城内外。隋军贺若弼部进据钟山,屯于山南白土冈东,渡江攻占南陵(今安徽贵池西南)的总管杜彦与韩擒虎合军步骑2万,进屯新林(今南京西南)。行军总管宇文述率军3万渡江,进占石头。至此,隋军对建康已形成包围。数日后,建康城被攻破,陈后主被俘虏,陈朝灭亡。

延伸阅读

贺若弼

贺若弼(544—607),字辅伯,河南洛阳人,隋朝著名将领。他为人深谋大略,少年时慷慨有大志,是隋朝统一过程中的重要将领,因功授上柱国。后触怒隋炀帝,连同当年一起灭陈的功臣高颎、宇文弼等一起被杀。

浅水原之战：后发制人，疲敌制胜

> 陇西割据势力薛举、薛仁杲父子在西北地区建国，欲和建都长安的唐政权争锋。薛举自称"西秦霸王"，有万夫不当之勇。李世民抓住西秦将帅勇而乏谋、轻敌好战的缺点，后发制人，疲敌制胜，取得了最终的胜利。

唐武德元年(618)七月，陇西割据势力薛举率军大败唐军殷开山等人，俘虏唐军将领李安远、刘弘基、慕容罗睺，并准备乘胜直取长安。不过，八月薛举便病死，其子仁杲继位，称"西秦霸王"，驻屯折城(今甘肃泾川东北)，继续攻唐，威胁关中。为消除西北隐患，唐高祖李渊于十七日命秦王李世民为元帅西击薛仁杲。李世民军至高墌(今陕西长武西北)，薛仁杲派大将宗罗睺率10余万大军迎战。宗罗睺多次挑战，唐诸将亦屡次请战，但李世民认为唐军新败，士气受挫，而薛仁杲恃胜而骄，应闭垒以待，等其粮尽卒疲，我军振奋，可一战破敌。并下令：敢言战者斩！双方相持60余日，薛军粮尽，将士离心，其内史令翟长孙、将军梁胡郎等纷纷率部降唐。

李世民见时机成熟，乃选择浅水原有利地形，派行军总管梁实扎营于原上，诱薛军出战。宗罗睺大喜，尽率精锐猛攻梁实部。梁实据险扼守数日，薛军屡攻不下，士卒疲惫。李世民又令右武侯大将军庞玉率军在浅水原南部列阵，宗罗睺掉头来攻，在庞玉几乎难以支持时，李世民出其不意，亲率大军从浅水原北突击宗罗睺之后。宗罗睺被迫率部还战，唐军前后夹击，斩首数千级，投涧谷死者不计其数，宗罗睺率残部逃往折城。李世民即率2000余骑兵乘胜追击，并令步兵随后紧跟。窦轨叩马苦谏不可轻进，李世民认为破竹之势，不可轻失，迅速进至折城下，扼守泾水南岸，使溃败的宗

◆ 唐军掐丝菱纹柄金刀

◆ 白蹄乌。昭陵六骏之一,是浅水原之战中李世民的坐骑。

罗睺军不得入城。薛仁杲仓促列阵于城下,其骁将浑干等临阵降唐。薛仁杲恐惧,退入城中拒守。

傍晚,唐大军相继赶到,四面合围,宗罗睺战死。夜半,守城士兵纷纷出降。薛仁杲见大势已去,遂于次日晨出城投降。李世民将其押解回长安,被唐高祖李渊斩于市。

在浅水原之战中,李世民巧妙地利用步兵和骑兵两个兵种在攻守上的不同优势,在长期的正面坚壁挫锐之后突然加以狂风暴雨般的背后突袭,从而获得会战的胜利,而此后又趁破竹之势以骑兵快速突击,攻灭敌人的老巢。这一套兵法成为后来李世民连破强敌的典范之作,如后来击刘武周、宋金刚、窦建德、刘黑闼等人,所采用的战术与浅水原之战都不无相似。利用骑兵奇袭敌军侧背,当己方占有骑兵优势时还并困难,但如浅水原之战那样,唐军在骑兵上全然占劣势,却仍然能取得全胜,这不能不归功于李世民过人的军事才能。

延伸阅读

薛举

薛举,隋河东汾阴(今山西万荣西)人。曾任金城(今甘肃兰州)校尉。为人容貌瑰伟,剽悍善射,骁武绝伦,家产巨万,广泛交结豪猾,雄于边朔。隋末天下大乱,各地烽烟四起。薛举与其子薛仁杲一起起兵。占据陇西之地,统兵13万,不久称帝,迁都天水(今甘肃天水)。唐武德元年(618),击败殷开山等人率领的唐军,兵锋大盛。后准备与唐政权争夺天下,但不久病死。

虎牢之战：避敌精锐，奇兵突袭

> 虎牢之战是唐初唐军与河北割据势力窦建德在虎牢关的一场大决战，当时唐军正欲削平割据河南的王世充，窦建德来援。唐军避敌精锐，疲敌制胜，一举击败了窦建德的"夏军"，并俘虏"夏王"窦建德，使得"大夏"政权随之瓦解。

隋大业十三年（617），隋朝的统治几乎土崩瓦解。镇守太原的李渊趁隋炀帝杨广巡游江南、群雄并起之际，夺取首都长安，立杨广的孙子杨侑为帝，尊杨广为太上皇。大业十四年（618），杨广在江都（今扬州）因兵变被杀，李渊于是废杨侑自立，改国号为唐，正式建立起了新政权。

唐朝初建，各地的割据势力还很多，其中以洛阳的王世充，河北的窦建德势力最大。王世充原为东都留守官，他拥立杨广的另一个孙子杨侗为帝，延续杨隋一脉，不过实际大权尽落王世充手中。隋炀帝死后，王世充也抛开杨侗，自己称帝，国号郑，并利用唐军在河东作战无暇顾及东部的机会，夺取了唐朝在河南的部分土地。

李渊为夺取中原，采取先郑后夏（窦建德建立大夏政权）、各个击破的方略，唐武德三年（620）七月，唐高祖李渊命令李世民领兵8万向东攻打王世充。同时派遣使者与窦建德言和修好，使他保持中立。王世充从各州镇挑选勇士聚集洛阳，命令他的三个侄子分别镇守襄阳（今湖北襄阳）、虎牢、怀州（今河南沁阳）等重镇，命令他的兄长、儿子防守洛阳，他亲自率步骑3万迎击唐军。

李世民率步骑5万进军慈涧（今河南新

◆ 虎牢关古战场碑

◆ 什伐赤。昭陵六骏之一，虎牢之战中，李世民的坐骑。

安东），王世充被迫撤回洛阳。李世民于是决定先扫清外围然后攻城，经过8个月的作战，唐军攻克回洛城，并占领虎牢，河南50余州相继归降。李世民率军进逼洛阳，经过一番激战，将其合围。王世充因守孤城，缺乏粮草，民心颓废，几次派使者向窦建德求救。窦建德得知洛阳危急，怕唐灭郑后危及自己。于是率兵10余万西进，连续攻克管城（今河南省省会郑州）、荥阳（今属河南）、阳翟(今河南禹县)等地，进到虎牢的东面。

李世民与部下商议对策，部将多主张退避。他力排众议，决定分兵围困洛阳，占据虎牢要地，阻止窦军向西进军，一举两得。由于虎牢地形险阻，窦军不能前进，驻扎了1个多月，多次作战不利，士气低落，将卒思乡。李世民得知，引诱他出战。窦军果然全部出动，李世民下令骑军队直冲入窦军。窦建德正和群臣议事，唐军突至，前后夹击，阵势大乱。唐军追击30里，俘获5万多人，窦建德受伤被俘。李世民回军洛阳，王世充就投降了。

此战，李世民围城打援，避锐击惰，奇兵突袭，一举两克。至此，唐王朝的统一大业基本完成。

延伸阅读

虎牢关

虎牢关，又名虎关，位于河南省荥阳市区西北部16公里的汜水镇，因西周穆王在此牢虎而得名。虎牢关南连嵩岳，北濒黄河，山岭交错，自成天险，有一夫当关、万夫莫开之势，为历代兵家必争之地，特别是三国时三英战吕布更使其名声大振。

历史上许多军事活动均发生于虎牢关。春秋鲁襄公二年(前571)，晋悼王会诸侯于戚以谋郑，用孟献子"请城虎牢以逼郑"之计，开始在此筑城。

唐平萧铣之战：兵贵神速，出其不意

> 唐平萧铣之战，是唐政权削平割据，统一全国的过程中对长江中游、江南割据势力萧铣的一次战役。这次战役把江南地区和长江流域的大部分地区纳入了唐政权的管辖范围，加速结束了全国的战事，使老百姓获得正常生活，尽快地脱离了战争。

唐政权准备扫平王世充、窦建德割据政权。盘踞在江陵一代的后梁萧铣派舟师溯江而上，企图攻取唐朝峡州（今湖北宜昌）、巴、蜀等地，被峡州刺史许绍击退，遂退守安蜀城及荆门城。为了削平后梁萧铣这一割据势力，唐高祖李渊调李靖赴夔州（今四川奉节）对付萧铣。

唐武德四年（621）九月，唐高祖诏令调发巴、蜀兵士，集结于夔州，并任命赵郡王李孝恭为荆湘道行军总管，李靖兼行军长史，统辖十二总管，自夔州顺流东进；又任命庐江王李瑗为荆郢道行军元帅，出襄州道，为北路军；黔州刺史田世康出辰州道，为南路军；黄州总管周法明出夏口道，为东路军。四路大军分头并进，一齐杀向江陵，发起了一场规模巨大的攻势。

适值秋天雨季，江水暴涨，流经三峡的滔滔江水咆哮狂奔而下，响声震撼着峡谷。萧铣满以为水势汹涌，三峡路险难行，唐军不能东下，遂休养士兵，不加防备。唐将也大都望而生畏，请求待洪水退后再进兵。李靖以超人的胆识和谋略力排众议，说："兵贵神速，机不可失。今兵始集，铣尚未知，若乘水涨之势，倏忽至城下，所谓疾雷不及掩耳，此兵家上策。纵彼知我，仓

◆ 赵郡王李孝恭

卒征兵，无以应敌，此必成擒也。"李孝恭依从其议，遂率战舰2000余艘，沿着三峡，冲破惊涛骇浪，顺流东进。由于萧铣毫无防备，唐军连破荆门、宜都二镇，并乘胜前进，十月即抵夷陵城(湖北宜昌)下。

这时，萧铣的骁将文士弘率数万精兵驻守在附近的清江。李孝恭大兵一到，即想进击。李靖献上避其兵锋，挫其锐气，然后一战可擒的战术，但李孝恭连战告捷，错误地估计了敌人的力量，没有听从他的劝告，遂命李靖留守军营，自己率兵出战。果然不出李靖所料，双方一交战，孝恭军大败，即逃奔南岸，损失很大。文士弘获胜以后，即纵兵四出抢掠，兵士肩扛手提，多有收获。李靖见敌军队伍大乱，遂不失时机，迅即指挥唐军出战。文士弘军队一时难以收拢，措手不及，结果被唐军打得落花流水，被杀及溺水而死者将近1万人，获得舟舰400余艘。

攻下夷陵之后，李靖又马不停蹄，率轻骑5000为先锋，直奔后梁都城江陵，李孝恭率大军继后。李靖首先攻克江陵外城，接着又占领水城，缴获了大批舟舰，却让孝恭全部散弃江中，顺流漂下。诸将对此做法都困惑不解，认为缴获敌船，正好充当军舰，为何却遗弃江中，以资敌用？李靖胸有成竹地说："萧铣之地，南出岭表，东距洞庭，吾悬军深入，若攻城未拔，援军四集，吾表里受敌，进退不获，虽有舟楫，将安用之？今弃舟舰，使塞江下，援兵见之，必谓江陵已破，未敢轻进，往来觇伺，动淹旬月，吾取之必矣。"李靖的疑兵之计果然奏效，长江下游的萧铣援兵见江中到处都是遗弃散落的舟舰，以为江陵已破，都疑惧不前。交州刺史丘和、长史高士廉等将赴江陵朝见，在行进途中听说萧铣已败，便都到孝恭营中投降。

唐军把江陵围得水泄不通。萧铣见内外隔绝，外无援兵，城内又难以支持，走投无路，遂开门投降唐军。李靖率军进入城内，号令严肃，秋毫无犯。这时，诸将都以为萧铣将帅抗拒官军，罪大恶极，建议籍没其家财产，用以犒赏官军将士。李靖立即出面劝止。李靖高瞻远瞩，宽宏大度，不贪财宝，确比诸将更高一筹。他这一做法颇得人心，由是江、汉纷纷望风归降。萧铣投降几天之后，十几万援军相继赶到，听说萧铣已经投降，唐朝的政策宽大，也都放下兵器不战而降。

延伸阅读

唐平萧铣之战分析

李靖平萧铣之战，首先抓住战机，不因长江水涨而裹足不前，利用萧铣的麻痹和轻敌，迅速沿江而下控制了长江流域水道。其次，李靖在作战过程中，不断调动萧铣，使萧铣部队的锐气不断削弱，最终失去速战的决心与信心。最后，李靖放舟入江，使下游驰援的梁军认为江陵已破，对江陵局势作出错误判断，失去了支援江陵的最佳时机。

宋灭北汉之战：围城打援，结束割据

> 宋朝建立后，宋太祖赵匡胤为铲除割据政权，完成统一中国的大业，与其主要谋臣赵普，参考后周显德二年(955)北部郎中王朴所献"平边策"，制定了"先南后北"的统一战略，准备首先削平南方割据政权，在取得南方雄厚的人力物力后，再集中力量对付北面的强敌辽国，消灭北汉。

北汉依仗辽国的支持，经常南下骚扰宋境，双方冲突始终未断。宋太祖虽然确定了"先南后北"的统一方针，但在平定南方各国的过程中，因北汉比较弱小，且处于战略要地河东，为阻遏其来袭，宋军常对北汉以攻为守，发动多次进攻，准备相机进取。

早在宋乾德元年(963)七月，赵匡胤在平定荆湖谋伐后蜀之际，就曾派安国节度使王全斌等进入北汉边地。北汉向辽乞援，欲和宋分庭抗礼。王全斌等则乘辽尚未发兵，夺占北汉乐平(今山西省昔阳县)，并攻打辽(今山西左权县)、石(今山西离石县)二州。次年正月，宋军再次进攻辽、石等州，辽州刺史杜延韬降宋，北汉再次向辽告急。辽帝耶律璟发骑兵6万驰援，将宋军击退。

宋开宝八年(975)十月，南唐已平，宋太祖再兴北伐之师，并准备收复燕云。次年八月，派侍卫马军都指挥使党进、宣徽北院使潘美等分率五路军马云集太原城下，与北汉军和来援的辽军展开激战。不料，宋太祖赵匡胤驾崩，其弟赵光义继位，因国丧之

◆ 宋太宗

故，遂于十二月召回北伐之师。至此，宋太祖遣军进攻北汉的战争，均因辽军援阻，未

获成功。

太平兴国四年(979)正月，宋太宗决定再次进军北汉，并采取攻城阻援的作战指导，其部署是：潘美为北路都招讨制置使，率军攻太原；云州观察使郭进率军赴太原北石岭关(今山西忻县南)，阻击从北面增援的辽军，孟玄喆率军驻泊镇州，阻击从东面增援的辽军；宋太宗赵光义亲率主力一部出镇州(今河北正定)，牵制幽州的辽军大规模西援或南下。

北汉主刘继元闻宋大兵压境，急遣使赴辽求援。辽帝命南府宰相耶律沙为都统，冀王敌烈为监军，率兵援救北汉。三月十六日，耶律沙率军日夜兼程进至白马岭(今山西孟县东北)，与郭进阻援部队相遇，两军隔大涧对峙。耶律沙打算等后续部队到齐后再战，敌烈等认为立即进攻有利，于是抢先渡涧进攻宋军。郭进军乘其半渡，突然出击，斩敌烈等五员大将，歼敌万余人，辽军余众仓皇逃走。北院大王耶律斜轸率军赶到，万箭齐发，宋军始退。北汉再次派人向辽求援，但使者都被郭进军捉住杀掉。

宋军打援获胜，乘势全线进攻。四月中旬，宋军攻下盂县、隆州、岚州等地区后，宋太宗率军至太原，以数十万大军，集兵围城。四月二十四日夜，宋太宗命宋军诸将攻城，未果。五月初一，宋军再次急攻城西南隅，陷其护围羊马城，北汉宣徽使范超出降。初三，宋太宗至城西北隅，北汉马步军都指挥使郭万超等先后出降。初四，宋太宗至城南，再次招降，同时挥军猛烈攻城。远在代州(今山西代县)的北汉驸马都尉贞俊

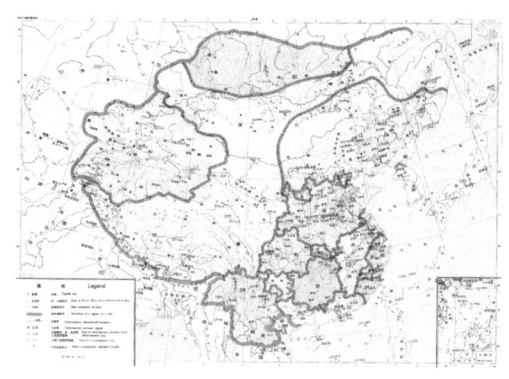

◆ 北宋初割据图

向辽帝告急，耶律贤因辽军在白马岭新败，不能再发救兵。这时，宋太宗下令决汾水灌城，使太原城内一片汪洋。刘继元在外无援兵、内无斗志的情况下，于五月初六出城投降。宋太宗命刘保勋主持太原政务，封刘继元为右上将军、彭城郡公。同时考虑太原城坚难克，为根除割据之患，将太原城彻底摧毁。

至此，北宋消灭北汉之战以宋军的胜利告终。

延伸阅读

战争评析

从北宋统一战争的全局来看，宋灭北汉之战所以能取得胜利，首先北宋王朝根据政治、经济、军事各个方面的情况，决定了先南后北、先弱后强、各个击破的战略方针。当时，北方的北汉得到辽的支援，军事力量较强。根据这种南弱北强的形势，从弱处下手，对南方7个政权各个击破之后，为宋灭北汉战争取得胜利，从战略上创造了有利条件。

蒙哥攻宋之战：迂回包抄，突破天险

在蒙宋战争中，蒙哥汗统军攻宋的战争是一场迂回大包围的战役，他绕道云南，灭大理，对宋朝侧翼迂回包抄的战术在一定程度上破坏了南宋在长江上分区防守的链条。

1251年，蒙哥继承蒙古汗位，首先平定了内部叛乱，巩固了统治地位，继而着手进行攻宋，在临近南宋边境地区建立屯驻基地。在四川方向，蒙古军于沔州(今陕西略阳)、利州(今四川广元)筑城，在白龙江一线发展屯田；在荆襄方向，置河南经略司，在唐(今河南唐河)、邓(今属河南)、嵩(今河南嵩县)、汝(今河南汝南)等州屯田，驻军唐、邓，修复枣阳(今属湖北)、光化(今湖北老河口市西北)、均州(今湖北丹江口市西)等城；在两淮方向，于蔡(今河南汝南)、息(今河南息县)、亳(今河南亳县)、颍(今河南阜阳)等州屯田，驻军于亳、颍等州。

南宋深知蒙古骑兵善驰突、野战的特点，逐渐形成守长江上游以固其下游，守汉、淮以蔽长江的防御方针。四川战区，宋将余玠采取守点控面的防御措施，先后建立了以重庆为中心，以钓鱼城(今四川合川东钓鱼山上)为屏蔽和支柱，以长江为依托，以岷江、嘉陵江、涪江、渠江旁新建的山城为骨干的纵深梯次防御。荆湖战区，宋安抚制置大使孟珙招兵置军，加强江陵、襄樊(今属湖北)、鄂州(今武汉武昌)的守备，大兴屯田，为阻止蒙古军过夔门沿江东进，实行三层防御部署。江淮战区，宋在军事重镇和要点加筑城寨，增兵守备，并于城寨百里以内，三里一沟、五里一渠，以遏制蒙古骑兵长驱奔袭。同时还造轻捷战船，以水、步混编组成游击军，屯戍长江中，拟随时应援。

蒙哥鉴于缺少水军，难越长江天险，遂采取战略大迂回，从翼侧及侧后攻宋。蒙哥汗二年(1252)七月，蒙哥命其弟忽必烈率军征大理(今属云南)。三年(1253)九月，忽

◆ 蒙哥汗雕像

◆ 宋理宗

必烈率军至忒剌(今甘肃迭部县达拉沟)分兵三路南进，兀良合台率西路军，沿晏当路(今四川阿坝草原)，经吐蕃境入云南；宗王抄合、也只烈率东路军经茂州(今四川茂汶)趋会川(今四川会理西)，以作牵制；忽必烈率中路军，经满陀城(今四川汉原北)渡大渡河，取古清溪道南下，穿行1000千米山谷，于十一月进至金沙江畔。十二月初，东、中路军先后渡过金沙江，与西路军会师于龙首关，合力攻击，全歼大理军主力，于十二月十五日，占领大理城。四年春，忽必烈留兀良合台继续作战，自率一部兵返回。秋，兀良合台军攻占善阐(今昆明)，俘国王段兴智。五年，在段兴智的协助下，征降未附诸部，占领大理全境。

蒙哥汗六年（1256）六月，蒙哥汗鉴于对宋的侧后包围已经完成，遂以宋囚使为名，决定由两翼攻宋。右翼，命兀良合台自云南，帖哥火鲁赤、带答儿自利州、兴元(今陕西汉中)南北对进夹攻四川；左翼，命宗王塔察儿、驸马帖里垓攻宋两淮。右翼北路军帖哥火鲁赤、带答儿沿嘉陵江、渠江南下，于十一月进抵重庆附近地区。右翼南路兀良合台率军于九月击乌蒙(今云南昭通)，趋石门(今四川高县西北)。十月，破秃剌蛮三寨，于马湖江击败宋军，得船200艘，改道东进。循大江南岸，水陆并进，至重庆转向北进。十二月，达合州(今四川合川)附近，与帖哥火鲁赤、带答儿部军会师。蒙哥汗七年（1257）春，蒙哥汗为消耗南宋实力，再次命诸王、众将出师攻宋。两年间占领成都、襄阳。次年，再次攻宋，相继攻下鄂州、苦竹隘、运山城、大获城、青居城（今四川南充）、大良城（今四川广安东），进兵直至武胜山(今四川武胜县城附近)，逼近钓鱼城。南宋在四川的防线几乎被打破。

在钓鱼城，蒙哥汗中飞矢受重伤，不久身亡。于是，蒙古军解围而去。但是，蒙哥汗的死并未改变蒙古对南宋的战略包围，不久忽必烈即位，长江防线被攻破，南宋灭亡。

延伸阅读

蒙哥灭大理

蒙哥，蒙古帝国大汗，追封元宪宗，成吉思汗幼子拖雷的长子、窝阔台的养子，沉默寡言，不好侈靡，喜欢打猎。蒙宋战争中，蒙哥采取战略大迂回方略，虽有利于突破长江天险，但大理之役，前后历时7年，士马死者数十万，师至湖南，进攻力量减弱，主力入四川，由于多为深山重险，不利发挥骑兵优势，且顿兵坚城，久攻不果。蒙哥汗虽然未能灭宋，但是破坏了南宋的整体防御态势，使即位的忽必烈掌握了灭宋的主动权。

鄱阳湖之战：集中兵力，巧用火攻

鄱阳湖之战，是元朝末年朱元璋和陈友谅为争夺南部中国在鄱阳湖水域而进行的一次战略决战，决战以朱元璋的完全胜利而告终。此战奠定了明朝的半壁河山，此后朱元璋驱逐外敌，内平割据，建立了明帝国。

元末，统治腐败，民族矛盾尖锐，爆发了农民大起义。至正二十年（1360）以后，在长江中、下游地区形成以湖北武昌为统治中心、自立为汉帝的陈友谅，以应天（今南京）为统治中心的吴国公朱元璋和以平江（今江苏苏州）为统治中心、自称吴王的张士诚三大势力，由于辖区相邻，彼此展开武力兼并。

陈友谅兵强志骄，张士诚粮足财富而无远图。朱元璋处于两强之间，为避免两线作战，决定采取先灭陈、后攻张的方略，对张士诚采取守势，并争取浙东方国珍的友善，减少东顾之忧。正当朱元璋准备灭陈之际，陈友谅却亲率舟师10万进攻应天，被朱元璋击败于龙湾（今南京下关一带），尽失长江下游要地。陈友谅为挽回败局，大造舟舰，征调兵员，企图再与朱元璋较量。至正二十三年（1363）四月，陈友谅乘朱元璋领军北援安丰（今安徽寿县）之机，率师号称60万围攻洪都（今南昌）。朱元璋闻讯，一面命其侄朱文正坚守洪都，消耗陈军；一面调任正在围攻庐州（今合肥）的徐达，常遇春撤围，救援洪都。

同年七月初六，朱元璋与徐达、常遇春等率舟师20万沿江西上，十六日进至鄱阳湖。为把陈军困于湖中，朱元璋先部署一部兵力扼守泾江朔（今江西湖朔东北）和南湖嘴（今湖朔西北），切断陈军归路；又调信州（今上饶）兵守武阳渡（今南昌东南），威胁陈军侧后；自率主力入鄱阳湖。陈友谅围攻洪都85天不克，闻朱元璋率师救援，遂撤围移师鄱阳湖迎战。七月二十日，两军在康郎山水域遭遇。朱元璋见陈友谅列巨舰当

◆ 朱元璋

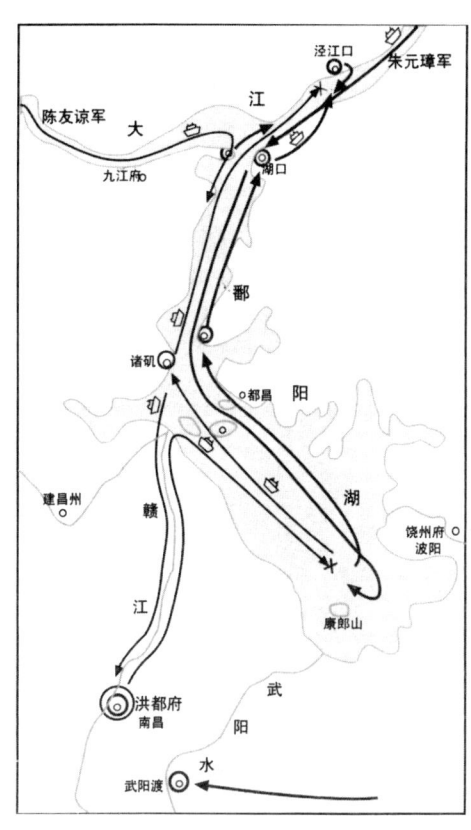

◆ 鄱阳湖之战形势图

前,首尾连接,不利进退,乃命诸将分舟师为20队,火器弓弩依次排列,迫近陈军。又一日,徐达、常遇春等分率舟师迎战。徐达身先诸将,督士卒短兵相搏,败陈军前锋,斩1500余人。朱军部将俞通海乘风纵火,焚毁陈军战船20余艘。陈军太尉张定边直逼朱元璋,趁其座船遇沙搁浅,奋力围攻。朱军部将韩成、宋贵、陈兆先相继战死。在危急之际,常遇春从侧翼射伤张定边,迫其撤退。俞通海又驾舟速援,朱元璋方得脱险。时已日暮,双方鸣金收军。朱元璋为防张士诚乘虚进袭后方,命徐达回守应天。

二十二日,陈友谅率全部巨舟,连锁为阵,与朱元璋军决战。朱军因舟小仰攻不利,接连受挫,右翼被迫后退。朱元璋亲自督阵,令斩队长等十余人,仍不止。后采纳部将郭兴建议,改用火攻。当时,风急火烈,焚陈军舰船数百艘。陈友谅弟友仁、友贵及平章陈普略等皆被烧死。朱军乘势猛攻,又击杀2000余人。二十四日,双方复战。陈友谅集中炮火猛攻朱元璋座船。朱元璋为改变被动局面,命廖永忠、俞通海等分率六舟直入陈军阵中。朱军士气大振,再次发起猛攻,战至中午,陈军大败。

陈军受重创后,企图退保鞋山(今湖朔南鄱阳湖中),被朱军所阻。朱元璋为控扼长江水道,乘夜移军左蠡(今都昌西北)。陈友谅也移舟泊于渚矶(今星子南)。相持三日,陈军左、右金吾将军相继投降朱元璋,士气更趋低落。八月二十六日,陈军被困湖中月余,粮食奇缺,将士饥疲,陈友谅冒险向湖朔方向突围,陷入朱军伏击圈,陈友谅中箭身亡。鄱阳湖之战以朱元璋一方获得全胜。

延伸阅读

陈友谅

陈友谅(1320—1363),中国元末大汉政权的建立者。元末农民战争爆发后,陈友谅参加徐寿辉领导的红巾军,以功升元帅。元至正十七年(1357),陈友谅袭杀红巾将领倪文俊。两年后,又杀害另一部将领赵普胜,挟持"天完帝国"皇帝徐寿辉,自称汉王。次年闰五月,杀徐寿辉,自立为帝,建国号大汉,改元大义。此后,一面继续进行反元战争,一面把军事重心放在对邻境朱元璋部的战争上。二十三年(1363)八月,陈友谅在鄱阳湖中流矢身亡。

万历援朝之战：打击侵略，扬我国威

> 万历援朝之战，又称朝鲜壬辰卫国战争。这场战争由日本前关白丰臣秀吉在1592年派兵入侵朝鲜引起。因朝鲜的宗主国是明朝，故向中国求援。明神宗应邀派军救援，打击了侵略者，使丰臣秀吉的计划化为泡影。

万历二十年（1597）五月，丰臣秀吉令大将行长、清正等人，率战船百余艘暗渡临津海峡，以迅雷不及掩耳之势分别攻陷丰、德等郡。此时朝鲜承平日久，胆怯不谙习作战，军队望风溃败。朝鲜国王仓惶弃王京（即汉城），日军分道一路，绕过大同江，直扑平壤。同时攻陷王京。很快，朝鲜八道几乎全部沦陷，日军兵抵鸭绿江。朝鲜国王立即请求明朝援助，奔赴北京的使者络绎不绝。在这样的背景下，明朝政府以保护"属国"，匡护大义之名兵发朝鲜。

七月，游击史儒等率领先头部队已到达平壤，因不谙习地形，又遇大雨，军马经长途急行军筋疲力尽，第一次交战即大败，史儒战死。随后副总兵祖承训率领士兵3000余人，渡过鸭绿江援助史儒，又战败，祖承训仅以身还。战报传来，朝廷震动。

八月，倭寇已进入丰、德等郡。明朝以李如松为征东大都督，领兵7万集结沈阳。十二月，李如松正式誓师出征，率军4万。到达鸭绿江边时，只见天水一色，对岸群山若隐。监军刘黄裳慨然道："此汝等封侯之地也。"

万历二十一年（1593）正月初六，李如松兵入朝鲜，按事先拟订的计划，准备在与日将行长在平壤议和之际突施袭击，兵不血刃取得胜利。殊不知日本人警惕性很高，

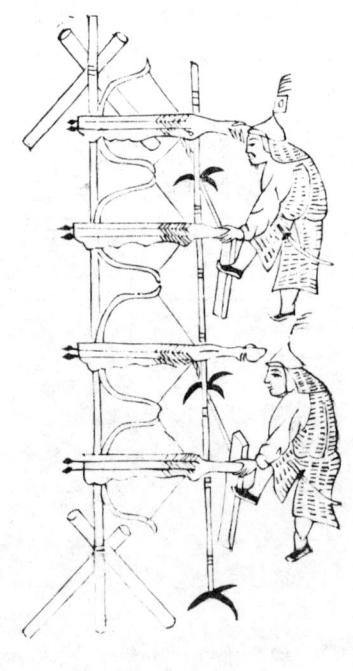

◆ 明军装备的双飞弩

在明军计划乘机入城的时候登城拒守，李如松只得佯败而退。

日军素来轻视朝鲜军队，李如松令祖承训等人穿朝鲜军装潜伏。八日黎明，明军一鼓作气抵达城下，明军主攻城东，朝鲜军佯攻城南。日军炮火、箭矢如雨，明朝军队渐渐退却。李如松亲手斩杀后退的士兵示众，招募敢死之士攀梯、登钩而上城墙，与日守军肉搏。日军轻视南面攻城者是朝鲜军队，防范不严，祖承训等人命部下朝鲜军衣露出明朝军队衣甲。日军急忙分兵堵截。李如松趁势猛攻，一气攻下城门。但见战场上枪炮齐发，硝烟弥漫，遮蔽天空。李如松坐骑被炮炸死，换乘继续冲杀弛骋，后来摔倒战壕中，鼻子流血，仍奋力高呼督战，继续指挥士兵前进。明军无不以一当百，前队战死，后续部队马上紧跟，突击冲杀于城墙。激战至半夜，行长不敌，率兵渡大同江，逃回龙山。此次战役斩获倭寇1285颗首级，其余被火烧死，跳海溺死的敌人无法计算。

李如松乘胜进军，收复了开城。至十九日，朝鲜黄海、平安、京裁、江源四道一齐光复，只有咸镜道还被日将清正拒守，听到开城被明军攻破，也逃奔王京。平壤之战以中方大获全胜告终。

平壤大捷后，日军提出和明军议和。明军提出日本臣服中国，献出王京，归还朝鲜王子，军队全部撤回本国。日方于四月十八日丢弃王京逃跑。李如松与宋应昌整军入城，获得粮米四万多石。李如松派兵亲临汉江紧随日军之后，想乘他们撤退懈怠进行攻击，但日军步步为营、用轮番休息办法撤退，最后在釜山集结戍守。

万历二十二年（1594）九月，日本使节来朝，受到明神宗接见。表面上日本人答应了和平条件，但始终没有撤出釜山，而且，不断挑衅朝鲜。万历二十五（1597）六月，日军再度发难，不久攻下庆州、全州，驻守的明军纷纷战败。

同年十一月，明神宗赐总兵刑阶尚方宝剑，再度统兵出击。双方在庆州一带展开激战。日方凭险固守，明军损失惨重。此时日方盘踞釜山一线已经7年，又吸取了上一次轻敌冒进的教训，步步为营，将防线经营的固若金汤。明军多次攻击均大败而回，战事处于僵持之中。

次年七月，丰臣秀吉病故，日方自顾不暇，无心恋战。明军联合朝军发动反攻。万历二十七年（1599）四月，征倭告捷，神宗登殿接受战俘投降，处决倭寇平秀政、平正成等人，示众并传首九边。最终，这场战争以中方、朝方的联军获胜。

延伸阅读

李如松

李如松（1549—1598），字子茂，号仰城，辽东铁岭卫人。辽东总兵李成梁之长子，是明代最优秀的将领之一，曾指挥过万历二十年（1592）平定宁夏哮拜叛乱的战役。抗倭援朝战争，出任辽东总兵，尤其以援朝战争中的平壤大捷和碧蹄馆之战最为出名。后在与蒙古部落的交战中遭到埋伏阵亡。神宗皇帝痛悼其亡，为之建衣冠冢，追封为宁远伯。

宁远大捷：积极准备，以孤城挡强敌

> 宁远大捷是明朝自和后金作战以来，明军的第一个大胜仗。宁远战前，形势对袁崇焕极为不利，他是在后金兵锋强盛、宁远孤城无援的态势下取得的胜利，堪称守城战的典范。

袁崇焕原是福建邵武知县，天启二年（1622），入京接受例行的政绩考核时受到御史侯恂的赏识，成为兵部职方主事，负责镇守山海关。袁崇焕赴任前，曾经去拜访被革职的前任军事统帅熊廷弼。熊廷弼问："到那里以后有什么对策？"袁崇焕答："先防守，有机会再反击。"熊廷弼非常高兴，非常赞同他的观点。

任职后，袁崇焕上书《擢佥事监军奏方略疏》，力请练兵选将，整械造船，固守山海，远图恢复。他疏言："不但巩固山海，即已失之封疆，行将复之。"当时山海关外广大地域，为漠南蒙古哈剌慎等部占据，袁崇焕便驻守关内。朝廷采纳蓟辽总督王象乾的奏议，对蒙古部落实行"抚赏"政策，就是颁发赏银，争取他们同明朝结盟，共同抵御后金。一些蒙古部落首领接受了"抚赏"，辽东经略王在晋令袁崇焕移到山海关外中前所（今辽宁省绥中县前所镇）。后又令袁崇焕往前屯（今辽宁绥中前屯），安置辽民流亡、失业者。袁崇焕受命之后，连夜赶路，虽丛林荒野，虎豹出没，但他却在天明入城，将士都赞叹他的勇敢与胆量。

天启三年（1623）春，孙承宗令袁崇焕抚哈剌慎各部，令其移出八里铺至宁远，收复270里。孙承宗初令祖大寿筑宁远城，九月又令袁崇焕和满桂前往，袁崇焕定城规模，令祖大寿等督建城。天启四年

◆ 袁崇焕

（1624），宁远城竣工，遂成关外重镇。

天启六年（1626）正月十四日，努尔哈赤率诸王大臣，统领6万大军，号称20万，往攻宁远。十七日，西渡辽河。八旗军布满辽西平原，前后络绎，首尾莫测，旌旗如潮，剑戟似林。

后金兵渡辽河，警报驰传明朝，举国汹汹，人心惶惶。兵部尚书王永光"集廷臣议战守，无善策"。明经略高第和总兵杨麒，闻警丧胆，计无所出，龟缩山海关，拥兵不救。道臣刘诏等要统兵2000出关应援，高第令已发出的兵马撤回；李卑援兵蜷缩在中后所，李平胡的援兵不满700人，又退到中前所。所以在宁远紧急关头，"关门援兵，并无一至。"袁崇焕既后无援军，又前临强敌：八旗军连陷右屯、大凌河、锦州、小凌河、松山、杏山、塔山、连山等八座城堡。原驻守军都早已撤到关内，后金兵如入无人之境，未遇抵抗，直奔宁远。

袁崇焕以血为书，誓师全军，表示誓与宁远城共存亡。在他的感召下，将士都请死效命，士气高涨。袁崇焕令城外守军全部撤进宁远城，坚壁清野，又亲自杀牛宰马慰劳将士。他还将全部库存的白银置于城上，传令与士兵，打退敌兵，不避艰险者，当即赏银一锭；如临阵退缩，立斩于军前。为了增强火力，袁崇焕令人将城中存放的仿西洋"红夷大炮"架上城头，严阵以待。

二十四日，后金军兵临宁远城下。袁崇焕胸有成竹，邀朝鲜使者同坐战楼观战。突然一声炮响，后金军开始攻城。只见八旗兵丁四处散开，满山蔽野而来。袁崇焕一声令下，城楼上火炮齐鸣，弓箭齐发，后金军死伤惨重，只好撤退。次日，后金军再次来攻，他们把裹着生牛皮的战车推到城墙根，准备凿城穿穴。袁崇焕立即亲率士兵挑石堵洞，又令城上大炮加强火力猛攻敌阵。后金军总帅努尔哈赤在营前指挥作战，忽被飞来的炮石击中，受伤坠马，血流不止。后金军见主帅受伤，匆忙撤退。在撤退中，一代枭雄努尔哈赤伤情加重，死于军中。宁远防守战获得胜利。

延伸阅读

袁崇焕之死

崇祯二年（1629）十月二十六日，八旗军东、西两路，分别进攻长城关隘龙井关、大安口等，没有遇到任何强有力的抵抗，便突破长城，兵临遵化城下，距离京师300里。袁崇焕立刻积极部署，准备和后金军决战。但是崇祯帝怪罪他身为督师，未能护卫京师，又听信太监的谗言，以他"通房谋叛""擅主和议""专戮大帅"的罪名"磔"死。

实际上，袁崇焕"通敌"的罪名纯属莫须有。主要是当时城外的田庄、房屋均属太监们的直接或间接财产，后金军兵临城下将之扫荡一空。太监们怨恨袁崇焕保护不力，加之前袁崇焕处决了皮岛守将毛文龙，使崇祯帝感到他有"越权"行为，因此被害。崇祯帝自毁长城，不久清军就直趋山海关，关外的大片土地全部为清军所有，这直接导致了明朝的亡国。

萨尔浒之战：速战速决，各个击破

> 萨尔浒之战本由明方发动，后金处于防守地位，然而该役竟以明军之惨败而告终，并由此成为明清战争史上一个重要的转折点。此役之后，明朝对后金的战略态势由主动变为被动，明帝国于东北地区的藩篱逐渐丧失，日后虽调兵遣将、征加粮饷，却再也无法获得对后金的战略主动权，并直至王朝覆灭。

明万历十一至十六年（1583—1588），建州女真首领努尔哈赤逐渐统一建州各部，又合并了海西与东海诸部，建立起一个兵民合一的政治军事集团。万历四十四年（1616），努尔哈赤建立后金，年号天命，自称汗，以赫图阿拉为都城。从这一刻开始，明朝政府被拖入了长期不能解决的东北战争泥沼。

万历四十六年（1618）正月，努尔哈赤决意对明用兵。四月十三日誓师反明，率步骑两万发起进攻。明总兵张承荫率部作战，战死，明军死伤甚众。此战后，后金军暂时撤回。

明神宗感到事态严重，派杨镐为辽东经略，主持辽东防务。并决定出兵辽东，大举进攻后金。但由于缺兵缺饷，不能立即行动，遂加派饷银200万两，并从川、甘、浙、闽等省抽调兵力，增援辽东，又通知朝鲜、叶赫出兵策应。

万历四十七年（1619）二月，明抵达辽东的援军8.8万余人，加上叶赫兵一部、朝鲜军队1.3万人，共约11万。杨镐的作战方针是：以赫图阿拉为目标，分进合击，四路会攻，一举围歼后金军。具体部署是：

◆ 清太祖努尔哈赤

总兵马林率1.5万人，出开原，经三岔儿堡（在今辽宁铁岭东南），入浑河上游地区，从北面进攻；总兵杜松率兵约3万人担任主攻，由沈阳出抚顺关入苏子河谷，由西面进攻；总兵李如柏率兵2.5万人，由西南面进攻；总兵刘𬘩率兵1万余人，会合朝鲜军共2万余人，经宽甸沿董家江（今吉林浑江）北上，由南面进攻。另外，总兵官秉忠率兵一部驻辽阳为机动部队，总兵李光荣率兵一部驻广宁，保障后方交通。杨镐坐镇沈阳指挥。原拟二十一日出边进击，但因天降大雪，改为二十五日。同时，限令明军四路兵马于三月二日会攻赫图阿拉。但明军出动之前，作战计划就被后金侦知。

努尔哈赤认为明军南北二路道路险阻，路途遥远，不能即至，宜先败其中路之兵，于是决定采取"凭你几路来，我只一路去"的作战方针，将10万兵力集结于都城附近，准备迎战。二月二十九日，后金军发现刘𬘩军先头部队自宽甸北上，西路杜松军已出抚顺关东进，但进展过速，孤立突出时，决定以原在赫图阿拉南驻防的500兵马迟滞刘𬘩，乘其他几路明军进展迟缓之机，集中八旗兵力，迎击杜松军。三月初一，杜松军轻敌冒进，进至萨尔浒（今辽宁抚顺东大伙房水库附近），被后金军全部歼灭，杜松阵亡。

明军主力被歼后，南北两路明军处境不利。是夜，马林军进至尚间崖（在萨尔浒东北），得知杜松军战败，不敢前进，将军队分驻三处就地防御。后金军分兵攻击，各个击破。北路明军大部被歼。

刘𬘩所率的南路军因山路崎岖，行动困难，未能按期进至赫图阿拉。不知西路、北路已经失利，仍按原定计划向北开进。努尔哈赤击败马林军后，立即移兵南下，迎击刘军。为全歼刘军，努尔哈赤采取诱其速进，设伏聚歼的打法，事先以主力在阿布达里岗（赫图阿拉南）布置埋伏，另以少数士兵冒充明军，穿着明军衣甲，打着明军旗号，持着杜松令箭，诈称杜松军已迫近赫图阿拉，要刘𬘩速进。刘𬘩遭到伏击，兵败身死。努尔哈赤乘胜击败其后续部队。杨镐坐镇沈阳，掌握着一支机动兵力，对三路明军未作任何策应。及至杜松、马林两军战败后，才慌忙调李如柏军回师。李如柏军行动迟缓，仅至虎拦岗（在清河堡东）。后金的侦察兵在山上虚张声势，鸣螺发出冲击信号。李如柏军惊恐溃逃，自相践踏，死伤1000余人。至此，明军的这场战役彻底失败。

萨尔浒之战，历时5天，以明军的失败、后金军的胜利而告结束。

延伸阅读

萨尔浒之战分析

萨尔浒战役是集中使用优势兵力，选择有利的战场和战机，连续作战、速战速决、各个击破，在战略上以少胜多的典型战例。在战斗中，充分显示了努尔哈赤机动灵活的指挥才能和后金将士的勇猛战斗作风，在5天之内，在3个地点进行了3次大战，战斗前部署周密，战斗中勇敢顽强，战斗结束后迅速脱离战场，立即投入新的战斗。结果，后金大胜，明军惨败。这次战斗对双方都是十分关键的一仗，从此，明朝的力量大衰，后金的力量大增，后金由防守转入了进攻。

三河镇大捷：正面迎敌，包抄结合

> 三河镇大捷是太平天国后期太平军在安徽三河镇（今属肥西县）歼灭湘军精锐李续宾部的一次著名战役，也是太平天国战争史上集中优势兵力打歼灭战的著名范例。

1856年9月，天京内讧，太平天国的革命形势开始急转直下。1857年5月，石达开受洪秀全猜忌，离京出走，带走数万精兵良将，更使太平军元气大伤，整个战争形势也随之急剧逆转。清军利用这一有利时机，重整旗鼓，于1858年1月重建江南大营，包围天京。

1858年5月19日，新任浙江布政使的湘军悍将李续宾率部攻克军事重镇九江，驻守该地区5年之久的太平军将领林启容和17000名太平军将士全部战死。李续宾在攻克九江后不久即率部渡江，回到湖北，准备乘胜东援安徽战场。

1858年5月，湖广总督官文、湖北巡抚胡林翼看到湘军在江西战场上已经取得决定性胜利，便拟定东征计划，准备把李续宾部湘军投入安徽战场。当时，太平军在陈玉成、李秀成等率领下，在皖北战场屡挫清军，于8月23日占领庐州城。于是，官文便命令李续宾迅速进兵，攻克太湖，然后乘势扫清桐城、舒城一路，疾趋庐州，企图收回庐州，并堵住太平军北进之路。所以，当陈玉成、李秀成部挥师东向，进攻江北大营时，江宁将军都兴阿和李续宾等即率兵勇万余人自湖北东犯安徽，9月22日克太湖，然后分兵为二，都兴阿率副都统多隆阿和总兵鲍超所部进逼安庆，李续宾率所部湘军北指庐州。

◆ 三河镇

李续宾部于9月23日陷潜山，10月13日陷桐城，24日陷舒城，接着指向舒城东面25公里的三河镇，准备进犯庐州。三河镇位于界河（今丰乐河）南岸，东濒巢湖，是庐州西南的重要屏障。该镇原无城垣，太平军占领后，新筑了城墙，外添砖垒9座，凭河设险，广屯米粮军火，接济庐州、天京，因而在军事上、经济上都居重要地位。当时太平军的守将是吴定规。

11月3日，李续宾率精兵6000进抵三河镇外围。11月7日，分兵三路向镇外9垒发起进攻，义中等六营进攻河南大街及老鼠夹一带之垒；左仁等三营进攻迎水庵、水晶庵一带之垒；副右等二营进攻储家越之垒。李续宾则亲率湘中等二营为各路后应。太平军依托砖垒顽强抵抗，大量杀伤敌人。湘军攻垒愈急，太平军伤亡愈大，便放弃镇外9垒，退入镇内，坚守待援。

在湘军大举进攻三河镇外围的当天，陈玉成率大队赶到，驻扎在三河镇南金牛镇一带。11月14日，李秀成也率部赶到，驻于白石山。至此，集结在三河镇周围的太平军众达10余万人，和李续宾部湘军相比占绝对优势。

面对太平军援军的强大气势，李续宾的一些部将十分胆怯，建议退守桐城。骄悍的李续宾一意孤行，认为只有死战才能取胜，并于11月15日深夜派兵7营分左、右、中三路偷袭金牛镇。16日黎明，当行至距三河镇7.5千米的樊家渡王家祠堂时，与陈玉成军遭遇。陈玉成抓住敌人冒险出击的有利时机，以少部兵力正面迎敌，吸引敌人，另以主力从湘军左侧抄其后路。正面迎敌之太平军且战且走，将敌人诱至设伏地域。当时，大雾迷漫，咫尺莫辨，鼓角相闻，敌我难分。陈玉成主力迅速击溃了左路湘军，并乘胜隔断中、右路之后路。湘军发现归路被断，仓皇后撤，在烟筒岗一带被太平军团团包围。

李续宾得知大队被围，亲率4营前往救应，反复冲锋数十次，也未能突入重围。驻扎于白石山的李秀成部，闻金牛镇炮声不绝，立即赶往参战；驻守三河镇的吴定规也率部出镇合击湘军。双方反复争夺与厮杀，血流成河，至18日，清军全部肃清。这一仗，太平军一举歼灭湘军精锐近6000人，是太平天国革命战争后期一次出色的歼灭战。

三河镇大捷的消息传来，咸丰帝闻之"不觉陨涕"，曾国藩更是"哀恸慎膺，减食数日"。此战对清廷和湘军的打击非常沉重。

延伸阅读

陈玉成

陈玉成（1837—1862），广西藤县大黎人，太平天国优秀的青年将领，作战非常勇猛。18岁时太平军攻武昌城，他率先攻上城头，因功授为"殿右三十检点"。21岁时担任前军主将，成为太平天国后期的军事将帅之一。先后在浦口大捷、三河大捷中大败清军，令清军闻风丧胆。23岁受封为英王。曾国藩曾赞叹："自汉唐以来，未有如此贼（陈玉成）之悍者。"认为他可以和汉唐时代那些勇猛善战的骁将相比。

清收复新疆之战：缓进急战，先北后南

> 19世纪中叶，英国殖民者势力侵入中亚，并觊觎中国领土新疆。同治四年(1865)，在英国支持下，中亚浩罕国陆军司令阿古柏侵入中国新疆南部，自立为"汗"，建立"哲德莎尔"伪政权，继而侵占天山南北的广大地区。正是在这种危局下，左宗棠率军出征，收复了祖国领土。

100多年前，中国新疆西边有个小国名叫浩罕。这个小国本来接受清朝封号，是中国的藩属。后来，浩罕受俄英殖民势力唆使，不断侵入中国领土。1865年，浩罕国陆军司令阿古柏率兵占领了中国南疆地区，接着又向北疆扩张，占领了乌鲁木齐。阿古柏的野心越来越大，宣布在新疆建立"哲德沙尔国"。趁阿古柏宣布建国的时候，俄国军队出兵占领了新疆西部的伊犁和附近地区。他们在这里征收赋税，完全排斥了清朝对伊犁地区的统治。

1875年5月，清政府任命左宗棠为钦差大臣，督办新疆军务。次年4月7日，左宗棠率领大军离开兰州，经过河西走廊向新疆进发，到了肃州(今甘肃酒泉)，在那里召开军事会议，决定直取乌鲁木齐，在乌鲁木齐站稳脚跟以后，再收复其他地方。此次军事会议上，左宗棠命令大将刘锦棠、都统金顺率领一军，担任主攻；提督徐占彪、张曜率领一军，把守哈密，配合金顺；从湖广来的楚军驻守敦煌、安西、玉门一线，严防敌军向内侵犯；而他则坐镇肃州全面调度。

1876年4月26日，刘锦棠从肃州率军出关时，左宗棠又授以"先迟后速，缓进急战"的八字方针。这是左宗棠根据实际情况制定的战略部署：先北路后南路。出关后，第一个战役是攻占北疆，收复乌鲁木齐至玛

◆ 左宗棠

◆ 清军装备的火器

纳斯一带，扼全疆总要之处，为下一步南进准备后方基地。进攻的指导方针则是"缓进急战"。

左宗棠制定的战略部署和作战指导方针是完全正确的。从敌情来看，先打北路之敌，做到了先拣弱敌打，因为阿古柏比沙俄弱，北路的敌军又比南路阿古柏嫡系弱。从地理上看，先打北路之敌，清军既可依托哈密、巴里坤、古城一带后方基地，又可以割断阿古柏与沙俄的联系，制止沙俄继续东侵，形成对南路阿军的东、北两面逼攻之势。而"缓进急战"的策略则正确地解决了新疆特殊的地理条件下作战的后勤保障问题。

1876年8月，左宗棠指挥清军发起了北疆战役。清军将领刘锦棠按照"缓进急战"的原则，率清军乘夜间敌人睡觉的机会，急速发起猛攻，很快就占领了古牧地。乌鲁木齐敌军率先逃跑。其他敌军见主将临阵逃脱，也跟着败下阵去。清军仅花了10天的时间就顺利地光复了乌鲁木齐，并以极快的速度收回了除伊犁以外的北疆地区。

1877年4月中旬，左宗棠适时地发起了天山战役。刘锦棠一部攻达坂城，仅用4天时间就全歼守敌，无一漏网。接着分兵一部攻克吐鲁番城，前后不到半个月就顺利结束，总计歼敌两万余人，救出百姓两万余人。至此，清军完全打开了进军南疆的门户。天山战役结束后，左宗棠命部队"缓进"，以使后勤补给跟上，再举进兵。

清军的"缓进"以及阿古柏的绝望而死，客观上促进了阿古柏营垒的分化瓦解，其内部为争权夺利而爆发了一场内乱。这给清军继续进兵造成了新的有利条件。1877年9月下旬，刘锦棠受命发起了南疆战役。他亲率精锐步骑，一个月驰驱三千里，一举收复了东四城，12月又收复了西四城。阿古柏部属除一小撮投奔沙俄外，余部全被歼灭。1884年，清政府在新疆设行省，以加强对西北边陲的管理。

延伸阅读

《恭诵左公西行甘棠》

左宗棠收复新疆，并上疏在新疆设行省。他的老友杨昌浚到新疆后，看到这大好河山，激动得热泪盈眶，当即挥诗一首：

大将筹边尚未还，湖湘子弟满天山。
新栽杨柳三千里，引得春风度玉关。

第三讲

军事著作——煌煌典籍有乾坤

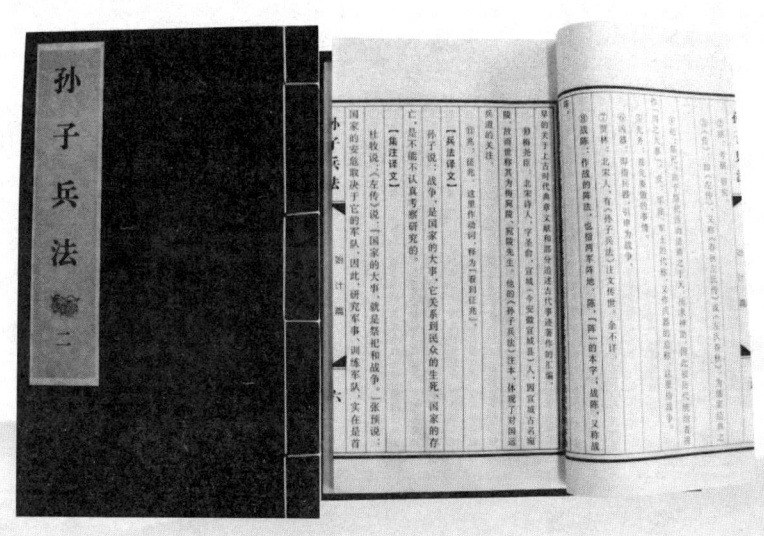

《周易》：正义慎战，方是制胜之道

> 《周易》是古老的中国经典，也是古圣先贤的智慧结晶，自古以来都受到推崇，被尊为"群经之首"。《周易》的军事思想影响深远，《孙子兵法》中也能看到其影响的痕迹。有人把它看作"中国兵学之源"。

《周易》非常重视战争的正义性。《师》卦卦辞说："师贞丈人吉。"这里的"师"指的是军队，"贞"即是正义。就是说，如果军队出征是为正义而战，就必然会取得战争的胜利。《师》卦《象传》说："能以众正，可以王矣。"就是说：如果能唤起人民大众共同进行正义的战争，就可以统一天下。《象传》又说："以此毒天下而民从之，吉又何咎矣。"就是说，战争虽然是杀人、危险、劳民伤财的事，但如果是顺天应人的正义之战，是为人民而战，人民就一定会欢迎和拥护，人民就会悦而从之，因此，就会取得战争的胜利，故吉而无咎矣。由此可见，早在《周易》诞生之时，当时的谋略家已经认识到战争的正义性之重要了。

《周易》作为哲学著作，运用宇宙阴阳变化之道，揭示了自然界万物变化之理和人事成败，吉凶之兆。它强调慎战，肯定了战争是可知的，是可以预见、决策的，并从各个方面卜占，记述了认识战争、决策战争的问题。要进行战争，就要决策战争，决策就要周密慎重。

《周易》《坤》上六爻辞说："龙战于野，其血玄黄。"《周易》把交战双方形象地比喻为两条巨龙在野外搏斗，流着黑黄色的血。这里实际上暗喻的是国家之间一旦战争爆发，就会造成两败俱伤的深刻道理。这正是《周易》慎战思想的真实流露。《即

◆ 《周易》书影

济》卦九三爻辞说:"高宗伐鬼方,三年克之。"其意思是说从前高宗武丁讨伐鬼方,经过三年苦战方得胜利。本卦《象传》又说:"三年克之,惫也。"也就是说,三年时间平定了内忧外患,虽然安定了局面,但耗资费力,劳民伤财,疲惫不堪,所以,对于战争,一定要谨慎从事,不可轻率用兵。《恒》卦上六爻辞说:"振恒,凶。""振"为动的意思。这就是说,一个国家如果经常发动战争,使国家和人民处于不断的战乱动荡之中,就是凶兆,其结果就必然要灭亡。进一步告诫将帅:不能乐兵好战,穷兵黩武。

《周易》的慎战思想对中国古代军事思想有极大的影响。从孙武的"兵者,国之大事,生死之地,存亡之道,不可不察也";到《孙膑兵法》的"兵非所乐,乐兵者亡";从《三略》卦提出的"兵者,不祥之器"到《司马法·仁本》"国家虽大,好战必亡,天下虽安,忘战必危";到《百战奇略》的"夫兵者,凶器也;战者,逆德也……黩武穷兵,祸不旋踵"等,都可以说是《周易》慎战思想的发展和延续。

《周易》中提出纪律是军队的生命。军队行军打仗,必须有高度的纪律性,才能无往而不胜,否则便是凶兆。所以,《师》卦里有几处提到了"师出以律,失律凶也"。《周易》强调"齐众一律,失律者散"。注重以律令、法制齐整师众,这是我国最早见诸于文字的关于军队纪律重要作用的论述。

众所周知,冷兵器时代,军队作战没有口令,只以旗、角、鼓、金为令。旗卧跪下,旗举起立,击鼓前进,鸣金停止。所谓"言不相闻,故为金鼓,视不相见,故为旌旗。"战时强调用命者赏,违命者戮,要求行动一致。如武王伐纣前作战争动员时,左杖黄钺,右秉白旄,号令全军:今日之战,不可混战,六步七步即须看齐,四击五击即须联系,无命不许轻退,各须严守约束,如有不努力者杀。这一例证说明了武王非常注意整肃治军,严明纪律。这是《周易》从战争实践中总结出的一条正确的建军理论。

《周易》强调军队纪律的这一思想,在中国古代军事思想发展史上占有十分重要的地位,并在当代得到了进一步的发展。

延伸阅读

文王演易

周部族的首领姬昌(周文王)觐见纣王,纣王认为他有异志,因此将他囚禁在羑里。在这期间,他安心地对伏羲八卦进行研究,并完善演绎出文王八卦。据说《周易》一书就是他阐述自己思想的作品。后世将这一传说神化,称之为"文王演易"。司马迁《史记·太史公自序》中也曾说:"盖文王拘而演周易。"

《孙子兵法》：兵学圣典

> 《孙子兵法》是中国古代最著名的军事著作，是中国军事史上的划时代著作。它不仅仅是一部军事著作，更代表着炎黄子孙的智慧、思想和文化，是几千年华夏文化的结晶，是中华文明的智慧根基和源泉。

《孙子兵法》又称《孙武兵法》《吴孙子兵法》，简称《孙子》，是现存最早的一部兵书，宋代颁定的"武经七书"之一。《孙子兵法》的作者孙武，是春秋时代齐国人，后曾在吴国担任将领。该书约完成于春秋战国之交，原书十三篇。

《孙子兵法》在战国末期和汉初已很流行，当时流行的就是"十三篇"文本，"世俗所称师旅，皆道《孙子》十三篇。"汉成帝时，任宏论次兵书，定著《吴孙子兵法八十二篇，图九卷》。根据山东银雀山西汉墓发掘出的竹简《孙子兵法》和青海大通县上孙家寨115号西汉墓发掘出的木简《孙子兵法》佚文，以及《史记·孙吴列传》中，均有"十三篇"的记载，说明"十三篇"是《孙子兵法》的本文。"十三篇"之外的六十九篇和图九卷可能是后人附益的内容。东汉末年，曹操删去了附益的部分，专为"十三篇"作注，恢复了"十三篇"的本来面目，使"十三篇"得以完整地流传至今。其他六十九篇和图九卷先后佚失。

今存《孙子兵法》约5900字，共十三篇。第一《计篇》，主要论述谋划战争的重要性，通过战略运筹和主观指导分析，以求得对战争胜负的预见，提出了"五事""七计""兵者，诡道也""攻其无备，出其不意"等军事原则。第二《作战篇》，主要讨论物力、财力、人力与战争的关系，提出了"兵贵胜，不贵久"的速胜思想和"因粮于敌"的原则。第三《谋攻篇》，主要论述"上兵伐谋"的"全胜"思想，揭示了"知彼知己，百战不殆"的著名军事规律。第四《形篇》，主要论述战争必须具备客观物质力量即军事实力，中心讲"先为不可胜，以待敌之可胜"。第五《势篇》，主要论述在军事实力的基础上，如何正确实行作战指挥

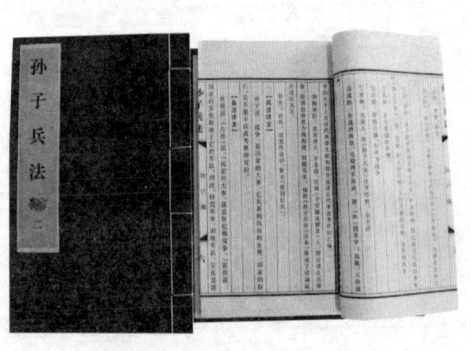

◆ 《孙子兵法》书影

◆ 孙武祠的孙武雕像

问题，通过灵活地变换战术和正确地使用兵力，造成锐不可当的有利态势。第六《虚实篇》，主要论述作战指挥中要"避实击虚""攻其必救""因敌而制胜"，中心讲用"示形"欺骗敌人，调动敌人而不被敌人所调动。第七《军争篇》，主要论述争取战场主动权的问题，提出了"兵以诈立，以利动，以分合为变"，"避其锐气，击其惰归"的军事原则。第八《九变篇》，主要论述根据各种战场情况灵活运用军事原则的问题，提出了"必杂于利害""君命有所不受"的思想。第九《行军篇》，主要论述行军、宿营、作战的组织指挥及利用地形地物、侦察判断敌情的问题。第十《地形篇》，主要论述地形的种类与作战的关系及在不同地形条件下的行动原则，还提出了"视卒如爱子"的观点。第十一《九地篇》，主要论述九种不同作战地区及其用兵原则，提出了"兵之情主速，乘人之不及，由不虞之道，攻其所不戒"的突然袭击的作战思想。第十二《火攻篇》，主要论述火攻的种类、条件和实施方法。第十三《用间篇》，从战略的高度论述了使用间谍的重要性及其各种间谍的使用方法，提出先知敌情"不可取于鬼神""必取于人"的朴素唯物主义观点。

延伸阅读

威廉二世与《孙子兵法》

第一次世界大战后，德国战败，德皇威廉二世退位并流亡荷兰。在荷兰侨居期间，他无意中看到了德文版的《孙子兵法》，当他读到"亡国不可以复存，死者不可以复生，故明君慎之，良将警之，此安国全军之道"，顿时泪流满面。他痛悔地说："早20年读到此书，我就不会有今日之痛。"

《吴子》：审敌虚实，教戒为先

> 《吴子兵法》据《汉书·艺文志》记载，有四十八篇。现存《吴子》仅六篇，大部分散失。从目前传世的六篇来看，仍然不是原本，其中个别地方掺杂了不少汉、魏晋南北朝或唐代人加入的内容，但基本上可把它看成吴起的著作。

《吴子》是在封建制度确立后，战争和军事思想有了显著发展的历史条件下产生的。这时，军队成分的改变，铁兵器和弩的广泛使用以及骑兵的出现，引起了作战方式的明显变化。它反映了新兴地主阶级的战争理论、军队建设和作战指导方面的观点。

《吴子》主张"内修文德，外治武备"，把政治和军事紧密结合起来，所谓"文德"，就是"道、义、礼、仁"，并以此治理军队和民众。认为"民安其田宅，亲其有司""百姓皆是吾君而非邻国，则战已胜矣"，强调军队、国家要和睦。所谓"武备"，就是"安国家之道，先戒为宝"，必须"简募良材，以备不虞"。

它主张兵不在多，"以治为胜"。治，就是建设一支训练有素的军队："居则有礼，动则有威，进不可当，退不可追，前却有节，左右应麾，虽绝成陈，虽散成行……投之所往，天下莫当。"要求选募良材、重用勇士和志在杀敌立功的人，作为军队的骨干，并"加其爵列""厚其父母妻子"；对士卒的使用要因人而异，使"短者持矛戟，长者持弓弩，强者持旌旗，勇者持金鼓，弱者给厮养，智者为谋主"，以发挥各自的特长；按照同乡同里编组，同什同伍互相联保，以对部众严加控制；采取"一人学战，教成十人；十人学战，教成百人……万人学战，教成三军"的教战方法，严格训练；明法审令，使"进有重赏，退有重刑，行之以信"，做到令行禁止，严不可犯；将领必须与士卒同甘苦，共安危，奖励有功者，勉励无功者，抚恤和慰问牺牲将士的家属，以恩结士心，使

◆ 吴起

◆ 吴起纪念堂

其"乐战""乐死";要"任贤使能",选拔文武兼备、刚柔并用、能"率下安众、怖敌决疑"的人为将。

它强调料敌用兵,因情击敌。针对齐、秦、楚、燕、韩、赵六国的政治、地理、民情、军队、阵势等不同特点,提出了不同的作战方针和战法。例如:对齐作战,"必三分之,猎其左右,胁而从之";对秦作战,先示之以利,待其士卒失去控制时,再"乘乖猎散,设伏投机";与楚作战,则"袭乱其屯,先夺其气,轻进速退,疲而劳之,勿与争战";同燕作战,则"触而迫之,陵而远之,驰而后之"和"谨我车骑必避之路";与韩、赵作战时,则"阻阵而压之,众来则拒之,去则追之,以倦其师"。

它还强调"审敌虚实而趋其危"。指出有八种情况,不需再卜问吉凶,即可向敌进击,在13种情况下要"急击勿疑",旨在乘隙蹈瑕,不失战机;并进一步指出"用兵之害,犹豫最大;三军之灾,生于狐疑"。它还注重"应变",提出击强、击众、谷战、水战、围城等具体战法。并最早对养马和骑战做了专门的论述。

延伸阅读

吴起

吴起(约前440—前381),卫国左人,曾经拜孔子的学生曾子为师。但因为他母亲去世没有回家奔丧,遭到重孝的儒家的唾弃,被曾子逐出师门。前412年,齐国进攻鲁国。鲁国国君听说吴起很有军事才能,想重用他。但吴起的妻子是齐国人,鲁国国君因此不太信任他。于是,吴起杀掉妻子,取信鲁国人,被鲁君任命为将军,大败齐军。但是鲁国人认为他"杀妻求将",是个残酷无情的人,结果吴起被罢免。

当时魏国正是魏文侯当政,吴起听说魏国国君求贤若渴,当即投奔魏国,受到雄才大略的魏文侯的重用。吴起为魏国训练了精锐的"魏武卒",先后夺得秦国多座城池,与诸侯大战76次,拓地千里。魏国设置西河郡,任命吴起为西河郡守,长期与秦国对敌。魏文侯去世后,魏武侯即位,吴起仍然受到重用,但却遭到丞相公叔的诋毁,无奈投奔楚国。后被楚国贵族所害。

《司马法》：备战慎战，以战止战

> 《司马法》是中国古代一部著名的兵书，到了战国时已几乎散失殆尽，目前仅残存五篇。这五篇中，记载着从殷周到春秋、战国时期的一些古代作战原则和方法，对研究那个时期的军事思想提供了重要的资料。

《司马法》又称《司马穰苴兵法》，据传是战国时期司马穰苴所著。宋代颁印为"武经七书"之一，《司马法》论述的范围极为广泛，基本涉及了军事的各个方面；保存了古代用兵与治兵的原则，包括夏商周三代的出师礼仪、兵器、徽章、赏罚、警戒等方面的重要史料。此外，还有很丰富的哲学思想，很重视战争中精神、物质力量之间的转化和轻重与辨证关系的统一。

《司马法》按战争的目的，把战争分为正义与非正义两大类。认为平天下之乱而除万民之害、诛暴扶弱的战争是正义的。所以，为安人而杀人，杀之可也；为爱其民而攻其国，攻之可也；为止战而战，虽战可也。为扩大疆土或夺取财货、恃国之大而凌辱小国之民的战争是非正义的。兴兵作战要"以仁为本"，若有失命乱常、背德逆天而危有功之君的无道行为，天子即可集结诸侯各国出兵征伐，并制定了在九种情况下征伐的禁令。强调发动战争应以保护人民的利益为前提条件，"战道，不违时，不历民病，所以爱吾民也；不加丧，不因凶，所以爱夫其民也；冬夏不兴师，所以兼爱民也。"在对敌政策问题上，提出"入罪人之地，无暴神祇，无行田猎，无毁土功，无燔墙屋，无伐林木，无取六畜、禾黍、器械。见其老幼，奉归勿伤，虽遇壮者，不校勿敌；敌若伤之，医药归之"。把战争"罪人"和一般兵士相区别，同时主张优待俘虏，对其伤者进行医护。不主张侵犯敌国民众的利益，要求

◆ 司马穰苴

◆ 《司马法》中所说的战车

军队在进入敌区后,严格遵守纪律,以求得到敌国民众的同情与支持。这是中国最早关于对敌政策和群众纪律的论述。

备战、慎战是《司马法》战争观的一个重要思想。它认为,"天下虽安,忘战必危。天下既平,天子大恺,春蒐秋狝。诸侯春振旅,秋治兵,所以不忘战也。"强调居安思危,常备不懈,每年借春秋两次大规模的围猎活动进行军事训练和检阅,以示全国上下不忘战并随时准备应战。在强调备战的同时,又强调"国虽大,好战必亡",要备战,但不可好战。

《司马法》认为,"治国尚礼,治军尚法",二者有着根本的区别,"国容不入军,军容不入国","军容入国则民德废,国容入军则民德弱"。治军尚法的首要问题是严明赏罚,书中列举夏商周三代赏罚制度的异同,并详细论述治军立法的各种要则,强调申军法、立约束、明赏罚是治理军队的关键所在。《司马法》中含有大量的军礼内容,大体可分为:出军制赋,军制(含车兵、步兵编制及兵器配备),出师(含时令、宜社、造庙、事由、目的、军中职事等),旌旗,鼓,徽章,誓师,校阅蒐狩,献捷,献俘,军中礼仪,禁令,军威,赏罚,止语,等等。这些军制、军法内容的规定,体现了以法治军思想。在将帅修养方面,提出"仁、义、智、勇、信"五条标准,强调德才兼备,智勇双全,以身作则,身先士卒,"敬则慊,率则服"。要谦让、严明、果敢、负责、不诿过、能为人表率,这样,才能使军队做到有礼有节,勇猛善战。

《司马法》一向受到统治者、兵家和学者们的重视。它所阐述的以法治军的思想和具体的军法内容,为其后各时期制定军队法令、条例提供了依据。历朝论证周代军制和注解古籍者对《司马法》多所称引。宋代以来,该书被列为武举应试的经典之一,传播更加广泛,在世界上也有一定的影响。

延伸阅读

司马穰苴

司马穰苴,又叫田穰苴,是中国古代自姜尚之后的一位承前启后的谋略大师,据传《司马法》就是他的作品。他曾率军击败晋、燕的入侵,司马迁记载说他:"士卒次舍,井灶饮食,问疾医药,(穰苴)身自拊循之。悉取将军之资粮享士卒,身与士卒平分粮食,最比其羸弱者。"可见其爱兵如子,善于抚兵,故而能使士兵人人用命。

《尉缭子》：见胜则兴，不见胜则止

> 《尉缭子》是中国古代颇有影响的一部著作。学界对该书的作者和成书年代，历来就有各种不同的说法。该书反对迷信鬼神，主张依靠人的智慧，具有朴素的唯物主义思想。它对中国古代政治、经济和军事关系的认识都非常深刻。

《尉缭子》将战争区分为"挟义而战"和"争私结怨"两大类，支持"诛暴乱，禁不义"的战争，反对"杀人之父兄,利人之货财,臣妾人之子女"的战争。强调战争的目的是为了实现封建统一，"并兼广大以一其制度"。认为"兵者,以武为植,以文为种,武为表，文为里"，认识到政治是根本，军事是枝干，是政治的发展和表现；认为经济是决定战争胜负的基础，因而注重耕战，把发展农业作为治国之本；商业对战争胜负有重大影响，"市者，所以给战守也"，"夫提天下之节制，而无百货之官，无谓其能战也"。同时，又认为军事上的胜利会促进国内政治和经济的发展，"战胜于外，福产于内。"

《尉缭子》主张慎战，反对轻率用兵，要"见胜则兴，不见胜则止"。

《尉缭子》高度重视军队的法制建设。认为军队必须首先建立严密的制度，"凡兵，制必先定"，"明制度于前，重威刑于后"；强调严明赏罚，"刑上究"，"赏下流"，并制定了诸如联保、军队营区划分、警戒、禁令、战场赏罚规定及将吏实施惩罚权限、战斗编组、信号指挥等各种条令。同时，强调法制必须与教化相结合，"先礼信而后爵禄，先廉耻而后刑罚，先亲爱而后律其身"，要求"审开塞，守一

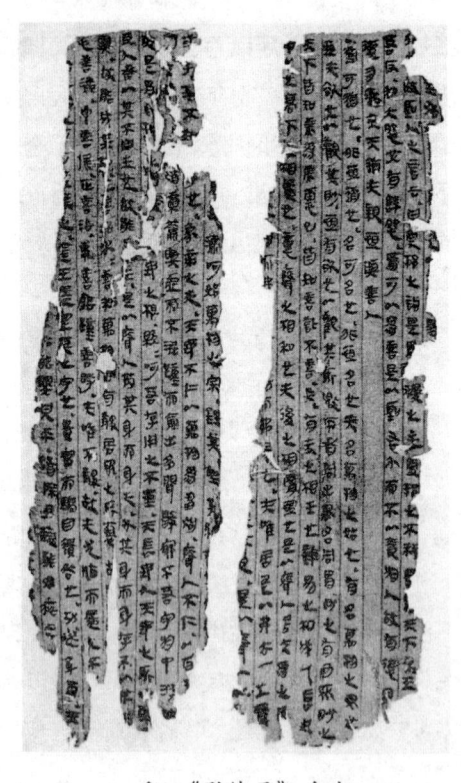

◆ 《尉缭子》帛书

道",思想整治("使民无私")与物质手段("因民之所生以制之")相结合,用以达到"治"的目的。重视将帅的选拔,严厉批评当时"世将"制度,主张"举贤用能""贵功养劳"。要求将帅必须为人表率,公正廉明,有牺牲精神,"为将忘家,逾垠忘亲,指敌忘身";与士卒关系要融洽,使其服从命令,"如四肢应心也"。为此,应废除繁文缛节,"乞人之死不索尊,竭人之力不责礼";把"心狂""耳聋""目盲"视为将帅修养的三大弊端。主张裁减军队,训练精兵;明确提出兵教的目的是"开封疆,守社稷,除患害,成武德";讲究训练方法,要求从伍抓起,自下而上地逐级合练,由各级之长负责,以赏罚为手段,从实战出发,因人施教,严格训练。

《尉缭子》认为战争有三种胜利:不战服人的"道胜",威慑屈人的"威胜",战场交锋的"力胜"。重视战争准备,要求在战略决策、选用将领、进攻理论等方面胜过敌人;兴师用兵,必须首先详审"内外之权",准确掌握敌我"兵有备阙,粮食有余不足""出入之路"等情况,计先定,虑早决。主张先机制敌,"权先加人者,敌不力交;武先加人者,敌无威接。故兵贵先"。认为"战在于治气,攻在于意表,守在于外饰"。强调高度灵活地利用客观规律,"战权在乎道之所极",运用"有无"策略、"奇正"手段制敌取胜;提出"正兵贵先,奇兵贵后,或先或后,制敌者也"。根据不同情况采取不同方略,如"地大而城小者,必先收其地;城大而地窄者,必先攻其城;

地广而人寡者,则绝其厄"等。

《尉缭子》强调发挥人的主观能动性。认为求神鬼不如重"人事",反对迷信做法;提出"往世不可及,来世不可待,求己者也"的观点。注重从事物的联系中研究战争;强调认识和运用战争运动的规律;对强弱、攻守、有无、专散、文武等诸矛盾的对立与转化有较深刻的认识,特别是在对军事与政治、经济等关系的认识上,表现出某些高于前人的朴素的唯物论和辩证法思想。

《尉缭子》杂取法、儒、墨、道诸家思想而论兵,在先秦兵书中独具一格,对后世有深远影响。后世兵家对其思想内容多有引述和阐发,日本研究《尉缭子》的著述约30余种,朝鲜也有刊本。它丰富而具体的军制、军令等内容,具有重要的史料价值。

延伸阅读

尉缭

尉缭,名缭,姓氏不详,魏国大梁(今河南开封)人,曾为魏惠王献计强国,但未获重用。秦王政十年(前237),他入秦游说,受到秦王嬴政的赏识,被任为国尉,因此后世称其"尉缭"。秦王政向他请教灭六国定天下的计策,他提出了分化瓦解,打破列国合纵的方略,并告诫秦王政不要吝啬金钱,大量贿赂各国重臣,使他们彼此陷入争斗,而无法合力对付秦国。

《六韬》：兵家权谋始祖

> 《六韬》是一部集先秦军事思想之大成的著作，对后代的军事思想有很大的影响，被誉为兵家权谋类的始祖。司马迁《史记·齐太公世家》称："后世之言兵及周之阴权，皆宗太公为本谋。"北宋神宗元丰年间，《六韬》被列为"武经七书"之一，为武学必读之书。

《六韬》又称《太公六韬》《太公兵法》，旧题周初太公望（即姜子牙）所著，普遍认为是后人伪托，作者已不可考。现在一般认为此书成于战国时代。全书以太公与文王、武王对话的方式编成。此书在《汉书·艺文志》诸子略兵家类中不见著录，《隋书·经籍志》明确记载："《太公六韬》五卷，周文王师姜望撰。"但从南宋开始，《六韬》一直被怀疑为伪书，特别是清代，更被确定为伪书。然而，1972年4月，在山东临沂银雀山西汉古墓中，发现了大批竹简，其中就有记录《六韬》的五十多枚，这就证明《六韬》至少在西汉时已广泛流传了，对它的怀疑也不攻自破了。

◆ 银雀山出土的汉简，记述了《六韬》的内容。

《六韬》一书，在军事方面，主张"伐乱禁暴""上战无与战"，强调"知彼知己""密察敌人之机""形人而我无形""先见弱于敌"。要求战争指导者"行无穷之变，图不测之利"机动灵活地运用各种战略战术。它认为作战中最重要的是奇正变化，"不能分移，不可语奇"。对于攻

◆ 《六韬》书影

城，它认为最好的办法是围城打援，迫敌投降。它重视地形、天候对战术的影响。总结了步、车、骑兵种各自的战法及诸兵种的协同战术。它重视部队的编制和装备，详细记述了古代指挥机关的人员组成和各自的职责，提出了因士兵之所长分别进行编队的原则。它认为"凡三军有大事，莫不习用器械"，详细记述了古代武器装备的形制和战斗性能。重视军中秘密通讯，记述了古代军中秘密通信的方式方法。它还重视将帅修养和选拔，认为"社稷安危，一在将军"，要求将帅不仅要谙熟战略战术、知进退攻守、出奇制胜的谋略，而且要懂得治乱兴衰之道，要能与士卒同甘苦，共安危，并提出了考察将帅的八条方法，即所谓"八徵"。

在军事哲理方面，《六韬》具有朴素的唯物主义思想。它一方面反对巫祝卜筮迷信活动，把它列为必须禁止的"七害"之一，另一方面又主张用天命鬼神去迷惑敌人。它具有朴素的辩证法思想，初步认识到了矛盾的对立和转化，提出了"板反其常"的重要辩证法思想，是对古代辩证法思想的重要贡献。它的许多军事思想都是建立在这一思想基础之上的，如"夫存者非存，在于虑亡；乐者非乐，在于虑殃"，"大智不智，大谋不谋，大勇不勇，大利不利"，"太强必折，太张必缺"，"无取于民者，取民者也"等。

《六韬》分别以文、武、龙、虎、豹、犬为标题，各为一卷，共六十一篇，近两万字。

延伸阅读

《六韬》的见机用兵之神

《六韬》强调了用兵要见机而作，以谋略取胜，而不以力战，"故善战者，不待张军。善除患者，理于未生。善胜敌者，胜于无形。上战与无战。故争胜于白刃之前者，非良将也。设备于已失之后者，非上圣也。智与众同，非国师也；技与众同，非国工也。"在《六韬》中，还论述到了步、车、骑三种兵种配合作战的战术问题。《均兵》指出了车、骑的地位及其不同作用："车者，军之羽翼也，所以陷坚陈（阵），要（邀击）强敌，遮走北（败军）也。骑者，军之伺侯也，所以踵败军。绝粮道，击便寇也。"如果步兵与车、骑作战，那么，"必依丘陵险阻，长兵强弩居前，短兵弱弩居后，更发更止。敌之车骑虽众而至，坚阵疾战，材士强弩，以备我后"（《战步》）。如果是平地作战，方法是："令我士卒为行马、木蒺藜，掘地匝后，广深五尺，名曰命笼。人操行马进步，阑车以为垒，推而前后，立而为屯；材士强弩，备我左右。然后令我三军，皆疾战而不解。"（《战骑》）对车、骑、步的协同作战及如何运用步兵对付敌人车、骑兵的办法做了详细的论述。

《孙膑兵法》：反对滥用战争

《孙膑兵法》古称《齐孙子》，是战国中期孙膑及其弟子所撰。《汉书·艺文志》载："《齐孙子》八十九篇，图四卷。"其后失传。《隋书·经籍志》已经不见著录。1972年4月，山东临沂银雀山汉墓出土了一批孙膑论兵的竹简，经过整理、注释，编纂为《孙膑兵法》。

《孙膑兵法》现存的30篇，该书继承和发展了孙武和吴起等著名兵家的兵法思想。在军队建设上，它认为首要的问题是"富国"，只有"富国"才是"强兵之急者也"。关于强兵，它重视训练、法制和将帅条件。提出"兵之胜在于篡（选）卒，其勇在于制"，即士兵要严格挑选，严格训练，有良好的组织编制，做到赏罚严明，"素听""素信"，令行禁止，才有战斗力。将帅不但要具备德、信、忠、敬等品质，还要善于掌握"破强敌，取猛将"的用兵之道——"阵"（布阵之法）、"势"（有利态势）、"变"（战法变化）、"权"（争取主动）。并重视人的作用，认为"间于天地之间，莫贵于人"。

在作战指导上，强调要"知道（取胜之道）"，认为"安万乘国，广万乘王，全万乘之民命者，唯知道"。又说"知其道者，兵有功，主有名"，所谓"知道"，就是"上知天之道，下知地之理，内得其民之心，外知敌之情，阵则知八阵之经"。强调创造有利的作战态势，即所谓"孙膑贵势"（《吕氏春秋·不二》）。诸如未战之前要"事备而后动"，准备好了再打。作战要灵活用兵：己强敌弱时要"赞师"——

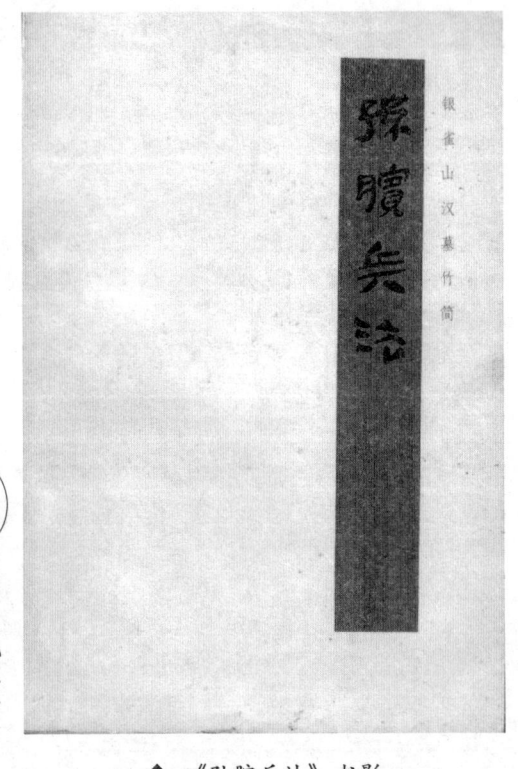

◆《孙膑兵法》书影

示弱以诱敌出战；敌强己弱时要"让威"——先退一步，后发制人；势均力敌时要调动、分散敌人，然后集中兵力，"并卒而击之"；击穷寇时要"待生计"——引而歼之，等等。它还要求善于"料敌计险"，利用地形，做到"居生击死"——自己居于有利的"生地"，逼敌处于不利的"死地"。并要求根据地形情况和车、骑、步特点，"易则多其车，险则多其骑，厄则多其弩"，因情用兵，掌握主动，强调实行"必攻不守"的进攻方略。认为"赏""罚""权""势""谋""诈"，是益胜的重要条件，而较之于以上六者更为紧要的是"必攻不守"。

从《孙膑兵法》中，可以看出孙膑的以下主要观点：

1.他既主张"战胜而立"，又指出"乐兵者亡"。他认为，只能通过战争才能实现统一，这在他那个时代无疑是正确的。但他反对滥用战争，更反对打无准备的仗，他强调"事备而后动"。

2.他认为决定战争胜负的不是双方的力量对比，而是战争的性质。他指出"战而无义，天下无能以固且强者"。

3.他认为军队强大、战无不胜的根本在于士兵和民心。他说，"兵之胜在选卒"，对士兵应"爱之若狡童，敬之若严师"。他多次提到民心问题，并明确指出，使百姓遭受痛苦的军队会遭受失败。

4.他认为强兵的关键是"富国"，而"富国"的途径又是爱惜民力和积聚民力，特别强调休养生息，积蓄民力。

◆ 孙膑

5.他的主导战略战术思想是"奇发而不报，则胜矣"，"有余奇者，过胜者也"。极力倡导因地制宜，因势利导，出奇制胜。

孙膑提出的"围魏救赵"，已成为军事史上一个著名战法，毛泽东在《抗日游击战争的战略问题》中给予了高度评价。

延伸阅读

《孙膑兵法》的竹简

1972年，临沂银雀山汉墓竹简出土，使这部古兵法始重见天日。但由于年代久远，竹简残缺不全，损坏严重。经竹简整理小组整理考证，文物出版社于1975年出版了简本《孙膑兵法》，共收竹简364枚，分上、下篇，各15篇。对于这批简文，学术界一般认为，上篇当属原著无疑，系在孙膑著述和言论的基础上经弟子辑录、整理而成；下篇内容虽与上篇内容相类，但也存在着编纂体例上的不同，是否为孙膑及其弟子所著尚无充分的证据。

《三略》：侧重战略的兵法

> 《三略》又称《黄石公三略》，原名《黄石公记》，旧题黄石公撰。学界一般认为此书是后人托名伪作，其真实作者已不可考，大约成书于西汉末年。

《黄石公三略》最初称《黄石公记》，后又简称为《三略》。它的思想具有兼采众长，广泛吸收道、儒、法、兵诸家思想的特点。它一方面有"柔能制刚，弱能制强"，"弱者人之所助，强者怨之所攻"，"莫不贪强，鲜能守微，若能守微，乃保其生。圣人存之，动应事机，舒之弥四海，卷之不盈怀，居之不以室宅，守之不以城郭，藏之胸臆，而敌国服"之类的道家思想，一方面又强调"夫为国之道，恃贤与民。信贤如腹心，使民如四肢，则策无遗"，"下下者，务耕桑不夺其时；薄赋敛，不匮其财；罕徭役，不使其劳"，"庶民者，国之本"的儒家思想。同时，它又表现出"霸者，制士以权，结士以信，使士以赏。信衰则士疏，赏亏则士不用命"，"一令逆则百令失，一恶施则百恶结。故善施于顺民，恶加于凶民，则令行而无怨"，"杀生在君，国乃可安。四民用虚，国乃无储。四民用足，国乃安乐"的法家思想。

《黄石公三略》分为上略、中略、下略，作为一部兵书，它的内容主要侧重于阐发战略。

《黄石公三略》的书名显示出它是一部专门论述韬略即战略的著作。从"上略"到"下略"都是从战略的高度论述问题，也都显示出它的战略高度。在西汉以前，像《黄石公三略》这样从书名到内容紧紧围绕战略问题展开论述的兵法著作非常稀少。如

◆ 《黄石公三略》（手抄本）

◆ 黄石公堪舆碑拓片

大名鼎鼎的《孙子兵法》就不是纯粹论述战略问题的专著。因此,可以认为《黄石公三略》是专论战略问题的开山之作。

在治军方面,《黄石公三略》主张崇礼重禄,礼贤下士,威恩并重,赏罚必信。强调将帅要施恩于士卒。同时,又要求严明法令,树立将帅威权。

《黄石公三略》认为,战争是凶器,又是客观存在的社会现象。同时,它又认为,战争有义战和不义战之分。它认为,圣明君主进行的战争是诛暴讨乱的战争,这种战争是正义的战争,是值得支持的,因为这是"以义诛不义"。实际上,它是在主张以战止战,以杀止杀。既然战争是避免不了的,那么,就不妨用战争来制止它。进行战争或不进行战争不是问题的关键,关键在于所从事的战争是否是正义的。那么,什么是义战呢?圣主明君所进行的诛暴讨乱的战争当然是义战。同时,《黄石公三略》还认为,那些在战争中尽量减少对人类的破坏,不诛杀敌国的人民和俘虏的战争也是义战。它认为,面对摇摇欲坠,不堪一击的敌军,圣王是不急于进兵的,也不愿过多地伤害人和物。这样做,是为了更有效地瓦解敌军,战胜敌人,不费征战之功而能打败敌人。这并不是同情、保护敌人。它认为,战争是"不得已而用之,是天道也……夫人之在道,若鱼之在水,得水而生,失水而死。"这里告诫人们要顺应天道,不要发动不义之战。

《三略》问世之后,受到了极高的重视,广为流传。

延伸阅读

黄石公

黄石公是秦汉时人,据说为汉初五大隐士之一,姓魏名辙,是秦朝重臣之后,因见秦王朝统治黑暗,故而隐而不仕。传说他得道成仙,被道教纳入《神仙谱》。司马迁《史记》记载他给张良传授了《太公兵法》。临别时对张良说:"13年后,在济北谷城山下,黄石公即我矣。"张良后来以黄石公所授兵书助汉高祖刘邦夺得天下,并于13年后,在济北谷城下找到了黄石,取而葆祠之。后世流传有《黄石公素书》和《黄石公三略》二书,均为后人托名伪作。

《诸葛亮兵法》：战略与政略相融

> 诸葛亮一生大致分为两个阶段：前27年，隐居隆中，但心怀天下大事，不出茅庐，已知三分天下；后27年，辅佐刘备、刘禅，建立和治理蜀国。其军事著作《兵法二十四篇》具有很高的军事价值，历来受到尊崇。

《诸葛亮兵法》又称《武侯兵法》或《孔明兵法》，该书的思想特点是：战略与政略相融会，政略系战略之基，战略为政略之辅。全书由《便宜十六策》《诸葛武侯文集》（诸葛亮关于治军、用后、阵法的言论）等内容构成，全书主要阐述诸葛亮关于兵权、逐恶、将才及出师方面的内容。

所谓兵权，就是将帅统率三军的权力，它是将帅建立自己的威信的关键。将帅掌握了兵权，就抓住了统领军队的要点，好像一只猛虎，插上了双翼一般，不仅有威势而且能翱翔四海，遇到任何情况都能灵活应变，占据主动。反之，将帅如果失去了这个权力，不能指挥军队，就好像鱼、龙离开了江湖，想要在海洋中遨游，在浪涛中奔驰嬉戏，也是不可能的。

不论是治军还是理国，有五种人需要对之注意，他们是国家、军队混乱的祸患。这五种人是：私结朋党，搞小团体，专爱讥毁、打击有才德的人；在衣服上奢侈、浪费、穿戴与众不同的帽子、服饰、虚荣心重、哗众取宠的人；不切实际地夸大蛊惑民众，制造谣言欺诈视听的人；专门搬弄是非，为了自己的私利而兴师动众的人；非常在意个人得失，暗中与敌人勾结在一起的人。这五种虚伪奸诈、德行败坏的小人，对他们只能远离而不可亲近。

诸葛亮重视将帅的才干，把将帅分为

◆ 诸葛亮著作《金函玉镜全图》

◆ 诸葛亮

九种类型：一是用自己的德行教育部下，用礼法规范部下的行动，对部下关怀备至，问寒问暖，与部下同甘共苦，这种将帅是仁将。二是做事不图眼前利益，还能长远打算，一丝不苟，不被利益所诱惑，宁愿为荣誉献身，也不屈辱求生，这样的将帅是义将。三是身居高位但不盛气凌人，功绩卓著又不骄傲自大，贤德而不清高，谦让比自己地位低的人，个性刚直又能包容他人，这样的将帅是礼将。四是运用战术高深莫测，足智多谋，身处逆境能转祸为福，面临危险又知逢凶化吉，这样的将帅是智将。五是忠诚信实，对有功之人以重赏，对有过之人以重罚，赏罚分明，奖赏时不拖延，惩罚时不管对方的地位高下，这样的将帅是信将。六是身手矫捷，冲锋陷阵时快如战马，气概豪壮，斗志昂扬能胜千夫，善于保卫国家，又擅长剑戟，这样的将帅是步将。七是能攀高山，走险地，驰马如风，身先士卒，锐不可挡，撤退时在队伍后面抵挡敌兵掩护他人，这样的将帅是骑将。八是气盖三军，所向无敌，对小的战役小心谨慎不马虎，面对强大的敌人则愈战愈勇，这样的将帅是猛将。九是遇见贤者虚心请教，对别人的意见从谏如流，能广开言路，待人宽厚又不失刚直，勇敢果断又富于计谋，这样的将帅是大将。

诸葛亮重视出师，认为出征前，国君要斋戒三日，进至太庙告祭列祖列宗，国君面南而站，将帅面北而立，然后由太师将象征权力的兵符和印绶交给将帅。国君把出征的军队送到北门，向将帅乘用的车马跪拜同时又说："将在外，不受君命。从今天起，军队中的一切行动都由您来决策。"这样，将帅就具有了绝对的权威，也可以使智谋之人为之献策，使勇猛之人为之效命沙场。

延伸阅读

诸葛亮《诫子书》

夫君子之行，静以修身，俭以养德。非淡泊无以明志，非宁静无以致远。夫学须静也，才须学也，非学无以广才，非志无以成学。淫慢则不能励精，险躁则不能治性。年与时驰，意与日去，遂成枯落，多不接世，悲守穷庐，将复何及！

《将苑》：论述将领的专著

《将苑》，原称为《新书》，明代李梦阳题作《心书》，清张澍改称《将苑》，是中国古代专门论将用兵的著作，全书50篇，约5000字。南宋《遂初堂书目》始有记载，明王士骐编《诸葛亮集》将其收入。现有明、清刊本。原著是否为诸葛亮所撰，尚有争议。

《将苑》是中国古代军事著作中专论为将之道的第一部书，全面地系统地阐述了将领所应该具有的品格、修养、能力和素质，以及应该防止的弊端和应该杜绝的恶习，堪称古代为将之道的集大成之作。

《将苑》围绕着为将之道这个主题，论述了以下50个问题：兵权、逐恶、知人性、将材、将器、将弊、将志、将善、将刚、将骄吝、将强、出师、择材、智用、不阵、将诫、戒备、习练、军蠹、腹心、谨候、机形、重刑、善将、审因、兵势、胜败、假权、哀死、三宾、后应、便利、应机、揣能、轻战、地势、情势、击势、整师、励士、自勉、战道、和人、察情、将情、威令、东夷、南蛮、西戎、北狄等，从不同角度对将帅提出德才要求。书中一事一议，言简意赅，颇能发人深省。

《兵权》篇提出兵权是"三军之司命，主将之威势"。就是说，将是掌握兵权，能够发号施令的唯一之人，所以，将有了"执兵之权，操兵之要势，以临群下，譬如猛虎，加之羽翼，而翱四海，随所遇而施之"。相反，"将失权，不操其势，亦如鱼龙脱于江湖，欲求游洋之势，奔涛戏浪，何可得也。"说明"将"和"兵权"是相随偕行的。"兵权"为"将"提供驰骋的条件，"将"使"兵权"发挥应用的效用。可以看出"将"的作用举足轻重。

《将材》篇列举了"将材有九"：

◆《将苑·智用》中的伏羲八卦

"道之以德，齐之以礼，而知其饥寒，察其劳苦，此之谓仁将。事无苟免，不为利挠，有死之荣，无生之辱，此之谓义将。贵而不骄，胜而不恃，贤而能下，刚而能忍，此之谓礼将。奇变莫测，动应多端，转祸为福，临危制胜，此之谓智将。进有厚赏，退有严刑，赏不逾时，刑不择贵，此之谓信将。足轻戎马，气盖千夫，善固疆场，长于剑戟，此之谓步将。登高履险，驰射如飞，进则先行，退则后殿，此之谓骑将。气凌三军，志轻强虏，怯于小战，勇于大敌，此之谓猛将。见贤若不及，从谏如顺流，宽而能刚，勇而多计，此之谓大将。"

《将志》篇提出为将要"不恃强，不怙势，宠之而不喜，辱之而不惧，见利不贪，见美不淫，以身殉国，一意而已"。《将善》篇则要求为将要做到"五善""四欲"。五善：即"善知敌之形势，善知进退之道，善知国之虚实，善知天时人事，善知山川险阻"；四欲：即"战欲奇，谋欲密，众欲静，心欲一"。

《将刚》篇提出"其刚不可折，其柔不可卷（倦）"，即刚柔相济，做到以弱制强，以柔制刚。单纯的纯柔或纯刚都是不行的，"纯柔纯弱，其势必削，纯刚纯强，其势必亡，不柔不刚，合道之常。"《将情》篇明确指出："为将之道，军井未汲，将不言渴；军食未熟，将不言饥；军火未然（燃），将不言寒；军幕未施，将不言困；夏不操扇，雨不张盖，与众同也。"这一思想是承袭了《三略·上路》"军井未达，将不言渴；军幕未办，将不言倦；军灶未饮，将不言饥；冬不服裘，夏不操扇，雨不张盖"的思想，说明将帅必须以自身为楷模取信于士卒，上下一心，才能取得战争的胜利。

《将弊》篇提出为将"八戒"："一曰贪而无厌，二曰妒贤嫉能，三曰信谗好佞，四曰料彼不自料，五曰犹豫不自决，六曰荒淫于酒色，七曰奸诈而自怯，八曰狡言而不以礼。"《将骄》篇中指出："骄则失礼，失礼则人离，人离则众叛。""赏不行则士不致命，士不致命则军无功，无功则国虚，国虚则寇实矣。"

《将苑》对为将之道有许多独到见解，是古代统帅治军经验的总结，历来受到军事家的重视推崇，于今也有重要的借鉴意义。

延伸阅读

《将苑》中所谈的"兵势"

《兵势》篇指出，兵势有三："一曰天、二曰地，三曰人。"所谓"天"，指的是"天势"。"天势者，日月清明，五星合度，彗孛不殃，风气调和。"所谓"地"，指的是"地势"，"地势者，城峻重崖，洪波千里，石门幽洞，羊肠典沃。"所谓"人"，指的是"人势"，"人势者，主圣将贤，三军由（有）礼，士卒用命，粮甲坚备。"所以该书说，"善将者，因天之时，就地之势，依人之利"，这是从宏观上把握用兵之道。

《李卫公问对》：正古人所重

> 《李卫公问对》又称《唐太宗李卫公问对》，简称《唐李问对》，是记录唐朝名将李靖军事思想的著作，系唐太宗李世民与卫国公李靖多次谈兵的言论辑录，涉及的内容较为广泛，包括军制、阵法、训练、边防诸问题，但主要讨论作战指挥。

《李卫公问对》辑录了唐太宗和开国功臣李靖关于军事兵法的问答，李靖有很多兵学著作，但到宋代已是"世无全书"了。《四库全书总目提要》的作者考辨，这部书是唐宋之际人所辑录，并非李靖所编。宋神宗元丰三年（1018）被北宋政府钦定收入"武经七书"。

全书分上、中、下三卷。上卷四十问，主要讨论兵法中奇正问题，李靖详细分析了奇正的辩证关系，"奇正相变，循环无穷"，归结到一点，"孙武所谓'形人而我无形'，此乃奇正之极致。"虽然用兵在于出其不意，但在预备阶段却应该"教正不教奇"。可见李靖对于兵法之变，谙熟于胸。

中卷三十三问，讨论了很多问题，有虚实、主客、阵法等。虚实、主客归根结底都是奇正问题，"千章万句，不出乎'致人而不致于人'而已。"在讨论阵法中，分析了军制，详解诸葛孔明"八阵法"，并解释了自己根据八阵法所创制的"六花阵"。阵法在于以正御奇，以有备应无备。在分析"五行"阵时，点明了阵法的本质，"兵，诡道也，故强名五行焉，文之以术数相生相克之义。其实兵形象水，因地制流，此其旨也。"名，仅仅是名而已，或者带有一些寓意，其实则不能拘执于名。

◆《李卫公问对》书影

讨了争取作战主动权的问题。并对阵法布列、古代军制、兵学源流等一系列问题也进行了探讨。

◆ 李靖

下卷二十五问,内容也比较庞杂,除了辨析兵法理论外,还有讨论人事问题的内容。既有讨论古人得失之事,也有评论今人高下之分,前者如论汉高祖善将将之说,李靖提出了自己的看法,他认为刘邦跟项羽一样都不善于将将,刘邦之所以能胜,在于"张良借箸之谋,萧何漕挽之功"。张良借箸之谋,是指张良劝刘邦不要立六国之后为诸侯,此举避免了手下人员四分五裂,各事其主的可能。萧何漕挽之功,是指萧何能够持续不断提供粮草援助之功,使刘邦屡次能够扭转局势。这都是战略上的胜利。在评论当今开国功臣李勣、李道宗、薛万彻、长孙无忌的得失,并建议唐太宗废免李勣,然后令太子再起用他,好让他对太子感恩图报。

该书继承并发展了春秋战国以来的军事思想,并提出了一些新的军事理论,备受历代重视。该书另一重要贡献在于:对《孙子兵法》战略战术思想的进一步发挥和阐述,例如奇正、攻守、虚实、主客,着重探

延伸阅读

《唐太宗李卫公问对》在军事思想发展史上的特点

1. 《问对》作者继承和发展了《左传》用战例来阐述和探讨战略战术原则的方法,把军事学术的研究方法,从哲学推理发展到理论与实际密切结合,在总结战争经验的基础上发展战略战术原则,使其科学化。这对于军事学术研究是一个重大的贡献。

2. 隋唐兵家多醉心于古代阵图的考究,捕风捉影,穿凿附会,一时成风。本书却坚持实事求是的态度,反对一切玄虚之词。其所提出方、圆、曲、直、锐五种阵名基本符合1972年银雀山出土的汉简《孙膑兵法·十阵》的提法,说明作者对古兵法有深刻的研究。

3. 自战国以来,阴阳五行之说,侵入了军事学术领域,这在《孙膑兵法》《六韬》等书中,均有所反映。自西汉董仲舒天人感应之说,到东汉谶纬之学的风行,军事学术中,听音望气、灾变吉凶等大量渗入,到唐代李荃《阴符经》《太白阴经》等书更是这样。而《问对》一书却一直坚持科学的态度,丝毫不涉及阴阳学说。这是难能可贵的。

《太白阴经》：综合性的兵书

《太白阴经》又称为《神机制敌太白阴经》，作者为唐人李筌。该书是唐代诸家兵书中仅存的一部完书，保存了许多唐代军事制度方面的资料。它对先唐诸兵家思想兼容并蓄，进一步阐发推演，颇多发明，内容涉及军事领域的各个方面，称得上是中国古代军事思想的集大成之作，是中国古代最早的军事百科全书。

《太白阴经》是一部综合性和实用性较强的兵学论著，明代天启年间的著名兵学家茅元仪曾经指出："先秦之言兵者六家，前孙子者，孙子不遗；后孙子者，不能遗孙子。"可以说，这大体上揭示了中国古代军事思想以《孙子兵法》为重心而承前启后、不断深化发展的基本脉络及其规律性。《太白阴经》也正是沿着这一规律性，在继承以《孙子兵法》为代表的唐代以前诸多兵家思想观点的基础上，总结了唐以前历代军事与战争实践经验教训形成的一部综合性兵学论著。

《太白阴经》共99篇，内有45篇直接引据《孙子兵法》《吴子》《司马法》《尉缭子》《六韬》《三略》《握奇经》等10余部唐以前兵书原文。这说明，该书是在继承前人论兵成果的基础上，进行综合、总结和阐发的一部兵书，具有鲜明的综合性和总结性特色。尤需指出的是，从《太白阴经》全书所论内容看，大到国家战略的制定、军事谋略的运筹、将帅人才的选任，小到基本队形的布列训练，兵器装备的配置使用、战马的喂养调教、人马的医药救护，乃至军情战报的书写格式等，都有具体而详备的阐述，其理论面向唐代军事与战争实践的需要，"具有很强的可操作性"。

◆ 《太白阴经》书法

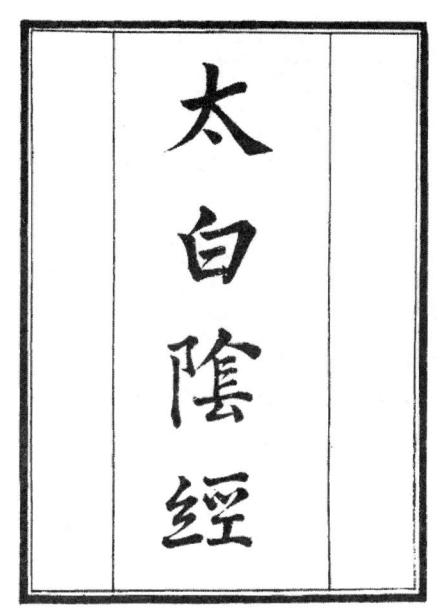

◆《太白阴经》书影

《太白阴经》博采众家之长，是融道、儒、兵家之说为一体的兵学论著。李筌把道家始祖老子的"以正治国，以奇用兵，以无事理天下"的思想作为封建国家最高统治者——人主行动的最高原则。认为，唯有"人主有道德"，才能成为天下无敌的"帝王之兵"。对此，李筌进一步解释说："正者，名法也；奇者，权术也。以名法理国，则万物不能乱；以权术用兵，则天下不能敌；以无事理天下，则万物不能挠。"但所不同的是，李筌并不像老子那样笼统地反对一切战争，而仅仅是反对"阴谋逆德"的不义战争，赞成和支持"征无义，伐无道"或曰"诛暴救弱，以义征不义，以有道伐无道，以直取曲"的正义战争。这正是他比老子更为可贵之处。然而，李筌虽奉道家思想而极力倡导"主有道德"说，但他并不排斥儒家的"仁义"论和兵家的"诡谲"论，而是主张把三者统一起来。所以，他说："善用兵者，非信义不立，非阴阳不胜，非奇正不列，然后命上将，练军马，锐甲兵，攻其无备，出其不意。所谓叛而必讨，服而必柔，既怀既柔，可以示德。"他认为，只要能够做到这样，"则四夷不足吞，八戎不足庭"，必将无敌于天下。从上面所引李筌的"非信义不立"等"四不"之论，和先以"文德怀服"、后以"兵战攻讨"的实践操作程序，不难看出他极力主张把道家的"道德"、儒家的"仁义"与兵家的"诡谲"三说有机地统一起来的可贵思想，充分体现了《太白阴经》一书博取众长而融道、儒、兵家之说为一体的鲜明特色。

延伸阅读

《太白阴经》的局限性

由于时代和阶级的局限，《太白阴经》同其他许多古代兵学著作一样，也宣扬"智者之使愚也，聋其耳，瞽其目，迷其心，任其力，然后用其命如驱群羊"的愚兵政策（此愚兵政策实际出于《孙子兵法·九地篇》），以及主张"凡人，观其外……以别其贵贱贫富"的相面术（此相面术实源于东汉王充的《论衡·骨相篇》）等唯心主义糟粕。然而，微瑕不足以掩瑜，从总体上说，《太白阴经》一书以其丰富而颇具创新的军事思想和军事辩证法，使其不仅成为中国古代兵学发展史上的一部重要兵书，而且也是中国古代哲学发展史上一部值得肯定的著作。

《武经总要》：中国第一部官修兵书

> 《武经总要》是北宋时期官修的一部军事著作。该书是中国第一部规模宏大的官修综合性军事著作，对于研究宋朝以前的军事思想非常重要。其中大篇幅介绍了武器的制造，对科技史的研究也有重要价值。

《武经总要》是宋仁宗赵祯时期编纂的综合性军事著作，也是中国第一部由官方主持编修的兵书。当时距宋朝立国已有60多年，宋仁宗为防止武备松懈，将帅"鲜古今之学"，不知古今战史及兵法，所以下令天章阁待制曾公亮、工部侍郎参知政事丁度等，编纂一部内容广泛的军事教科书。曾公亮等以5年的时间编成《武经总要》，仁宗皇帝亲自核定后，又为此书写了序言。《武经总要》分前、后两集，每集20卷。

前集的20卷详细反映了宋代军事制度，包括选将用兵、教育训练、部队编成、行军宿营、古今阵法、通信侦察、城池攻防、火攻水战、武器装备等，特别是在营阵、兵器、器械部分，每件都配有详细的插图，这些精致的图像使得当时各种兵器装备具体形象地呈现在我们面前，是研究中国古代兵器史的宝贵资料。

后集20卷辑录有历代用兵故事，保存了不少古代战例资料，分析品评了历代战役战例和用兵得失。

《武经总要》反映了宋仁宗时期宋王朝军事思想上的某些积极变化。本来，北宋初为防止地方割据，将帅专权，把将帅的统兵权和作战计划的制定权都收归皇帝直接制辖，但矫枉过正，弄得将不知兵，兵不识将，导致仗仗失利，节节败退。而《武经总

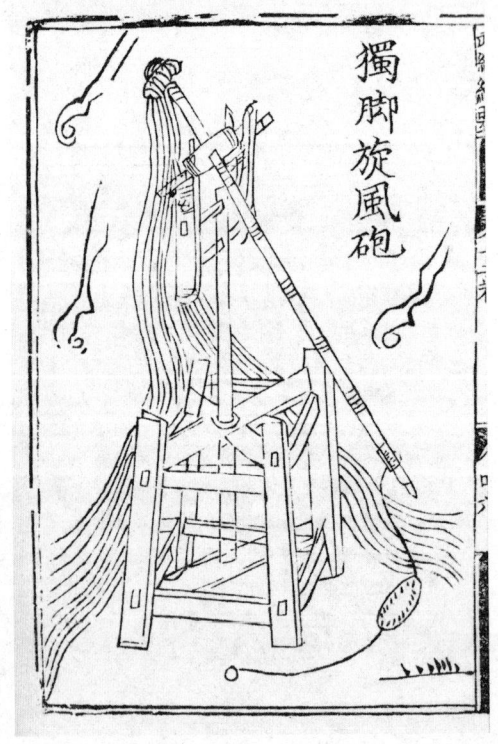

◆ 《武经总要》中记载的攻城器械

要》中则重新重视和强调古代《孙子》等兵书中用兵"贵知变""不以冥冥决事"的思想,这在宋代军事史上是难能可贵的,只是北宋后来的统治者并没有遵循和实践这种用兵思想。书中还十分注重人在战争中的作用,主张"兵家用人,贵随其长短用之",注重军队的训练,认为并没有胆怯的士兵和疲惰的战马,只因训练不严而使然。

《武经总要》详尽记述和介绍了北宋时期军队使用的各种冷兵器、火器、战船等器械,并附有兵器和营阵方面的大量图像。特别是第10至第13卷,如《攻城法》《水攻》《水战》《守城》等攻战篇,不但记录与这各种战法有关的兵器装备,还有防御工事和战舰的情况。第10卷《器图》,集中了当时军队的各种武器装备,每一件都有清晰的插图,仅第10至第13卷的4卷中,就附有各式插图250幅以上,图上还以楷书注有详尽的器物名称、使用方法等文字说明,是研究中国古代兵器史的极为重要的资料。

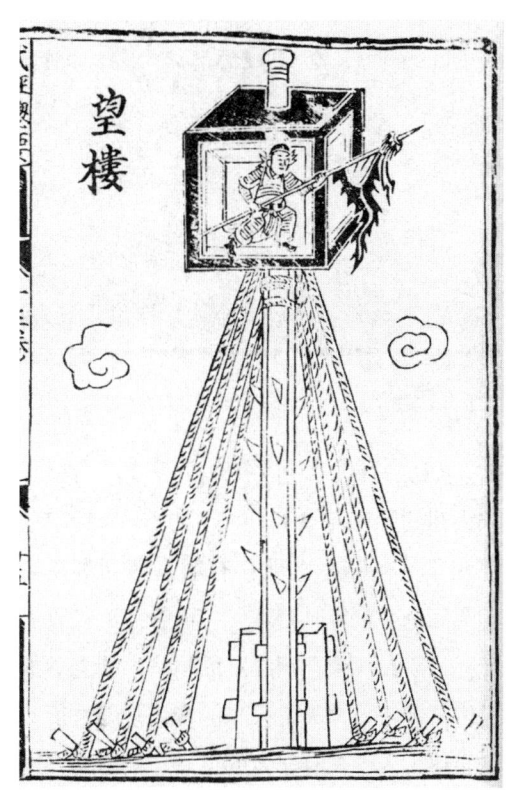

◆ 《武经总要》中记录的观望楼

延伸阅读

登高观察敌情的巢车

巢车,这是一种登高观察敌情的车辆。车上高悬可坐人的"望楼",因望楼形似鸟巢,故名巢车。最早使用巢车的记载见于《左传》,前575年鄢陵之战中,楚共王曾登上巢车观察晋军动向,当时还有大宰伯州黎随侍,可知此巢车的体积不小。巢车又名楼车,《武经总要·攻城法》中配附楼车图。从图形看,其车体为木质,底部有四轮,车上树望竿,竿上设置望楼,竿下装有转轴,并以六条绳索,分三层,从六面将竿固定,绳索底部则以带环铁镢楔入地下。这种车在攻城作战中可以随时登高观察城中敌情,寻找发现守城敌人的薄弱之处,有针对性地发起进攻。

◆ 《武经总要》中记录的云梯

《虎钤经》：兵学大全，独有见解

《虎钤经》是中国宋代著名兵书。"虎"为"虎符"，即"兵符"，"钤"即"锁钥"，《虎钤经》即为开启兵符锁钥之书，掌兵权者应备之经。

《虎钤经》为北宋许洞所著，始撰于宋太祖建隆二年（961），完成于宋真宗景德元年（1004）。现存有明嘉靖刊本及清《四库全书》等刊刻本。《虎钤经》吸收了《孙子》和《太白阴经》的精华，使之更加通俗易懂；根据天时人事的变化加以推衍，既祖述古人，又有作者的见解。其中奇谋诡道，凡适于兵家需要，就广为搜罗，不受"六经"的束缚。

《虎钤经》认为谋略的运用必须在一定物质基础之上，而谋略的运用本身就包括对军用的谋划等广泛的内容：欲谋用兵，先谋安民；欲谋攻敌，先谋通粮；欲谋疏阵，先谋地利；欲谋胜敌，先谋人和；欲谋守据，先谋储蓄；欲谋强兵，先谋赏罚等。在作战的实施过程中，要注意善于"夺恃"，包括夺气、夺隘、夺勇等，即创造压倒敌人的有利条件；要善于"袭虚"，即以佯动等手段，造成敌人的错觉，使敌人失去主动，从而保证自己能主动采取行动。要善于"任势"，乘敌懈怠攻击；乘敌不意攻击；乘势扩大战果等。许洞还主张要善于逆用战法，不要把兵法原则看成僵死的教条，这样才能收到出其不意之效。该书前五卷理论性较强，以后各卷均为具体战法和古代行军作战的事宜，还包括天文、历法、记时及方位识别等知识，都是其他兵书所罕见的。书中还记载了"六壬遁甲""风云气候""星辰日月"等玄奇的东西，作者虽然也认为这些"远于人事"，但世有流传，也"不敢遗漏"。

《虎钤经》以"上言人谋，中言地利，下言天时"为主旨，兼及风角占候、人马医护等内容。它认为，用兵离不开天、地、人，而要发挥其在战争中的作用，就要加以"随用"。然而，三者的关系不是平列

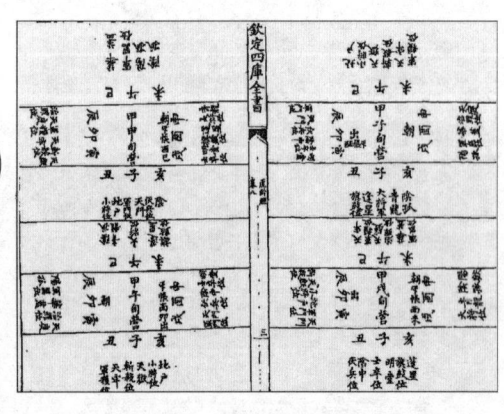

◆ 《四库全书》收录的《虎钤经》

◆ 许洞

的,"先以人,次以地,次以天",特别是人(主要是将帅)在战争中的作用尤为重要。因此,要求将帅除了具有能谋善断、严于执法的指挥才能之外,还要具备"去私徇公"和"持身以礼、奉上以忠、忧乐与士卒同"的品格,以及"纳谋而能容"的修养和"明今鉴古"的洞察力。

该书主张,谋划战争要作周密和全过程的考虑。未战之前要"先谋",还要"先定必胜之术",做到"三和"(和于国、和于军、和于阵)、"三有余"(力有余、食有余、义有余)、"三必行"(必行其谋、必行其赏、必行其罚);既战之后,要善于夺敌之所恃:夺气(伺敌力衰而乘之)、夺隘(待敌动时而攻之)、夺勇(据隘设伏示弱以诱之);对作战过程中的胜败,要"战胜不可专","战败不可不专"。即胜利时不要一味想到胜利,还要想到可能出现的失败;失败时则要专心思考失败的原因,以便找出反败为胜的办法。

《虎钤经》内容丰富,比较完备地记载了攻守城战法、器具以及水战、火攻等特种条件下的作战方法,汇集了不少阵法并创造了诸如飞鹗、长虹等阵法,许多为其他兵书所未载。

延伸阅读

许洞

许洞,字洞天,苏州吴县人,生于开宝九年(976)前后,卒于大中祥符八年(1015)前后,是北宋早年的一位战略学家,擅长武术,精通军事理论。他自幼喜欢弓矢击刺等武艺,刻苦读书,尤精《左传》。咸平三年(1000)中进士,任雄武军(今甘肃天水县)推官。不久,因得罪上司,又加上自己在经济上有失检点,被罢归乡里,开始潜心研究军事理论,于咸平四年(1001)编写《虎钤经》,至景德元年甲辰(1004)历4年而成书。第二年上书献《虎钤经》,应洞识韬略运筹决胜科。由于朝廷内部斗争的牵连,未被重用,只当了个均州(今湖北均县)参军。大中祥符四年(1011)献《三盛礼赋》,召试中书,改乌江县(今安徽和县)主簿。

《何博士备论》：第一部军事人物评论集

《何博士备论》是中国古代第一部军事人物评论集，为北宋武学博士何去非所撰。该书对战国至五代的兴废成败和22个军事人物的用兵得失进行了评述，旨在寻求历史借鉴。

《何博士备论》简称《备论》，成书于北宋元祐年间，据说原本为28篇，现存26篇。内容分别是：六国、秦、楚汉、晁错、汉武帝、李广、李陵、霍去病、刘伯升、汉光武、魏上、魏下、司马仲达、邓艾、吴、蜀、陆机、晋上、晋下、苻坚上、苻坚下、宋武帝、杨素、唐、郭崇韬、五代等。

《何博士备论》对战国至五代各王朝的兴亡成败和重要军事人物的用兵得失进行了评述，以古喻今，从中寻求历史借鉴。每篇以引一朝或一人事迹为主，紧紧围绕一个中心展开评论，然后历数古代正反事例，来论证作者的观点。

该书认为战争是客观存在的，"兵有所必用""有所不必用"，当战则战，当止则止，关键要根据"顺逆之情"，"利害之势"来决定。在《汉武帝》篇中说"忘战""恶兵"会丧权辱国，"乐战""穷兵"也会有败亡之祸，"有以用而危，亦有不用而殆"。主张"兵以义举而以智克；以顺合而以奇胜"。在《苻坚》篇中提出战争要考虑根本"利害"，全面分析天下形势和民心的向背。他以六国为例，阐述了不要"战所可亲，忘所可仇"，要联合与国，共同抗敌的道理。以楚汉为例，说明"形势"和"民心"的重要，指出刘濞失败的原因是，政治上没有得到"亡汉"的民心，军事上没有采纳"取梁""据洛"的方略。在作战指导方面，反对侥幸取胜，主张要先计而

◆ 《何博士备论》书影

后战,"度有功而后动";作战要"因事设奇,用而不穷";要善于捕捉战机,机未至不可动,机已至不可失,认为用兵最忌没有奇变;主张集中兵力,反对把用兵看得很容易,麻痹轻敌,指出:"众而恶分与寡同;强而易敌则与弱同。出于众强之名而居寡弱之实者,其将皆可覆而取也。"

在《霍去病》篇中详细论述了学法不泥法、缘法而生法、离法而会法的道理,指出:"盖兵未尝不出于法,而法未尝能尽于兵","法有定论,而兵无常形,一日之内,一阵之间,离合取舍,其变无穷,一移踌瞬目,而兵形易矣。守一定之书而应无穷之敌,则胜负之数戾矣。是以古之善为兵者,不以法为守而以法为用,常能缘法而生法,与夫离法而会法,顺求之于古而逆施之于今,仰取之于人而俯变之于己,人以之死而我以之生,人以之败而我以之胜,视之若拙而卒为工,察之若愚而适为智,运奇合变,既胜而不语人,则人亦莫知其所以然。"

在《李广》篇中他针对军队建设提出军队纪律的重要性,反对徇私情。他认为李广是难得的将才,士卒也都拥戴他,但最后败在纪律松弛上。指出:"先王之政不求徇人之私情,而求当天下之正义。正义之立在国为法制,在军为纪律。治国而缓法制者亡,理军而废纪律者败。"军队纪律"号百夫之率,不可一日辄废","厚而不能令,譬如骄子不可用也"。

《何博士备论》从军事的角度、战略的高度评论历史人物,史论结合,论点鲜明,

◆《何博士备论》书影(白话版)

论据充分,敢于否定旧说,提出自己的见解,是一部很有特色的兵书。苏轼称赞"其论历代所以废兴成败,皆出人意表,有补于世"。当然,用现在的观点看,其中对某些人物的评论也有偏颇之处;某些观点也是错误的,如主张愚士卒之耳目等。

延伸阅读

何去非

何去非,字正通,北宋浦城(今福建浦城)人,生活于宋神宗、徽宗年间。他好学古兵法,元丰五年(1082),以"对策"长于论兵得官,授右班殿直、武学教授,历任武学博士、徐州教授、富阳(今浙江富阳)县令、沧州(今河北沧州市东南)通判、庐州(今安徽合肥市)通判等职,卒年73岁。其文雄快踔厉,风发泉涌,深得当时大诗人翰林学士苏轼的赏识,于元祐四年(1089)向朝廷奏荐,加授"承奉郎";五年(1090)又以去非所撰《备论》奏进,荐为馆职,未获准。

《百战奇略》：用兵之道，以计为首

《百战奇略》原名《百战奇法》，是一部以论述作战原则和作战方法为主的古代军事理论著作，约在北宋时期出现，编者不详。该书从诞生之初，就为兵家所推崇，历代多次刊行，广为流传。

《百战奇略》是在北宋神宗朝颁定《武经七书》为武学必读本之后，产生的一部全面系统地论述古代作战原则和作战方法的兵学专著；它不仅继承了中国古代军事思想的精华，而且对一些具体问题有发展。明人李赞在《武经总要·百战奇法序》中指出：《百战奇略》一书，"其命名立法，多出孙武子、《武经七书》，盖以《孙子》为经"；邹复在《百战胜法小引》中指出：《百战奇略》一书"自《计战》以至《忘战》，凡有百篇，俱自《武经七书》中流出"。从以上所引兵家的评语中，我们可以十分清楚地看出《百战奇略》与《武经七书》，特别是与《孙子兵法》的渊源关系。据统计该书引自《武经七书》的87条，引自《孙子兵法》的60条，由此可见，说该书以《孙子》为经"是符合实际情况的。

《百战奇略》继承了孙子思想，并对孙子思想有进一步的发展。例如，关于速战速决和持久防御的作战原则问题。《百战奇略》认为，在我强敌弱、我众敌寡，胜利确有把握的情况下，对来犯之敌，要采取速战速决的进攻战；但在敌强我弱、敌众我寡，胜利无把握的情况下，则应采取持久疲敌的防御战。这种能够根据敌我力量对比的实际，不同情况采取不同作战原则的指导思想，比孙子单纯强调的"兵闻拙速，未睹巧之久"（《孙子兵法·作战篇》）的速胜论

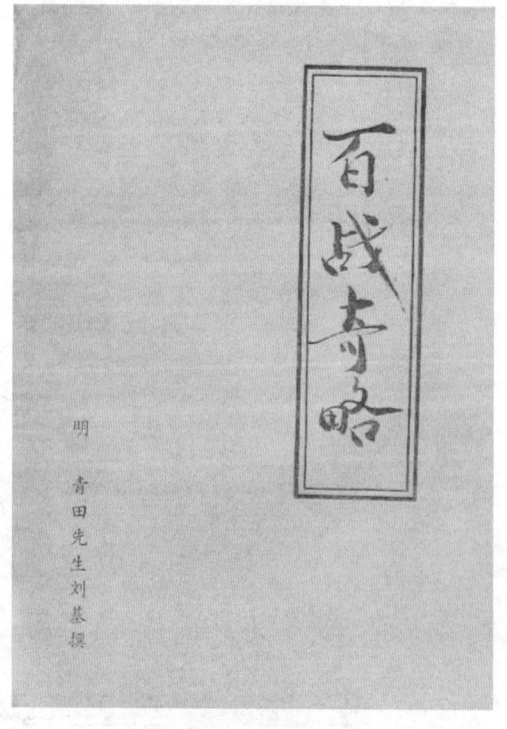

◆《百战奇略》封面

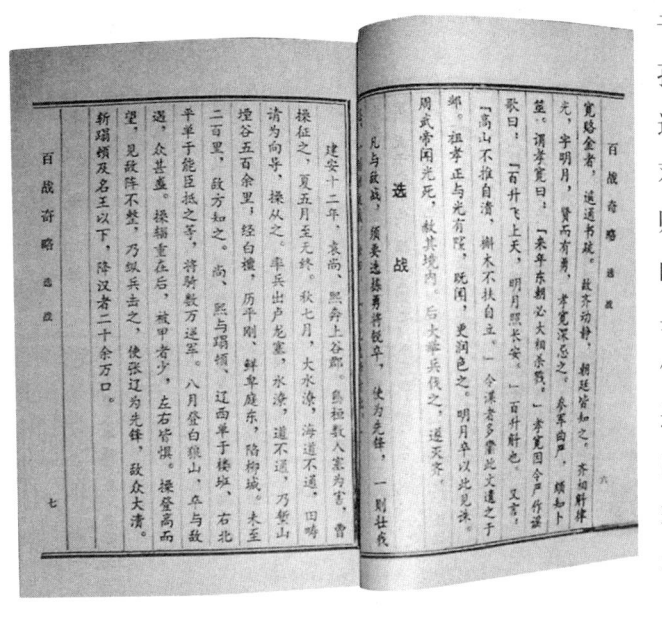

◆《百战奇略》影印版

于进攻作战中追击败敌问题。孙子主张"归师勿遏""穷寇勿迫";而《百战奇略》则主张,对于企图保存实力,"虽退走非败也,必有奇也"(《逐战》)的敌人,不要匆忙追击,"宜整兵缓追",以防中"奇"上当。但对确属溃败之敌,则应"纵兵追击",务求歼灭。这种区别不同情况,采取不同作战指导的思想,比孙子的主张,是更加符合客观实际和战争实践的需要的。

主张,无论在认识上,还是在实践上,都是一个发展。又如,在对待围困敌人的问题上,孙子主张"围师必阙"(《孙子兵法·军争篇》)。但在什么情况下,包围敌人要留有缺口,孙子并没有作具体阐述。因此,既然强调"必阙",就意味着不论在何种情况下,包围敌人都必须留有缺口。这种绝对化的主张,容易导致战争指导上的形而上学,因而实践上极易贻误战机以至遭受挫败。但《百战奇略》所主张的"围其四面,须开一角"(《围战》),是指在攻城作战条件下所应采取的指导原则。这与孙子"围师必阙"的涵义是不完全相同的。

在古代攻城技术装备落后,强行攻城往往伤亡大而奏效小。如果采取虚留缺口"以示生路",就能诱使敌人脱离坚城固垒,从而造成在运动中歼敌的机会。这样,既可破敌之军,又能拔敌之城。再如,关

延伸阅读

《百战奇略》的学术价值

《百战奇略》在继承以《孙子兵法》为代表的古典兵学思想的基础上,结合历代战争实践经验所综述和总结的内容丰富的军事原则,从客观实际出发,辩证地分析研究战争的思想方法,不仅对宋以后军事思想的应用与发展产生过重要影响,而且对我们今天分析和研究现代战争规律及其指导原则,仍有重要参考价值。

《百战奇略》一书所采用的以单音词设条立目的编纂体例,以古代兵法为立论依据、以古代战例为论证事例的论史结合、正反对比的著述方式,从现存古代兵书情况看是最早的,因而,它在中国军事学术发展史上起着发凡启例的重要作用。

《守城录》：城邑防御的专著

《守城录》全书由陈规的《靖康朝野佥言后序》、《守城机要》和《建炎德安守御录》三部分组成，原各自成帙，宋宁宗以后合为一书，刊行于世。该书根据攻城武器的发展和实战经验，着重阐述了守城战法的改革。它提出"善守城者"不能只守无攻，而要"守中有攻"，要注意沟通城内外道路，以便随时乘隙出击。

《守城录》主张改革城门、城墙、城廓旧制，如收缩易受炮击的四方城角，拆除马面墙（城门两侧城墙上的突出部分）上的附楼，另"筑高厚墙"等。由原来的一城一壕代之以"重城重壕"的新城防体系，以增强城邑防御能力。此书还记载了陈规于绍兴二年(1132)研制成长竹竿火枪20余支及其在守城战中发挥的作用。这种火枪是最早的管形火器，在科技史上具有重要意义。宋孝宗乾道八年（1172）曾诏刻《守城机要》为《德安守城录》，颁行天下，令各地守城将领效法，在当时产生很大影响。

《守城录》是宋代城邑防御的重要兵书。陈规能在动荡不断、烽火不息、重文轻武、思想禁锢又积弱不振的宋朝发明出如此积极的守城之道，则又更加令人敬佩。他具体提出拆除城门外的瓮城，改筑一道横墙；收缩易攻不易守的四个城角，增强防御能力；改一城一壕为三城两壕，即在外壕里侧修一道高厚的城墙，并在大城里侧再挖一壕，壕里侧再筑一城，形成多层防御体系。

在战略战术方面，提出"守中有攻"的思想。他反对闭门死守的战法，主张多开城门，扫平城外障碍，以便于随时出城奇袭敌军。他与刘锜守顺昌时就曾运用的这一战法，通过夜袭敌营，诱敌入城半路邀击，昼夜疲敌，刘锜不满两万人，出战仅五千人，而数十万金兵则十损七八，败退而去。他还提出要根据敌人的攻城特点，制定守御之策，强调"唯在乎守城之人于敌未至之前，精加思索应变之术，预为之备耳"。在人与

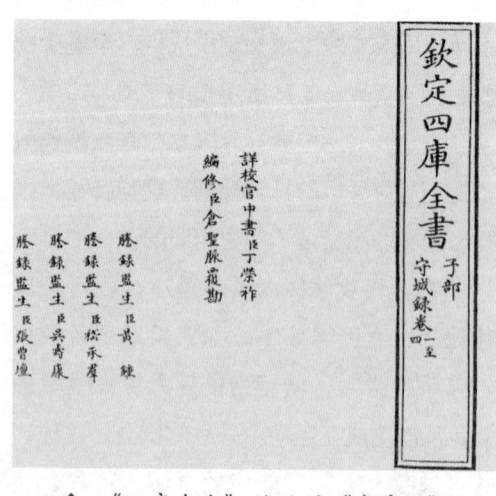

◆ 《四库全书》收录的《守城录》

◆ 陈规

武器的关系方面,既重视发挥人的主观能动性,又重视新兵器的利用。他强调,强弱不是固定不变的,人能够改变它;武器是靠人掌握的,大炮是攻城利器,也是守城利器,关键是人能不能巧妙运用它。指出:"强者复弱,弱者复强,强弱之势,自古无定,唯在用兵之人何如耳。"为了充分发挥大炮在守城中的作用,以炮制炮,提出了用炮新法,即改明置炮于城头为暗设于城脚,隐蔽炮击,并在城头增设炮兵观察哨,指挥炮击敌人。

除了"备战兵"这一令人眼亮的陈述之外(陈规既云"殊不知",故可知此法由来已久),更令人惊异的是其对"守中带攻,以攻为守"一法的极致发挥,《守城机要》:"城门贵多不贵少,贵开不贵闭。城门既多且开,稍得便利去处,即出兵击之。夜则斫其营寨,使之昼夜不得安息,自然不敢近城立寨。又须为牵制之计,常使彼劳我逸。又于大城多设暗门,羊马城多开门窦,填壕作路,以为突门。大抵守城常为战备,有便利则急击之。"又云:"城门外壕上,旧制多设钓桥,本以防备奔冲,遇有寇至,拽起钓桥,攻者不可越壕而来。殊不知正碍城内出兵。若放下钓桥,然后出兵,则城外必须先见,得以为备;若兵已出复拽起桥板,则缓急难于退却,苟为敌所逼逐,往往溺于壕中。此钓桥有害无益明矣。止可先于门前施机械,使敌必不能入。拆去钓桥,只用实桥,城内军马进退皆便;外人皆惧城内出兵,昼夜不敢自安。"这显然与孙子的"善守者"之描述完成吻合。

延伸阅读

陈规

陈规,字元则,北宋密州安丘人,明法科进士出身,靖康二年(1127)担任安陆县令。当时金兵入侵,进犯随州、郢州、复州等地。陈规率领兵丁去汴州勤王,到德安府的时候,太守已经弃城逃跑,一些将领沦为盗寇,到处劫掠,当地老百姓一致拥戴陈规执掌政事。陈规领太守之职后多次打退盗寇。

建炎元年(1127),陈规被任命为龙图阁直事,德安府知府。李孝义、张世等叛军带领步骑兵数万人逼近城下,宣称接受招安。陈规发现其中有诈,将这股叛军打得大败。此后他屡次受命和叛军、入侵的金军作战,都能获胜。

陈规性格端重、坚毅,很少言笑,对待部下很随和,因此属下将士多能争相为其效命。去世后,宋朝廷追封其为"忠利侯",并为其建庙祭祀。

《武备志》：中国古代兵家百科全书

> 《武备志》是中国明代大型军事类书，是中国古代规模最大的一部综合性兵书。该书体系庞大，多达240卷，总共200余万字，图738幅。由于该书中有不少对清朝不敬的文字，因此乾隆时期遭到禁毁。

《武备志》为明代军事理论家茅元仪所著，是中国古代的一部军事类百科全书，该书体系宏大，条理清晰，体例统一。它将2000余种各朝的军事著作分门别类，每类之前有序言，考镜源流，概括内容，说明编纂的指导思想和资料依据。每一大类之下又分为若干小类，小类之下根据需要设置细目，如《军资乘》下又分为8类64个细目。文中有夹注，解释难懂的典故，并且用各种不同的符号文字眉批表现作者对各个问题的看法。《武备志》由兵诀评、战略考、阵练制、军资乘、占度载五大部分组成。《兵诀评》18卷，选录《孙子》《吴子》《司马法》《三略》《六韬》《尉缭子》《李卫公问对》全文，以及《太白阴经》《虎钤经》的部分内容进行评点。作者对《孙子》最为推重，认为"自古谈兵者必首推孙武子"。

在编纂和内容上，《武备志》具有以下特点：一是材料丰富而又取舍精当。茅元仪的父亲茅坤是明代著名文学家和藏书家，家中藏书本来就很丰富，再加上他四方搜寻，到处传借，因此，《武备志》采录的图书达2000余种，对他之前的主要兵书可以说是差不多全部网罗了。对于这些兵书，茅元仪并不是有闻必录，有见必采，而是下了取舍的功夫。他选录的大都是可靠的资料，对道听途说的稗官野史宁可弃而不用。不仅如此，茅元仪在选取材料时，紧紧围绕武备问题，"于武备稍远者，听之舆图方史可

◆ 《武备志》中记录的刀

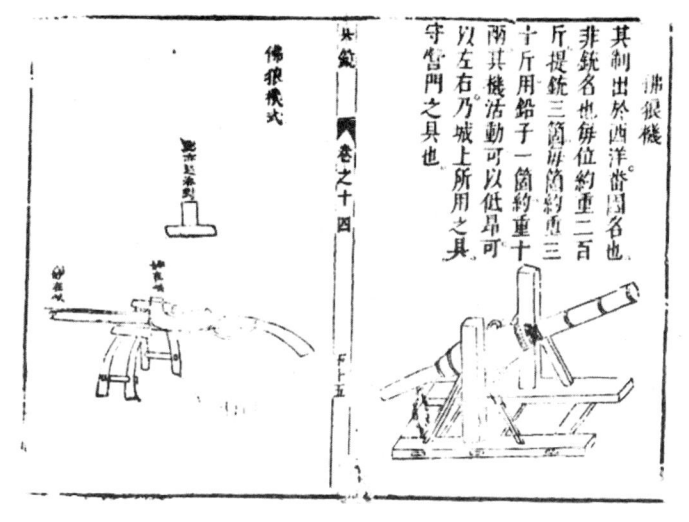

◆ 《武备志》中记录的火器

矣。"名胜古迹主要供游览、吊古之用，与行军作战没有太大关系，就弃而不录。同时，茅元仪还注意选录最新的资料。

全书对明代军事记载最详，不仅选录了戚继光、俞大猷等人的治军、练兵、作战等方面的言行，也选录了与他同时代人的军事资料，如王鸣鹤的"号令说"等。二是编排合理，有较强的逻辑顺序，全书五大部分，从理论到实践，井然有序，不可分割。

茅元仪在《武备志》中表现了加强武备、富国强兵的思想。他痛斥当时的士大夫不习兵事，遇有战事就惊慌失措，束手无策。他提出："惟富国者能强兵"。他还主张开矿、屯田，发展经济，军队必经常训练，认为："兵之有练，圣人之六艺也。阵而不练，则土偶之须眉耳。"在国家防御上，他主张边、海、江防要并重，不能有所偏颇，使敌人有机可乘。他还认识到物极必反的道理，他用这一道理论证盛世潜伏危机

的道理，劝说朝廷振兴武备，提高警惕。他对历代的兵制、兵器都有自己精辟的见解。

总而言之，《武备志》是一部以资料价值为主，理论价值为辅的大型资料性著作，它既保存了大量古代的军事资料，为我们提供了难得的材料，同时又为我们提供了无数的线索，称为之中国古代的兵书宝库实不为过。然而，由于茅元仪长期与清政权处于敌对阵营，加上他为抗击后金政权、保卫明朝的著书目的，书中有许多对女真族和后金的不敬之语，所以这部书在清代乾隆年间被列入《违碍书目》，遭到禁毁。

延伸阅读

茅元仪

茅元仪(1594—1644)，字止生，号石民，归安(今浙江吴兴)人，自幼"喜读兵农之道"，成年熟悉用兵方略，曾任经略辽东的兵部右侍郎杨镐幕僚，后为兵部尚书孙承宗所重用。崇祯二年(1629)，因战功升任副总兵，治舟师戍守觉华岛，因战败获罪遣戍漳浦(今属福建)，忧愤国事，郁郁而死。他目睹武备废弛状况，曾多次上书言富强大计，汇集兵家、术数之书2000余种，历时15年辑成《武备志》。

《三十六计》：古代谋略概要

"三十六计"，或称"三十六策"，是指中国古代三十六个兵法策略，语源于南北朝，成书于明清。它是根据中国古代卓越的军事思想和丰富的斗争经验总结而成的兵书，是中华民族悠久的文化遗产之一。

"三十六计"一语，先于著书之年，语源可考自南朝宋将檀道济，据《南齐书·王敬则传》："檀公三十六策，走为上计，汝父子唯应走耳。"意为败局已定，无可挽回，唯有退却，方是上策。此语后人竞相沿用，宋代惠洪《冷斋夜话》："三十六计，走为上计。"及明末清初，引用此语的人更多。于是有心人采集群书，编撰成《三十六计》。但此书为何时何人所撰已难确考。

原书按计名排列，共分六套，即胜战计、敌战计、攻战计、混战计、并战计、败战计。前三套是处于优势所用之计，后三套是处于劣势所用之计。每套各包含六计，总共三十六计。其中每计名称后的解说，均系依据《周易》中的阴阳变化之理及古代兵家刚柔、奇正、攻防、彼己、虚实、主客等对立关系相互转化的思想推演而成，含有朴素的军事辩证法的因素。解说后的按语，多引证宋代以前的战例和孙武、吴起、尉缭子等兵家的精辟语句。全书还有总说和跋。

三十六计是中国古代兵家计谋的总结和军事谋略学的宝贵遗产，为便于人们熟记这三十六条妙计，有位学者在三十六计中每取一字，依序组成一首诗：金玉檀公策，借以擒劫贼，鱼蛇海间笑，羊虎桃桑隔，树暗走痴故，釜空苦远客，屋梁有美尸，击魏连伐虢。

全诗除了檀公策外，每字包含了三十六计中的一计，依序为：金蝉脱壳、抛砖引玉、借刀杀人、以逸待劳、擒贼擒王、趁火

◆《三十六计》书函

三十六计取六六之数，是古人对于数字的崇拜。它开始"量化"真理，但完全以数字来涵盖万物，形式漂亮却流于简陋。如果在今天还以此来给各种情势下框框，那么已经落后于博弈论了。故三十六计的认识，应重视"术中有数，数中有术"的观点和用阴阳运行规律来进行解释的方法。唯此，三十六计才能是具有东方思维和东方哲学基础的计谋之术，不致落伍。

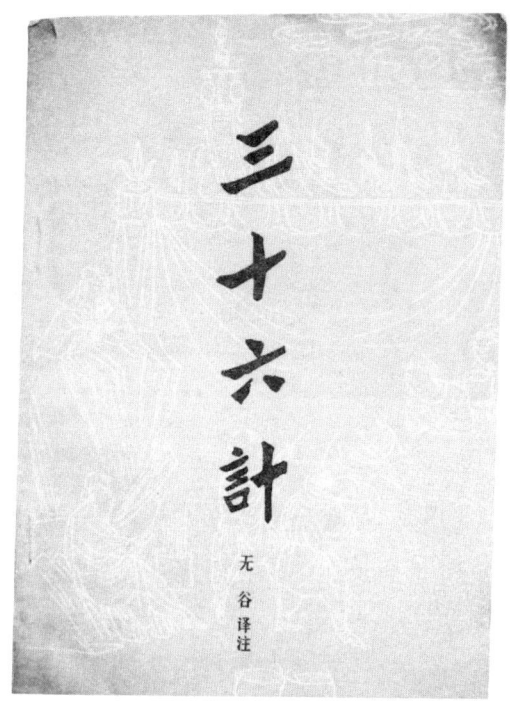

◆《三十六计》译著

打劫、关门捉贼、浑水摸鱼、打草惊蛇、瞒天过海、反间计、笑里藏刀、顺手牵羊、调虎离山、李代桃僵、指桑骂槐、隔岸观火、树上开花、暗度陈仓、走为上、假痴不癫、欲擒故纵、釜底抽薪、空城计、苦肉计、远交近攻、反客为主、上屋抽梯、偷梁换柱、无中生有、美人计、借尸还魂、声东击西、围魏救赵、连环计、假道伐虢。

在认识三十六计的问题上，通常有两个比较极端的倾向。一是强调"无常形，无常势"。然而，此说等于什么也没说。人类天生具有分类的倾向，是在实践过程中所累积的实践习惯和方法。大约等于道和术的差别。中国人自古崇尚道重于术，重高度归纳不习惯重演绎推理。二是认为随时可对书取用。

延伸阅读

三十六计中的小故事欣赏

"釜底抽薪"：

唐宪宗时，淮西节度使作乱。军事谋略家李塑临危受命，对敌将一个一个招降，并且大胆任用。顽敌之强大阵容如同釜底被抽去薪柴一般，形势为之逆转。

"打草惊蛇"：

西晋前秦帝国，皇帝苻坚推翻了哥哥苻生，即位为帝，命策略家王猛放手改革，打击不法。此一"打草"之举，使得敌对势力惶惶不安，终于全面举兵反叛。苻坚在周全的部署之下，予以各个击破。

"抛砖引玉"：

战国时期，纵横家张仪，奔走于魏、楚、秦之间，让魏、楚彼此猜忌，又以"商于之地"诱引楚怀王，使其彻底与合纵（合众弱以攻一强）决裂。

"笑里藏刀"：

清太宗皇太极猝死，庄太后为了争取儿子福临（顺治帝）继位，接受谋士范文程的建议，让福临叔父多尔衮当摄政王。她又将自己的妹妹嫁给多尔衮，接着连她自己也委身下嫁。最后，她寻机给予致命的一击，稳定天下。

《纪效新书》：实践的总结

《纪效新书》是明代著名兵书，它出于抗倭名将戚继光之手，所述内容具体而实用，既是抗倭中练兵实战的经验总结，又反映了明代训练和作战的特点，尤其是关于火器的发展记叙，具有较高的军事学术价值。

《纪效新书》是戚继光在东南沿海平倭战争期间练兵和治军经验的总结，"乃集所练士卒条目"汇辑而成，类似军中各种条例条令的汇编。在这些条款中，比较充分地反映了戚继光在东南沿海抗倭时练兵、作战的思想。他针对当时"浙兵"腐败，战斗力低下的状况，首先强调要从严治军，提出了创立兵营、选兵、练兵的三部曲，并制定了整顿军队的六条措施。他主张"恩威兼著，情法相融。他还形象地把威严比作舟，把恩信比作舵，认为"载人者舟之功，而可以使之载者则舵也"。

《纪效新书》特别重视选兵，开篇第一句话就是"兵之贵选"。认为选兵"其法惟在精"，反对"用城市游滑之人""奸巧之人"，主张用"乡野老实之人"。对于选兵的具体标准，认为"丰伟""武艺""力大""伶俐"四条既不可废，亦不可专恃，就是要选勇敢的、力气大的、身体棒、脑筋活的，如果会武艺就更好了，然而这样的人不易选到，相比之下，最主要的条件是勇敢、身体好，因为武艺差可以教习。对于选来的士卒，要根据各自不同的特点发给他们兵器，如少壮便捷的人用藤牌，健大雄伟的人用狼筅长牌，精敏有杀气的人可以用

◆ 《纪效新书》中记录的戚家刀法

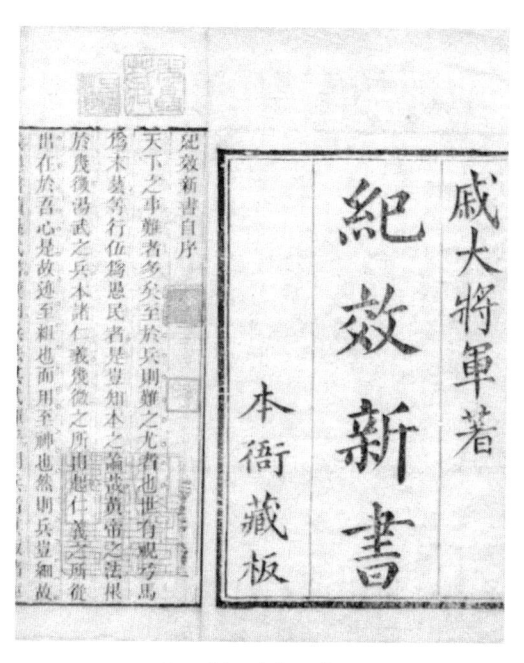

◆ 《纪效新书》书影

"大家共作一个眼，共作一个耳，共作一个心"。重视平时养成训练，认为"操兵之道，不独执旗走阵于场肆而后谓之操，虽闲居坐睡嬉戏亦操也"。他还认为，训练毕竟与实战有所差别，平日十分武艺，临时如用得五分，便可成功。"开大阵，对大敌，比场中较艺擒捕小贼不同。堂堂之阵，千百人列队而前，勇者不得先，怯者不得后，丛枪戳来，丛枪戳去，乱刀砍来，乱杀还他，只是一齐拥进，转手皆难，焉能容得左右动跳；一人回头，大众同疑，一人转移寸步，大众亦要夺心，焉能容得或进或退。"

长枪短兵。

在练兵方面，《纪效新书》特别强调按实战要求从难从严训练，反对只图好看的花架子。并批评不按实战要求的训练方法是"虚套"，尖锐指出"各色器技营阵杀人的勾当，岂是好看的"，"凡武艺，不是答应官府的公事，是你来当兵防身立功杀贼救命本身上贴骨的勾当。你武艺高，能杀了贼，贼如何又会杀你。你武艺不如他，也决杀了你。若不学武艺，是不要性命的呆子"。书中规定："凡比较武艺，务要俱照示学习实敌本事，真可对搏打者，不许仍学习花枪等法，徒支虚架，以图人前美观。"重视号令训练，规定："各便宜简明号令，合行刊给，各于长夜，每队相聚一处，识字者自读，不识字者就听本队识字之人教涌解说，务要记熟。"要求将士"耳只听金鼓，眼只看旗帜"，

延伸阅读

《纪效新书》重视兵器的运用

《纪效新书》重视兵器在战争中的作用，认为："器械不利，以卒予敌也；手无搏杀之方，徒驱之以刑，是鱼肉乎吾士也。"书中以大量篇幅记述了各种兵器的制造、形制、样式、作用、习法等，并对长短兵器的使用进行了较为深入的探讨，认为"长则谓之势险，短则谓之节短"。主张长兵短用，短兵长用，即用长兵器要在较近的有效距离攻击，短兵则先用标枪袭敌，然后乘敌躲闪之机杀入。书中还记述了戚继光就地取材而发明的新兵器"狼筅"，即用节密枝坚的竹子削制而成的一种兵器，戚继光称其为"行伍之藩篱，一军之门户"。

《读史方舆纪要》：地理与军事的结合

清初，在地理学领域里，出现了一批能够通达古今之变，为政事、为军事、为国计民生服务的重要著作。侯仁之在回顾历史地理学的发展时，曾经指出："其中比较晚出而有代表性的系统著作，当推明末清初顾祖禹的《读史方舆纪要》。"

顾祖禹著述《读史方舆纪要》的主要目的是为反清复明之需，十分注重对于军事的记述。他鉴于明朝统治者不会利用山川形势险要，未能汲取古今用兵成败的教训，最后遭致亡国的历史，在书中着重论述州域形势、山川险隘、关塞攻守，引证史事，推论成败得失，"以古今之史，质之以方舆"。详细记载历代兴亡成败与地理环境的关系，而对名胜古迹的记载则相对简单得多。不仅前面9卷专门论述历代州域形势，而且每省每府均以疆域、山川险要、形势得失开端。各省形势及其在军事上的重要性，皆有总序一篇进行论述，几乎每篇都是甚有价值的军事地理论文。

而且每叙述某一地理实体时，必穷根究源备述其军事上的地位和价值。顾祖禹认为，地利是行军之本。地形对于兵家，有如人为了生存需要饮食，远行者需靠舟车一样重要。只有先知地利，才能行军，加上"乡导"的帮助，"夫然后可以动无不胜"。这正是他在《读史方舆纪要》中，对于地理环境与战争得失成败的初衷。难怪张之洞认为"此书专为兵事而作，意不在地理考证"。梁启超也认为，"景范之书，实为极有别裁之军事地理。"

◆《读史方舆纪要》

《纪要》虽以研究天险地利为主，但顾祖禹在总序中却不厌其烦地说明"阴阳无常位，寒暑无常时，险易无常处"的道理，反复论证无论何等天险地利，都只是成败得失的从属条件，而决定的因素还在于社会和人事。在评判战争胜负原因时，他指出地理形势固然重要，但带兵将领所起的作用更大。他说："辨要害之处，审缓急之机，奇正断于脑中，生死变于掌上，因地利之所在而为权衡焉，此固大将之所任。"接着又说："虽然攻守万端，巧拙异用，神而明之，亦存乎其人而已矣。"他在论说历代建都时，也批判了那种地势险固决定一切的观点。他认为：都城的选择与当时的形势有关，此时适合建都，彼时不定适合建都；是否适合建都，不仅看形胜是否险固，攻守是否有利，而且要看生产是否发达，交通是否方便；建都何处，取决于许多因素，而这些因素无时无刻不在变化之中，不能单纯考虑山川地势，"形胜未可全恃"。他的这些军事思想和辩证观点是很先进的。

《纪要》注重经世致用，对与国计民生有关的问题尤为重视。明嘉靖以后，河患颇为严重，顾祖禹非常关切黄河的治理。他认为："河之患，萌于周季，而浸淫于汉，横溃于宋。自宋以来，淮、济南北数千里间，岌岌乎皆有其鱼之惧也。禹贡不生，河患未已，国计民生，靡所止定矣。"为此，他在《纪要》中辑录了大量前人治水的主张，留给后人作借鉴，他赞赏明代水利专家潘季驯的治河方针，指出"以堤束水，借水攻沙，为以水治水之良法，切要而不可易也"。因而引证潘季驯言论尤多。顾祖禹对漕运也很重视，他认为"天下大命，实系于此"。但他反对那种为了保运而置百姓生命财产于不顾的观点，他为民请命，大声疾呼："淮、济诸州之民何罪，而尽委之溪壑乎。"在《川渎异同》中，他以整整一卷的篇幅，论述漕运和海运，又在有关州县下，详细记载运河的闸、坝、堤防和济运诸泉，对于治河通运很有参考价值。

延伸阅读

顾祖禹

顾祖禹，字瑞五，号景范，江苏无锡人，生于明崇祯四年（1631），卒于清康熙三十一年（1692）。由于久居无锡城东宛溪，被学者称为宛溪先生。他自幼聪颖过人，好学不倦，背诵经史如流水，且博览群书，尤好地理之学。

顺治元年（1644），清兵入关，顾祖禹随父避居常熟虞山，长期躬耕授业，过着"子号于前，妇叹于室"的清贫生活。虽如此，亦耻于追名逐利，走入仕途，相反，他选择了以著书立说为手段，以图匡复亡明的道路。他秉承父亲遗命，立志著述《读史方舆纪要》，"盖将以为民族光复之用"。自顺治十六年（1659）始，他边教私塾，边开始《读史方舆纪要》的著述。

康熙十三年（1674），三藩起兵，顾祖禹只身入闽，希望投靠耿精忠，借其力达到反清复明的目的。但未被耿精忠收用，只好重返故里，继续撰写《读史方舆纪要》。后来，虽曾应徐乾学再三之聘，参与《大清一统志》的编修，但坚持民族气节，不受清廷一官一职，书成后甚至拒绝署名。在此期间，顾祖禹利用编书之便，遍查徐氏藏书，为《读史方舆纪要》的修撰积累了大量资料。经过30余年的笔耕奋斗，约在康熙三十一年（1692）前，终于完成了这部举世闻名的历史地理巨著。

《兵学新书》：晚清兵工著作

> 《兵学新书》是在吸收西方军事学的基础上，结合中国军情而编撰的兵书，对于改革清军的作战、训练方法，改造中国传统兵学都发挥了重要的作用。

《兵学新书》是中国近代系统论述使用西式武器装备进行作战训练的兵书，为清代科学家徐建寅编撰，16卷，约19万字，附图200余幅。徐建寅曾任驻德国参赞，赴欧洲各国考察军事。他考究各国治兵之要，介绍各国新兵学之精华，为中国的近代化作出了巨大贡献。

1896年，中日战争后，徐建寅被调至福建船政局任提调。这时，他对帝国主义瓜分中国的形势有了愈加清醒的认识。在公务之余，他撰成《兵学新书》。全书对步兵、炮兵、骑兵使用新式枪炮的基本操法、阵法和行军作战等问题都进行了详细的阐述，同时对教育训练、驻防宿营、军械粮饷、工程营垒、铁路交通等内容也都提出了真知灼见。

面对瓜分大祸，该书提出了"救世之策，莫若兵学为先"的主张，作者认为西方各国挟势称兵，恃强凌弱，而中国国势日衰，积弱已久，要想强国自立，必须全国上下一心讲求兵学，练兵备战。

清末统治者食古不化，该书提出了"处有事多变之世，论兵不可泥古"的主张，作者认为言战切戒虚词，必须力求通理明义，懂得阵式和战法，随着枪炮性能的发展而变化，作战要改易古法，操练亦因之而易。这样，才能固兵心以操胜机，握成算以挫敌焰，使新兵学适应时代和实战的需要。

晚清军工主要是洋务运动，大多依赖洋人。该书认为讲究新兵学不能只着眼于多

◆ 徐建寅

◆ 《兵学新书》书影

购新式军火与聘请外国将弁教练官兵，追求表面上的枪炮更新、操练整齐，学其皮毛而遗其精义，那样作战时仍不免临敌而溃。只有集本国有志之士，尽智竭能，自行讲求新兵学之精义，得其要领，窥其全豹，才能把官兵练成劲旅，使各国不敢欺凌中华。这一点远远走在了同时代人们的前面。

该书还倡导步兵、炮兵、骑兵使用新式枪炮进行协同作战，"须求各尽其长，要在善择妥便地势，以得展布所长"。领兵者要明方略，把握制胜之机，审机应变，灵活机动地指挥作战；士兵要掌握各种新式武器装备的使用技术和战术，通晓它们的构造原理，避免拘泥于教场上的练习和纸上谈兵，而要灵活运用所学的知识，在战场上勇猛搏战，克敌制胜。

在这部书的自序中，阐述了他对人和物、兵器与操训的初步认识。他写道："兵之强，不全恃军火之利，而在其操练之精。"在训练兵士方面，他主张要有中国懂兵学的有志之士"讲求兵学""训练兵士"，而不能请外国人为中国培训兵士。对于民族的危急，当局屈辱投降的政策及避战"主和派"，在这里也做了深刻揭露。他说："惟是割地、偿金主和者，其所割之地，系国家之版图；其所偿之金，系民间之脂膏"，"这是慷他人之慨，大作人情，以图显达，并可从中染指而牟其利"。而受害、受耻辱最深的，是"中国四万万民人"。

《兵学新书》是在吸收西方军事学的基础上，结合中国军情而编撰的兵书，对于改革清军的作战、训练方法，改造中国传统兵学都发挥了重要的作用。

延伸阅读

徐建寅

徐建寅(1845—1901)，字仲虎，江苏无锡人，中国近代科学家，伟大的爱国者。其父徐寿为中国近代化学先驱。自幼受其父影响，热爱自然科学。1861年，随其父在安庆军械所供职。1875年，在山东机器局任总办。1879年，出使德、英、法等国进行技术考察。1886年，在会办金陵机器局时，采用西法制成新式膛枪和铸钢。1889年，维新变法时任农工商督办。后任福建船政局马尾造船厂提调，湖北省营务总办，保安火药局、汉阳钢药厂督办。1901年3月，在钢药厂与员工研制无烟炸药时，失事殉职。著译有《造船全书》《兵学新书》《化学分原》《水雷录要》《欧游杂录》等40余种。

第四讲

军事制度——令出如山掌雄兵

夏商周时期的军事机构

> 军事组织是统治阶级为夺取和巩固政权,在组织、管理、使用、发展和储备军事力量的活动中形成的一整套制度。商周时期,军队的重要组织形式是"师",《诗经》上记载"周王于迈,六师及之",这印证了"天子六师"之说。

中国古代军事制度古称"军制""兵制"。它随着国家、军队的产生而产生,并与整个国家的经济、政治制度相适应,体现着统治阶级的意志,为统治阶级的利益服务。从夏朝到清朝道光年间,中国军制经历了奴隶社会和封建社会两大发展阶段,它随着政治制度的变化,由简单到复杂、由低级到高级发展演变。主要内容包括:军事体制、编制、管理教育、训练、军事职官、兵役动员、军队调发与战时指挥、粮饷兵器与马政保障等各项制度。其基本作用在于保障军事建设,以便有效地准备和实施战争,确保统治权的稳固与发展。

"师"是商代最基本战略单位。据说商王亲自率领的"王师"就是由六个"师"(一说三个)组成。安阳一个商朝墓葬出土的战车,5辆一组,前三后二,每辆有3套作战武器,说明每辆有3名士兵;另外前面又有3个殉葬坑,每坑殉葬5人,应该是为前面3辆战车提供勤务的徒役。另一处车马坑则是集中埋葬了25辆战车。据此推测,再结合一些史料的记载,商代的战车编制是实行5进位制的。5辆一队,5队、25辆战车组成的战斗单位由"马亚"指挥;而出动100辆战车时的指挥官叫"多马亚";一次出动的战

◆ 商代青铜钺。钺是权力的象征,天子出征的重要仪仗器具之一。

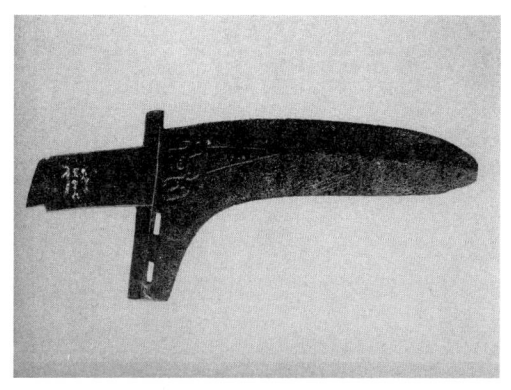

◆ 西周青铜戈。戈是商周时期车战军队装备的主要兵器。

车如果超过了二三百辆，就要由商王亲自指挥了。

一般认为商代开创的什伍之制后来被周朝继承。周武王伐纣发布《牧誓》就提到"百夫长""千夫长"。而周代的军队也是以战车为核心，一辆战车及其配属的步兵合称"乘"，是最小的编制单位。每乘战车甲士3名，至于配属的步兵究竟有多少，众说纷纭。按照成书于战国时期的《司马法》记载，每乘是甲士10名（3名上车作战，7名在车下作战），徒役20名。但也有人认为20个徒役中只有5名承担养马、炊饮，另外15名也参加战斗。比较一致的说法是每5乘编为1队，由仆射指挥；每两队（10乘）由"官"指挥；每10队（50乘）编为"卒"，由"卒长"指挥；每2卒（100乘）编为"师"，由"师氏"指挥。周代仍然以"师"为基本单位，但师的数量逐渐增加。

东周后期（春秋），军队中步兵比重逐渐增大，根据蓝永蔚《春秋时期的步兵》一书的研究，认为这一时期每乘步兵从25名逐渐增加到50名、75名，而楚国军队每乘步兵为100名。西周时作战在排列阵势时一般将参战部队分为左、中、右3个集群，号为"三军"，并按照集群的战术重要性又称为上、中、下军，而以总指挥所在的中军地位为最高。各个诸侯国编成的军数目不同，有的有3军，有的有4军，有的有6军。军所隶属的战车以及士兵数量并不完全一致，一般来说在200乘上下。步兵逐渐在独立作战中也形成了新的编制，据《国语》记载吴国步兵的编制，为10进位制的：10人为队，10队为行，10行为旌，10旌为军。

由此可知，中国古代军队里"五人为伍，五伍为两，五两为卒，五卒为旅，五旅为师，五师为军"。从西周时代起，军队就是按伍、两、卒、旅、师、军编制的。

延伸阅读

当今军队编制中的师

师，由若干个团（或旅）编成的军队一级组织，设有领导指挥机关，编有战斗、勤务保障部队、分队，通常隶属于集团军或军，为基本战术兵团。一般在上级编成内随行作战任务，亦可独立作战。按任务、装备和编成，可区分为步兵师（徒步步兵师、摩托化步兵师、机械化步兵师、山地步兵师、重装步兵师、轻装步兵师）、坦克师（装甲师）、炮兵师、高射炮兵师、防空师、空降师（空降兵师）、航空兵师、空中突击师、海军陆战师（海军步兵师）等，按战备程度的不同，有满员师、简编师、架子师、动员师等。师是构成战略战役军团的基础，也是计算战略战役力量对比的基本单位，其数量和质量是衡量军队作战实力的主要标志。

春秋时期的车战与军事制度

车战的历史可上溯至三皇五帝的时代，在诸多的神话传说中，出现了冲车、马车、特殊战车（如指南车）的原型，但由于缺乏史料记载，很难判断黄帝时代是否存在真正意义上的车战，故车战的历史一般从夏朝开始计算。

春秋时代车战的基本作战单位是乘。乘是以战车为中心配以一定数量的甲士和步卒(步兵)，再加上相应的后勤车辆与徒役编组而成。所以乘是车、卒组合的基本单元，也是当时军队的基本编制单位。古代车战分攻守两种，攻车直接对敌作战，守车用于屯守及载运辎重。一般文献中所称的战车即指攻车，又称兵车。考古发掘证实，商代的战车为四马两轮，木质结构，重要部位一般还饰以青铜车器；西周和春秋时期战车的形制大体略同。四马两轮式战车是中国车战的定型用车。

乘法为每车载甲士三名，按左、中、右排列。左方甲士持弓、主射，是一车之长，称"车左"，又名"甲首"；右方甲士执戈(或矛)，主击刺，并有为战车排除障碍之责，称"车右"，又名"参乘"；居中的是驾驭战车的御者，车上一般还备有若干有柄的格斗兵器，如戈、殳、戟、酋矛、夷矛等，插放在战车舆侧，供甲士在作战中使用。主将之车，乘法特殊，主将居中，御者居左。此外还有四人共乘之法，叫"驷乘"。但这属临时搭载性质，并非编制通例。每乘战车所隶属的步卒，据《司马法》记载，春秋以前为22人编制，其中包含7名车下甲士和15名步卒，连同3名车上甲士，共计25人，为一步兵两，配合战车作战。

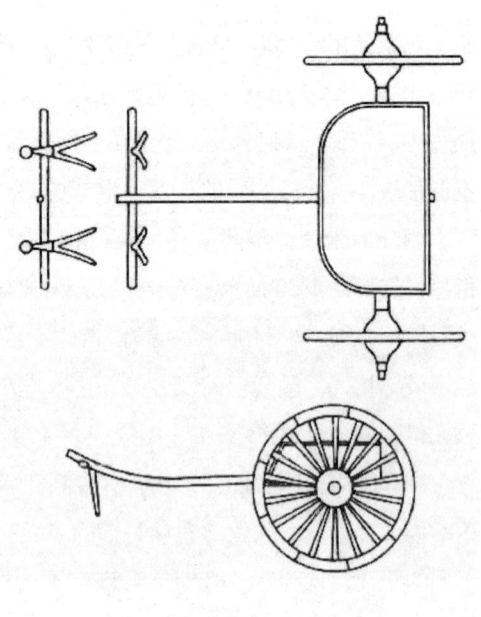

◆ 春秋时期战车三视图

◆ 秦国车盖

车战在春秋时期发生了很大变化。由于生产力的发展和兼并战争的加剧，战车数量大幅度增加，如前632年的城濮之战，晋国一次出动战车已高达七百乘；而到春秋末期，一些大的诸侯国，如晋国和楚国，所拥有的战车数量已在四千乘以上，前505年的柏举之战，参战的战车也均在千乘以上。连年的战争造成甲士的奇缺，而随着战争规模的不断扩大，各国遂增加了装备简单而又易于训练的徒兵，步兵由每乘战车隶属22人增加到72人，同时又取消了原来的7名车下甲士，连同3名车上甲士，共计75人，以五伍（25人）编为一两，共三两。方阵战术也由原来步车相脱离的两线配置，改变为三个步兵单元以战车为中心的环形配置，把过去的密集队形改变为疏散队形，密切了步车协同，加大了方阵纵深，提高了方阵对复杂地形的适应能力和前进速度。前567年，在鄢陵之战中，晋国苗贲皇首创翼侧攻击战术，使方阵战术进入了一个新的阶段。在以上因素制约下，车战在时间和空间上都有所扩展。一场战争往往由若干规模不等而又具有共同目的的战斗所构成；遭遇、迂回、翼侧攻击、长途追击等多种作战形式亦开始出现。

春秋战国之交，铁兵器的广泛采用和弩的改进，使步兵得以有效地遏制密集整齐的车阵进攻。随着战争性质和结构的转变以及城邑地位的提高，对要塞的争夺日趋频繁，从而大大降低了战车在作战中的地位。于是，传统的车战逐渐被步骑战所取代。

延伸阅读

步卒与战车

甲士在车上，步卒以两为单位随同战车行动，各战车队的战车则以一定方式展开成阵。阵本指战车和步卒的排列，亦即当时军队的战斗队形，其基本形态为方阵。方阵，春秋初称"拒"，其总体配置由左、中、右三个方阵组成。方阵战术要求战车结成一个正面宽大的巨大整体来实施攻击，因此当时军队作战受地形条件制约甚大，一般均将战场选择在便于大量战车集结展开的开阔暴露的平原地区。在西周及其以前时期，方阵内的步卒与战车成互相脱离的两线配置：步卒以两为单位在战车队前方列成一个绵密的横队。这种大排面的密集方阵虽然难以保持队形，但却具有有效的杀伤力和极大的攻击性。

商鞅的耕战改革

> 商鞅变法的核心政策是奖励耕战。这一政策使秦国迅速转型为军事强国。奖励军功的结果虽然使"世袭贵族"没落了,但却对社会力量做了新的调整,有效地发挥了士民的积极性,极大地提高了军队的战斗力。

秦国在春秋时期,社会经济远远落后于东方的齐、楚、燕、赵、魏、韩六个大国。前384年,秦献公即位,下令废除了用人殉葬的野蛮习俗,次年又迁都栎立,极大地改变了社会风俗。秦孝公即位后,继续发扬献公的进取精神,下令招贤。商鞅自魏国入秦,受到秦孝公的重用,开始变法。

商鞅提出了"有军功者,各以率受上爵,为私斗争,各以轻重被刑"的主张,奖励军功而禁止私斗。规定爵位依军功授予,宗室非有军功不得列入公族簿籍,即"有功者显荣,无功者虽富无所荣华",就是说有功劳的贵族子弟,可享受荣华富贵;无功劳的,虽家富,不得铺张。

制定军功爵制的做法,意味着商鞅彻底废除了旧贵族的世禄制,将根据军功的大小

◆ 商鞅雕像

◆ 秦军青铜弩机

授予爵位。商鞅的这套军功爵制后来发展为系统的二十级军功爵位制：一级曰公士；二级曰上造；三级曰簪袅；四级曰不更；五级曰大夫；六级曰官大夫；七级曰公大夫；八级曰公乘；九级曰五大夫；十曰左庶长（商鞅曾被授予此爵）；十一级曰右庶长；十二级曰左更；十三级曰中更；十四级曰右更；十五级曰少上造；十六级曰大良造（秦国名将白起曾被授予此爵）；十七级曰驷车庶长；十八级曰大庶长；第十九级曰关内侯，二十级曰彻侯。据《汉书》记载："商君为法于秦，战斩一首赐爵一级，欲为官者五十石。"也就说明了奖励的做法：将卒在战争中斩敌人首级一个，授爵一级，可为五十石之官；斩敌首二个，授爵二级，可为百石之官。各级爵位均规定有占田宅、奴婢的数量标准和衣服等次。而所谓私斗，并不是指一般人打架，而是指"邑斗"。"邑"是指一般的城镇，被奴隶主所占有。奴隶主之间为了争夺土地、财产，经常发生争斗。新法规定不准私斗，目的在于削弱奴隶主的势力，加强封建中央集权。严惩私斗的做法是：为私斗者，各以情节轻重，处以刑罚。

由于推崇战功，秦国军队的战斗力大大增强，从而扭转了长期以来被动落后的局面。前355年，秦孝公与魏惠王在杜平盟会，结束了秦国长期不与中原诸侯会盟的尴尬局面，提高了秦国的国际地位。秦国还用武力占有了土地肥沃、农业发展水平较高的巴蜀地区和盛产牛马的西北地区，这些都反映了商鞅变法后秦国国力的增进。

商鞅变法是战国时期一次重要的政治和社会改革。通过这次变法，废除了秦国落后的制度，提高了军队的战斗力和社会的生产力，为秦国走向强大、进而统一全国奠定了基础。

延伸阅读

徙木为信

商鞅变法的法令已经准备就绪，但没有公布。他担心百姓不相信自己，就在国都集市的南门外竖起一根三丈高的木头，告示：有谁能把这根木头搬到集市北门，就给他十金。百姓们感到奇怪，但没有人来搬动。商鞅又出示布告说："有能搬动的给他五十金。"有个人壮着胆把木头搬到了集市北门，商鞅立刻命令给他五十金，以表明自己说到做到。接着商鞅下令变法，新法很快在全国推行。

毛泽东早年在评论"徙木立信"这段故事时指出："商鞅之法，良法也……其法惩奸以保人民之权利，务耕织以增进国民之富力，尚军功以树国威，孥贫怠以绝消耗。此诚我国从来未有之大政策。民何惮而不信？乃必徙木以立信者，吾于是知执政者之具费苦心也。"

秦军的军队编制——部曲制

> 部曲制是秦朝战时的一种军事编制，它在平时编制的基础上稍加变动，按照利于作战的方式组织成一种军队编制，后来被汉朝承袭。

秦王朝的军队，置于皇帝的严格控制之下，负责全国军事行政的官吏为太尉，战时临时任命将领统兵。军队可分为京师兵、地方兵和边兵三部分。京师兵主要由郎官、卫士和守卫京师的屯兵组成。郎官由郎中令统领，卫士由卫尉统领，负责宫廷内外的警卫。负责守卫京城的屯兵由中尉统领。地方兵置于郡、县。一般由郡、县尉（亦称都尉）协助郡守或县令统率，平时维持地方治安，战时听中央调遣。征调地方兵，需以皇帝"虎符"为凭。边兵主要负责边郡戍守，由边郡郡守统领，下辖都尉和部都尉。

秦代军队的战时编组，是在平时编制的基础上，组建为大规模的作战部队，称为部曲制。其具体编组的方法是：首先根据作战对象等各方面情况，确定总兵力，任命三军统帅（即大将、上将军，也泛称为将）；在统帅之下，根据作战的需要和总兵力的多少，分设若干个将军（四副将、裨将军，也泛称为将军）；每个将军统率若干个部，部的长官称校尉，即一部一校；每个部下设若干个曲，曲的长官称军候，即一曲一候；曲以下即平对军队的编制，如步兵的千人（设二五百主）、五百人（设五百主）、百人（设百将）、五十人（设屯长）、十人（设什长）、五人（设伍长），以及数量不多的车兵和骑兵。自五百主以上，各级指挥官都设有自己的亲兵卫队，大约占其所率总兵力的十分之一，如五百主的卫队为五十人，校

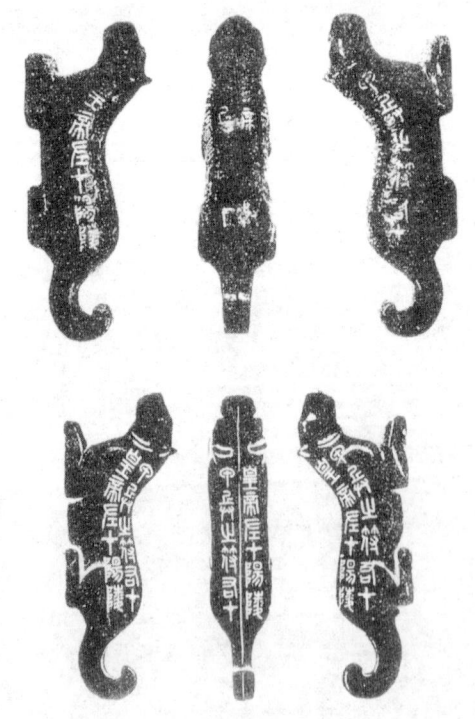

◆ 秦虎符

从秦始皇陵兵马俑出土的情况看，车兵既有单独的编队，也有与步兵相结合的编队，还有与骑兵相结合的编队，并有与步、骑同时相结合的编队。这说明车兵既可以独立使用，又可以同其他兵种配合使用，是车、步、骑联合作战中的重要力量。

◆ 秦将军俑

尉的卫队为一千人，大将的卫队为四千人，等等。因此秦朝军制即军——部——曲——屯（官）——队——什伍的编制。

什伍是军队的最基本编制单位。部曲的编员与作战编员有较大差额，多者可达千余人。作战行动结束后，曲以上指挥机构即行撤销，将军交出兵权，部队恢复平时建制，士兵分别归建或复员。

统一后的秦代军队，分为轻车（车兵）、材官（步兵）、骑士（骑兵）、楼船（水兵）四个基本兵种。大抵平原诸郡多编练骑士、轻车，山地诸郡多编练材官，沿江、海诸郡多编练楼船。

秦代车兵虽已不是军队的主体，但仍然是战斗编组中不可缺少的一个重要兵种。

延伸阅读

秦朝的其他制度

秦朝沿袭战国时的郡县征兵制。从《睡虎地秦墓竹简》所记的情况看，男子17岁"傅籍"，以后根据战争需要，随时可征集入伍，到60岁才能免役。秦时还常谪发已科罪犯或徒隶等为兵，称为"谪戍"。

秦朝的军训制度较为严格。秦律规定，射手发弩不中，御手不会驾车，骑士和马匹课试最劣者均要受罚，有关督训官吏及负责选募者也要受罚。军队的武器、铠甲、粮食、马匹，均由国家统一提供。国家设有专门的武库。

秦朝在京城设有太仓，在荥阳建有敖仓，贮备了大批粮食，战时有专官负责补给。

秦朝制订了《厩苑律》等，对马匹的放牧、调教、管理均有规定。

秦时期，军队统一，军权高度集中，军队的指挥和管理体制严密，兵役制度也较为完善，这些表明秦王朝时期的中国封建社会军事制度已经基本成型。

征兵制与常备军制度

> 春秋战国时期为了适应大规模的军事战争的需要,各国都设立了普遍的征兵制度。这一制度的设立为建立常备军准备了条件,各国的具体实施办法虽有所不同,但都出现了常备军制的萌芽。

春秋时代,各级贵族都有宗族成员和私属人员所组成的军队。不但诸侯国的国君是这样,卿大夫也是这样。当时各国在对外作战中,以这种贵族军队作为骨干,而征发国人作为车战的主力,还强迫所属的奴隶、庶民作为随从的徒、卒,徒步随从作战或服劳役。到春秋、战国之交,由于农田制度的变革,国人和庶民先后转化为自耕小农,这种普遍存在的自耕小农就成为各国军队的主力。各国为了争取在兼并战争中的胜利,就普遍地实行征兵制度。随着郡县制度的建立和推广,就实行按郡县为单位的征兵制度。

郡县原来有一套征赋的制度。赋是包括军备和军役在内的,所谓"量入修赋,赋车兵、徒兵、甲楯之数"。晋楚等国由于县的陆续设置,到春秋后期,县的军队已成为很有力的部队了。例如前520年晋籍谈、荀跞曾率九州之戎及"焦、瑕、温、原之师"护送周天子入王城。又如前585年晋兵救郑侵蔡,楚公子申、公子成曾率"申、息之师"救蔡。到了战国时代,随着郡县制度的建立和军队以农民为主要成分,各国都实行以郡县为单位的征兵制度。战国时代各国在边地设郡,主要是为了国防,所以一郡的长官叫守,郡守有奉命征发一郡壮丁作战的权力。后来,中区也普遍设县,征兵制度已推行到全国,郡县成为征兵的地区单位。据说,齐国的国都临淄有七万户人家,下户每

◆ 中国古代征兵

户有三男子，不用从远县去征发，临淄的兵卒就已有21万人。韩的大县宜阳，"城方八里"，也有"材士十万"。整个魏国如果"悉起其百县胜兵"，也不下30万。这时各国在战争时征兵，大都以郡为单位，例如前483年，吴王夫差曾征发九郡兵伐齐。前240年，赵将庆舍曾统率"东阳、河外师"守河桥。前235年，秦始皇曾征发四郡兵助魏攻楚。

战国时期，战争规模扩大，双方十几万到几十万人参战，战争时间延长，次数频繁且间隔短，加上从奴隶制度向封建制度过渡逐渐完成，奴隶成为农民后也成为了兵源，至此大规模的征兵制形成。如秦赵长平之战，秦军将赵军包围在长平，为了取得这一决定性战役的胜利，秦王亲自赶到河内郡，征发所有成年男子支援前线。秦朝建立以后，秦始皇又征发大量人力守长城、征河套及岭南等地，过重的兵役成为秦王朝灭亡的原因之一。这一时期的征兵在很大程度上还带有临时性，制度化的普遍兵役制度还没有建立。

到了汉代，中央政府基本建立了普及义务兵役制度，但制度还不健全，所以有了汉乐府中所说的"十五从军征，八十始得归"的现象。西汉除实行征兵制外，还实行募兵制，武帝所置的八校，主要是招募而来。东汉罢郡国兵后，征兵制渐衰，于是也依赖招募。东汉末年，州郡官通过募兵，培植自己的势力，从而酿成群雄割据的局面。三国时期由于战争频繁，征兵的数量更大，如曹操曾一次"收青州黄巾百万，择其精壮

◆ 汉朝士兵

三十万号为青州兵"，吴国还迫使山越人出山为兵，见于史书的就有十几万。

延伸阅读

都尉

都尉一职原属军职，战国时期始设，职位仅次于将军，各国名称略有差别。秦代时都尉职分更加清晰，都城的称都尉，郡的称郡尉。汉景帝将名称统一改为都尉，京畿的都尉称为关都尉，掌管边郡与农事的称为农都尉，掌管归属各族的称为属国都尉，掌管皇帝车马的称为奉车都尉，掌管副车的称为驸马都尉，掌管宫廷音乐机构的称为协律都尉等。

两汉的军队编制和组织结构

> 汉初实行郡国并行制,除了隶属于中央的军队以外,分封在全国各地的藩国也都掌握有一定的军队。后来发生七国之乱,汉政府实行了削藩政策,并将军权全部收归中央所有,中央的最高军事长官为太尉,军权掌握在皇帝手中,战时任命统帅。

汉代中央最高军事长官称为太尉,汉武帝时改称大司马。战时任命将军统兵,最高将领为"大将军",其下依次设骠骑将军、车骑将军、卫将军。又有前、后、左、右诸将军。另外还有一些杂号将军,作为战时使用的名称,并非常设,例如李广利被称为"贰师将军"。汉代将军出征时常置幕府,作为其参谋机构,战争结束后幕府也随之解散。在郡、县分置郡尉、县尉,协助郡守、县令掌管军事。东汉末,设州牧,州牧成为地方政权最高的行政与军事长官。

汉代军队可分为京师兵、地方兵和边兵三部分。京师兵主要由郎官、卫士和守卫京师的屯兵组成。郎官由郎中令统领,卫士由卫尉统领,负责宫廷内外的警卫。负责守卫京城的屯兵由中尉统领。汉朝的京师兵主要有南军和北军。中尉所领的屯兵驻于未央宫北,称北军;与之相对,由卫尉统领的称南军。南军士兵大多调自内郡,北军士兵主要调自京辅,均是一年一轮换。武帝时对京师兵作了较大改革,主要是精简南军,加强北军。南军原有两万人,减去一半。北军屯

◆ 汉代车马和骑士俑

兵，除中垒外，又增置屯骑、步兵、越骑、长水、胡骑、射声、虎贲，共为八校，分屯于长安城中及其附近，平时守卫京师，由皇帝派员监领，战时以一部或全部随将军出征。同时，将中尉改称为执金吾，不领北军，只司御前先导和京城巡察。此外，改郎中令为光禄勋，扩大郎官员额，增置期门、羽林等军。

东汉时，京师兵沿袭西汉而略有裁并，将北军八校合为五营，置北军中候监领，末期多由宦官统领。地方兵置于郡、县，一般由郡、县尉(亦称都尉)协助郡守或县令统率，平时维持地方治安，战时听中央调遣。征调地方兵，需以皇帝"虎符"为凭。西汉曾一度行分封制，分封的王国与侯国各自都有军队，王国之兵由中尉统领，侯国之兵隶属于郡。七国之乱后，为加强中央集权，罢郡国都尉，后又下诏罢地方兵。

边兵主要负责边郡戍守，由边郡郡守统领，下辖都尉和部都尉。为充实边防，汉曾大量移民实边，并行屯田。武帝时始行军屯，屯田卒最多时达数十万，是边兵的重要组成部分。东汉时，边兵制度遭到破坏，又以设置营、坞的办法，屯兵备御。军队有材官(步兵)、骑士（骑兵）、楼船（水兵）、轻车（车兵）等兵种。大抵平原诸郡多编练骑士、轻车，山地诸郡多编练材官，沿江、海诸郡多编练楼船。秦始皇陵附近出土的兵马俑，正是步、骑、车等兵种混合编队庞大阵势的生动展现。至汉朝，车兵逐渐被淘汰。汉朝军队的编制，据《后汉书·百官》记载，"大将军营五部"，部由校尉统领，

"部下有曲，曲有军候一人"，"曲下有屯，屯长一人"。但据青海大通县上孙家寨和居延地区出土的汉简，部分左、右部或前、后部，曲分左、右曲或前、后曲，部、曲之下还有官(分左、右官)、队（分前、后队）、什伍等。上述文献与文物，对汉朝军队中、下级组织的不同记载，很可能是不同地区或军队存在着不尽相同的编制。兵役制度沿袭战国时的郡县征兵制。从《睡虎地秦墓竹简》所记的情况看，男子17岁"傅籍"，以后根据战争需要，随时可征集入伍，到60岁才能免役。汉朝的兵役制度，曾有几次变更。据《汉书》记载，男子20岁傅籍，此后每年服劳役一月，称"更卒"。23岁以后开始服兵役，役期一般为2年，一年在本郡、县服役，称为"正卒"，另一年到边郡戍守或到京师守卫，称为"戍卒"或"卫士"。还有一种说法，认为这2年兵役统称为"正卒"。

> **延伸阅读**
>
> **车骑将军**
>
> 车骑将军，汉代始设，地位仅次于大将军、骠骑将军，金印紫绶，地位相当于上卿，或比三公，典京师兵卫，掌宫卫。第二品，是战车部队的统帅。西汉名将卫青、张安世，东汉名将窦宪、邓骘都曾担任过车骑将军，属于重号将军，可加大司马衔，加大司马则位尊如丞相。卫青即曾获得此殊荣。

隋代体系完备的军制

隋朝结束了数百年分裂割据的历史,重开国家统一局面。在军事上,隋代继续推行西魏、北周以来的府兵制,建立起以府兵为主体的军事组织,有助于大一统王朝的巩固。

隋朝军权高度集中于皇帝。军队的建置、调用,将帅的任免、升迁,皆由皇帝亲决。隋文帝开皇初年改革官制,始设兵部为掌管全国军事行政的最高机关。兵部隶于尚书省,置兵部尚书一人为长,下设兵部、职方、驾部、库部四司,各置侍郎二人,分理本司军务。又创设十二卫府,即左右卫、左右武卫、左右武侯府、左右领左右府、左右监门府、左右领军府,为统领全国军队的最高机构,内掌宫禁宿卫,外统全国府兵,基本职责是"禁卫九重"。每卫府置大将军一人、将军二人为正副长官,下辖若干骠骑府和车骑府。另设太子东宫十率,即左右卫率、左右宗卫率、左右虞侯率、左右内率、左右监门率,专掌东宫宿卫,并分统部分府兵。

大业三年(607),隋炀帝改十二卫府为十六卫府,重定卫府称号为:左右羽卫、左右骁卫、左右武卫、左右屯卫、左右御卫、左右侯卫、左右备身府、左右监门府,其设官与职责大体如前。凡论战事,"兵出于府,将命于朝",即由皇帝任命行军元帅为最高指挥官,督率一方者称大总管,统率从各地军府中调集的部队出战。

地方军队机构,初沿北周之制,边境和内地要州设总管府,掌一州或数州军事,权力甚重。炀帝改行郡县两级制,取缔总管府,设郡都尉、副都尉,统领一郡兵马。边关冲要设镇、戍、关,分置镇将、戍主、令

◆ 隋朝士兵图

◆ 隋代骑兵与步兵

远屯防戍守。

府兵是隋中央军的主体,府兵制几经改革,更为完备。文帝杨坚建隋前,即以北周都督中外诸军事名义,下令废止官兵赐姓制度,率先革除了鲜卑部落制遗风。

隋朝建立后,隋文帝进一步改革了军事组织和制度。首先整顿全国军队,将各地乡兵统帅任命为府兵将校,把乡兵纳入府兵系统,增置军府,扩大府兵范围和实力;其次,改革过去军民分籍制度,把军人编入民籍,由州县管理,依均田令,免除校庸调,无事后家务农,有事奉命出征,轮流番上宿卫,武器衣粮自备;无论居家或在军,凡军役之事,仍由军府管理。中央设十二卫府分统全国骠骑府、车骑府,置骠骑将军、车骑将军为军府长官。下置大都督、帅都督、都督等领兵官。炀帝统改骠骑府、车骑府为鹰扬府,长官改称鹰扬郎将,下属分别为校尉、旅帅、队正,取消将军、都督称号。至此,府兵自上而下,形成了完备的组织体系。另外,士兵总称卫士,使具禁卫军性质,并有内军、外军之分。左右卫的亲卫、勋卫、羽卫所统骠骑府、车骑府府兵,属于内军;其余各卫府所统骠、车府兵,都是外军。内军和外军皆有宿卫京师和奉调出战的双重任务。除府兵以外,中央军队还有禁兵、骁果等。

禁兵是专事皇帝宿卫的亲兵,分为内卫和外卫。左右卫、左右领左右府辖下的多数卫士和左右武侯府所统约启从卫士,属于内卫;其余禁兵则为外卫。内外卫禁兵和番上宿卫的内外军府兵相互制约,共同保卫皇宫与京师安全。

延伸阅读

骁果军

骁果军是隋朝的御林军,也是隋朝最精锐的部队之一,隶属于右屯卫。史载:骁果军者,隶右屯卫,乃上(隋文帝)之亲勋卫率,开皇三年,文皇帝集骁卫与果毅军,并为骁果卫,选军中壮士充任,以血鹰刺左臂。后来,隋炀帝赴江都,从关中拣选强悍者编入骁果军,作为皇帝的宿卫军。但因在江都滞留过久,军队哗变,隋炀帝被杀死。骁果军的控制权落入司马德戡和宇文化及手中,两人内讧加上路遇瓦岗军,这支军队遭到极大重创,遂星散。

府兵制的兴起与衰落

> 府兵制是唐代兵制之一,该制度最重要的特点是兵农合一。府兵平时为耕种土地的农民,农隙训练,战时从军打仗。府兵参战武器和马匹自备,全国都有负责府兵选拔训练的折冲府。

府兵制是古代兵制之一。由西魏权臣宇文泰建于大统年间(535—551),历北周、隋至唐初而日趋完备。唐玄宗天宝年间(742—755)随着募兵制的大兴,历时约200年的府兵制只剩下空名,该制度遂废除。

府兵本泛指军府之兵。北魏在镇压六镇起义后分为东、西魏。为了与东魏抗衡,西魏宇文泰于大统八年(542)把流入关中地区的六镇军人和原在关中的鲜卑诸部编为六军。次年与东魏作战,败于洛阳邙山,损失很大。为了补充和扩大队伍,以后几年不断收编关陇豪右的乡兵部曲,选任当州豪望为乡帅。

大统十六年(550)后,逐渐健全了八柱国(大将军)、十二大将军、二十四开府(又称二十四军)的府兵组织系统。八柱国的设置乃模仿鲜卑拓跋部的八部制度,其中宇文泰实为全军统帅,魏宗室元欣仅挂虚名,实际分统府兵的只有六柱国,也与周代六军之制相符。西魏恭帝元年(554),按照北魏早期所属大小部落的姓氏赐诸将姓,作为早已"灭绝"了的这些部落的继承人,所统兵士也改从各自主将之姓,这就给府兵制涂上了一层鲜卑部落兵制的色彩。

府兵是唐初的主要军事力量。其编制的基本单位是折冲府(又称军府)。府分三等,上府1200人,中府1000人,下府800人。军府长官为折冲都尉,副职为左右果毅都尉。府兵称卫士或侍官。军府分别隶属于十二卫和六率。十二卫各设大将军一人,直接听命于皇帝。六率各设率一人,隶属于太

◆ 宇文泰陵墓遗址。宇文泰既是北周的实际开创者,也是府兵制的创设者。

子。军府最多时有634个，约40%分布在京师所在的关中，以便中央政府控制四方。府兵必须凭尚书省兵部的兵符才能调拨。战时由皇帝命将率军出征，战争结束，将领回朝，士卒归府，将无常兵，难以干预国政。

唐代府兵制在太宗和高宗统治前期曾经有效地实行，但自高宗后期以至武后时就逐渐被破坏，到玄宗统治时终于被废除。破坏的原因：一是战事频繁、防御线延长、兵役繁重。原来防戍有一定的番休期限，后来常被强留以至久戍不归，导致人民避役，兵士逃亡；二是府兵地位的低落。唐初承前代遗风，对于卫士比较尊重。但到武后时，卫士往往被贵族官僚借为私家役使，导致社会上以充当府兵为耻辱；三是高宗以后，土地兼并日益严重。府兵征发对象主要是均田农民，随着均田制的破坏，府兵征兵制失去了赖以实行的经济条件。这样，玄宗统治时期，府兵逃散的情况日渐增多，以致番上卫士缺员，征防更难调发。

开元十年（722），宰相张说以宿卫之数不给，建议招募强壮。次年，募取京兆、蒲、同、歧、华等州府兵及白丁为长从宿卫。十三年，改名"彍（锅）骑"，分隶十二卫，基本上代行了府兵宿卫的任务。征防兵士中，府兵本来就少于兵募，武后时出现了防卫本州的团结兵；玄宗初，军镇又出现了来自招募的健儿。当时，军府空虚，府兵番上宿卫已经不能足额，征防必然更难从府兵中征发，实际上除了被强留下来的以外，诸军府兵员的缺额大概很少得到补充。

◆ 唐代将士

天宝八年（749），鉴于军府无兵可交，遂停折冲府上下鱼书，府兵制终于废止。

延伸阅读

折冲府

折冲府是唐代府兵制基层军府的名称。西魏、北周时期军府的长官是开府，其副为仪同。隋初为骠骑将军和车骑将军，军府即改称骠骑府。隋末，军府称鹰扬府，主官为鹰扬郎将、鹰击郎将。唐建国，改鹰扬郎将为军头，鹰击郎将为府副。旋又袭用隋初旧制，初军头为骠骑将军，府副为车骑将军，军府为骠骑府、车骑府。武德二年（619），以车骑将军府隶骠骑府。

宋代军队的招募与待遇

> 募兵制的出现为规模庞大的常备军提供了基础，宋代是中国古代募兵制的鼎盛时期。当时，不论禁兵、厢兵，还是南宋的屯驻大军等，一般都采用招募的办法。有宋一代，募兵始终是军队的主要来源。

北宋汴京周围有约二三十万驻军，连同其家属就更多。再加上约三万官员（宋代武臣大大多于文官，也与常备军相关）连同其家属（官员家属人数要大大多于军兵），又是几十万。可以说，宋代汴京官员、军人连同家属构成了城市人口的主体。这是一个巨大的消费群体，它造成了巨大的需求。这种需求造成了一定程度的商品经济的繁荣。

"募兵制"的选兵标准很高，要求全副三层衣甲——即"上身甲""股甲""胫甲"。当时没有裤子，下身是战裙——即裙状的皮革"股甲"。裙子里边光着大腿，从膝盖以下有半截裤筒似的胫衣套在小腿上——胫衣是由从远古时代的绑腿演化来的，后来继续向上扩张成为裤子，对于军人来讲小腿上的胫衣就是皮革"胫甲"。穿好这上身甲、股甲、胫甲三层衣甲，脑袋上再着胄(青铜头盔)，操十二石之弩，挎箭五十枚，荷戈，带剑，裹三日之粮，负重奔跑，由拂晓至日中，能奔跑一百里者，才能应征入伍。

宋太祖赵匡胤最早将强壮的军士选充"兵样"，分送各地，用作招募的标兵。后又改置"等长杖"，按身长尺寸招兵，各种番号的禁兵、厢兵等，身长标准也各有等差。招募为兵者，必须在脸、臂或手部刺字，以防逃亡，这是当兵的耻辱标记。军士由一支军队转换另一支军队，也须改刺番

◆ 宋代军服复原图

号。刺字完毕，则发放衣鞋、钱币等，称"招刺利物"。宋朝尽管设置等长杖，而实际招募时，也可明令降低身长标准。至于官吏在招兵时，以老弱病患者滥充强壮者，更是屡见不鲜。

宋朝对各级禁兵、厢兵将士、屯驻大军将士等，都发放军俸。军俸级别极为复杂，既有官兵差别，官与兵又各有等差，因各地币制、物价等差异，又形成地区差别。军士的正俸一般包括料钱、月粮和春冬衣。此外，还有郊祀赏赐、特支钱、雪寒钱、柴炭钱、银鞋钱、薪水钱，因立战功等原因而颁发的军赏，往沿边或外地出戍时发放领取钱米的口券，此类固定性或临时性的补助，名目繁多，难以悉数。宋朝军士大都携带家眷，居住在兵营。一般情况，上等禁兵的收入可维持全家温饱，而厢兵收入微薄，不足以糊口，加之军官经常欺压和奴役军士，克扣薪饷，使很多军士生计艰窘，不得不兼营他业，因而严重影响宋军的战斗力。军士逃亡和反抗事件也层出不穷。

宋朝对各级军士每年或不定期地实行拣选。壮健骁勇的军士可由厢兵升禁兵，禁兵中的下、中、上等兵直至皇帝近卫班直亦可依次升迁。不合格的军士则须降低军种和军级。老弱残疾的军士，可充当"小分"或"剩员"，领取一半军俸，担任军中各种杂役，也可削除军籍，回乡务农，或任便居止。但拣选制往往徒具形式，并不认真执行。

因招刺太滥，拣选不实，训练颇差，使宋军维持一支素质甚差的庞大队伍，巨额的军费开支，常占据宋朝财政支出的十分之

◆ 宋太祖赵匡胤

七八，造成严重的财政危机，大大加重人民的税役负担。大量军士脱离农业，造成农业劳动力的短缺，影响农业生产的正常发展，甚至出现了肥沃农田大量抛荒的严重后果。

延伸阅读

募兵制的优缺点

募兵制由国家招募丁男当兵，供给衣食，免征赋役。这就减轻了农民的兵役负担，节省了府兵往来与路途的消耗，有利于生产的发展，封建国家也得以建立一支强有力的军队。不过，募兵制的士兵以当兵为职业，将领长期统帅一支军队，兵将之间有了隶属关系，导致军阀的形成。

宋代的军队分权

> 宋代实行"枢密掌兵籍、虎符,三衙管诸军,率(帅)臣主兵柄,各有分守"的制度,北宋的二司、三衙是直接管辖全国军队的最高军事机构。

宋朝是在结束唐末五代割据纷争基础上重建的统一王朝,分北宋和南宋两个历史阶段。其军制奠定于北宋初年,南宋相承,但又有差异。北宋开国后,赵匡胤为矫治前代将帅拥兵自重、割据分裂之弊,即进行军制改革。采取兵权集中于皇帝,臣僚分揽军政,中央萃集精兵,更番戍守边城要地。抑制将权,以文治武,内外相制,守内虚外等改革措施,对强化中央集权,开创宋代基业,起了积极作用。但其后继者奉此为基本国策,遵从不变,则又导致了冗兵坐食,战力积弱,国势日衰,致使两宋百万兵将,在与辽、西夏、金的抗衡中屡遭失败,最终为起于漠北的元朝所灭。

宋朝军队的建立、调动和指挥大权由皇帝直接掌握。其下军权三分,"枢密掌兵籍,虎符,三衙管诸军,率臣主兵柄,各有分守"。枢密院为中央最高军事机关,掌管军政、军令,制定战略决策等事。正副长官为枢密使、枢密副使,或称知枢密院事,同知枢密院事。

南宋中期,规定宰相兼枢密为定制。三衙,即殿前都指挥使司(殿前司)、侍卫亲军马军都指挥使司(侍卫马军司)和侍卫亲军步军都指挥使司(侍卫步军司),为中央军事指挥机关。各设都指挥使、副都指挥使、都虞候等武帅,分统全国禁军和厢军,其地位低于枢密院长官。率(帅)臣是禁军出师征战或戍时临时委任的统军大将,官名为都部署(后改名都总管)、钤辖、都监等,统领

◆ 宋代军队

◆ 赵匡胤

当地三衙禁军，事毕则罢，后又在路或州、府设经略安抚使、经略使、安抚使等职为率臣，兼管较大地区军民内政，由文臣任正职，武将任副职。军事行动一般须奉命于皇帝、宰相和枢密院。枢密院、三衙、率臣，职权分割，上下相维，使军权高度集中于皇帝。此外，尚书省还设有兵部，主要掌管仪仗、武举、兵器、马政、地图等军务事宜，兼掌厢军、乡兵、土军、蕃兵、边境少数民族首领的官封与承袭等。由此可见，宋朝的军事指挥机关多如牛毛。一旦有事将不知兵，兵不知将。后勤等各单位互相推诿扯皮，军队怎么会有战斗力？而形成战斗力的部队，就只有靠将帅的个人魅力来支撑，如杨家将、岳家军等。

宋朝武官有阶官和军职之别。武阶官是表示官员等级、确定品位和俸禄而无实际职掌的虚衔，如大尉、通侍大夫、忠训郎等，其升迁称"转官"或"转资"。军职为官员治事的实职，如侍卫马军都指挥使、都虞候、副兵马使、统制、统领、正将、部将等，其升迁称"转阶级"。禁军、厢军的军官称谓：三衙长官至厢都指挥使称都校，军都指挥使全都头称将校，军头币押官称节级。都校升迁无定序，将校和节级升迁，通常3年一次。军职升迁的同时，阶官也随之升相应品位。节级内的升迁，多以军功、武技或分绩为条件。

宋朝初级武官的来源，大都从有战功的军士提升；少数通过武学培养和武举选任。武学学员来自未授职的补臣、荫补子弟、京官保荐的平民，学习诸家兵法、历代战例及骑射等武艺。武学、武举3年一试，合格者按等第授官，武学不合格者，续学次年再试，三试不合格者除其籍。

宋朝还在中央设十六卫官衔，如左右金吾卫的上将军、大将军、将军等，称"环卫官"。

延伸阅读

杯酒释兵权

赵匡胤发动陈桥兵变，一举夺得政权之后，却担心自己的部下也效仿，想解除手下一些大将的兵权。于是在961年，安排酒宴，召集禁军将领石守信、王审琦等饮酒，叫他们多积金帛田宅以遗子孙，歌儿舞女以终天年，从此解除了他们的兵权。在969年，又召集节度使王彦超等宴饮，解除了他们的藩镇兵权。宋太祖的做法后来一直为其后辈沿用，史称"杯酒释兵权"。

明代的卫所制

> 卫所制是明朝最主要的军事制度,是明太祖朱元璋首创,其构想来自于府兵制。明洪武十七年(1384),在全国各军事要地设立军卫。各卫所都隶属于五军都督府,亦隶属于兵部,有事从征调发,无事则还归卫所,从而形成明朝200余年的定制。

明初的军制比较简单,其基层单位是"卫"和"所",每卫辖正规军士约5000人,其下设所,分为千户所和百户所,京城的禁卫军所辖卫所为48处。到洪武十五年(1382),朱元璋决定改革禁卫军,设立了12亲军卫:锦衣卫、旗手卫、金吾前卫、金吾后卫、羽林左卫、羽林右卫、府军卫、府军左卫、府军右卫、府军前卫、府军后卫、虎贲左卫。明成祖朱棣靖难成功后,增设10卫:金吾左卫、金吾右卫、羽林前卫、燕山左卫、燕山右卫、燕山前卫、大兴左卫、济阳卫、济州卫、通州卫。明宣宗朱瞻基于宣德八年(1433)再次增设4卫:腾骧左卫、腾骧右卫、武骧左卫、武骧右卫,从而形成26卫,合称天子26卫。

明代全国的军队都受"五军都督府"节制,但明初天子26卫并不受五军都督府管辖,而是直接听命于皇帝。

明代军制继承发展了唐、宋、元三朝的兵制特点,军籍是世袭的,卫所兵有定籍,兵农合一,屯守兼备,不但保证了兵源,也满足了军队的供给。明代的卫所庞大而且复杂,除了直属皇帝的亲军卫、受五军都督府管辖的卫所外,还有屯垦卫、驻守卫、戍军卫和护卫。全国的卫军人数多达200余万,明代中后期甚至超过了260万。

明初曾设置大都督府,后来因为大都督

◆ 明代士兵

府的权力过大。朱元璋在洪武十三年(1380)废丞相制的同时，也废除了大都督府，改为五军都督府，权力一分为五，分别是中军都督府、左军都督府、右军都督府、前军都督府、后军都督府，这个机构是统领全国军队的最高军事机构。五军都督府各设左、右都督，正一品；都督同知，从一品；都督佥事，正二品。中军都督府的断事官为五军都督府的断事官。朱元璋为了防范统军将领的专权，又规定五军都督府对军队无调遣权，其调遣之权由皇帝直接掌管；兵部在军队中虽有任免、升调、训练之权，但不统兵。每逢战事，由皇帝临时委派专人担任总兵官，统率卫所部队出征，战事结束，总兵归还将印，军队归还卫所。

五军都督府所属卫所，既有在京的，也有在外各省的，其中左军都督府在京管辖：留守左卫、镇南卫、骁骑右卫、龙虎卫、沈阳左卫、沈阳右卫6卫。在外下辖浙江16卫、38个千户所；辽东25卫、18个千户所；山东19卫、16个千户所、3个仪卫司、3个群牧所。

右军都督府在京管辖留守右卫、虎贲右卫、武德卫三卫。在外下辖直隶1卫，陕西28卫、16个千户所、3个仪卫司、3个群牧所。陕西12卫、3个千户所。四川11卫、10个千户所，2个仪卫司、1个群牧所。广西10卫、23个千户所、1个仪卫司。云南20卫、20个千户所。贵州17卫、12个千户所。

中军都督府在京下辖4卫，在外下辖直隶26卫、16个千户所。中都（凤阳）7卫、1个千户所。河南12卫、6个千户所、7个仪卫司、4个群牧所。

前军都督府在京下辖3卫。在外下辖直隶1卫，湖广27卫、33个千户所、4个仪卫司、3个群牧所。湖广7卫、9个千户所、3个仪卫司。福建16卫、20个千户所。江西4卫、11个千户所、3个仪卫司、2个群牧所。广东15卫、51个千户所。

后军都督府在京下辖20卫。在外知直隶34卫、12个千户所。河北23卫、8个千户所。山西9卫、9个千户所、3个仪卫司、3个群牧所。山西行都司13卫、3个千户所。

除了五军都督府以外，还设立了都司管理少数民族地区的军队，奴儿干都司下辖384个卫所，实际上都是少数民族的土官卫。同样在云南、四川、贵州和甘肃也有为数众多的土官卫所，但并不属于明代的正规卫军。

五军都督府所管辖的各个卫所庞大而且相互牵制，也并无直接隶属关系，使得皇帝能够放心地控制军队。这种军制，既反映了明代统治者对外族的作战需要，也反映了对臣下的防范和戒备。

延伸阅读

锦衣卫

锦衣卫，前身为明太祖朱元璋所设御用拱卫司，主要职能是监视、侦查、镇压官吏的不法行为。明洪武二年（1369），改设大内亲军都督府，后来改设锦衣卫，作为皇帝侍卫的军事机构。朱元璋为加强中央集权统治，特令其掌管刑狱，赋予巡察缉捕之权，从事侦察、逮捕、审问活动。从明宣宗朱瞻基之后，逐渐被宦官利用，沦落成宦官的帮凶，罗织了很多大案、冤案。

清代的八旗制

八旗制度是努尔哈赤根据女真族原始的狩猎组织改编而创立的。这种军事组织的核心是"以旗统军,以旗统民,平时耕狩,战时出兵,兵民一体"。八旗制度以八旗为纽带,将全社会的军事、政治、行政、司法和宗教连接成为一个组织严密、生气蓬勃的社会有机体。

八旗制度是清代满族的社会组织形式,满族的先世女真人以射猎为业,每年到采捕季节,以氏族或村寨为单位,由有名望的人当首领,这种以血缘和地缘为单位进行集体狩猎的组织形式,称为牛录制。总领称为牛录额真。牛录意为大箭;额真,又称厄真,意为主。牛录额真制实际上带有部落组织的色彩。

努尔哈赤在统一女真各部的战争中,取得节节胜利。随着势力扩大,人口增多,他于万历二十九年(1601)建立黄、白、红、蓝四旗,称为正黄、正白、正红、正蓝,旗皆纯色。万历四十三年(1615),努尔哈赤为适应满族社会发展的需要,在原有牛录制的基础上,创建了八旗制度,即在原有的四旗之外,增编镶黄、镶白、镶红、镶蓝四旗(镶,俗写亦作厢)。旗帜除四正色旗外,黄、白、蓝均镶以红,红镶以白。把后金管辖下的所有人都编在旗内。

其制规定:每300人为1牛录,设牛录额真1人;5牛录为1甲喇,设甲喇额真1人;5甲喇为1固山,设固山额真1人。据史籍记载,当时编有满洲牛录308个,蒙古牛录76个,汉军牛录16个,共400个。此时所编设的八旗,即后来的满洲八旗。清太宗时,又建立蒙古八旗和汉军八旗,旗制与满洲八旗同。

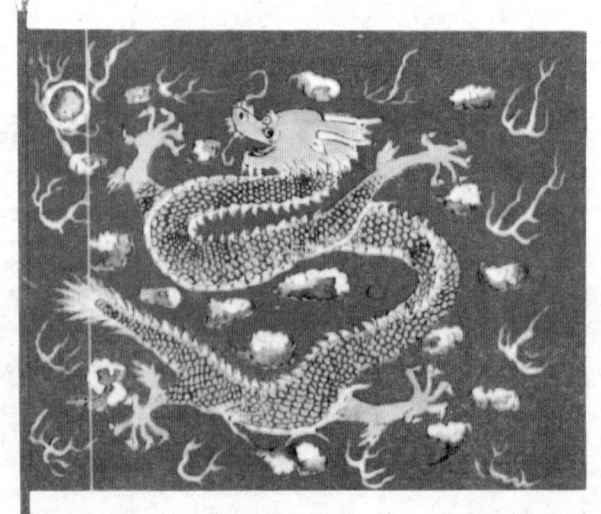

◆ 正红旗

◆ 正白旗

八旗由皇帝、诸王、贝勒控制，八旗制终清未改。

八旗初建时兵民合一，全民皆兵，凡满洲成员皆隶属于满洲八旗之下。旗的组织具有军事、行政和生产等多方面职能。入关前，八旗兵丁平时从事生产劳动，战时荷戈从征，军械粮草自备。入关以后，建立了八旗常备兵制和兵饷制度，八旗兵从而成了职业兵。

清定都北京以后，绝大部分八旗兵丁屯驻在北京附近，戍卫京师的八旗则按其方位驻守，称驻京八旗，俗称京旗，实即禁军。另抽出一部分旗兵派驻全国各重要城市和军事要地，称驻防八旗。八旗有一套完整的制度，如封爵，崇德元年（1636），始定亲王、郡王、贝勒、贝子、镇国公、辅国公、镇国将军、辅国将军、奉国将军9等。八旗按引军旗色定户籍。八旗兴办宗室觉罗学、官学等，课其子弟。八旗宗室王公及官兵的婚丧等均有规定。清初定满汉不通婚，直到光绪二十七年（1901）才取消禁令，实际上民间早已通婚。

八旗制度从正式建立到1911年辛亥革命后清王朝覆灭，共存在296年。它是清王朝统治全国的重要军事支柱，曾为发展和巩固中国多民族统一的国家、为保卫边疆防止外来侵略等都作出了重要贡献，对满族社会的发展，更起到不可磨灭的作用。随着历史的嬗变，八旗制度中落后的一面也日益明显，严重地束缚了满族人民的发展，在征战中的作用也愈来愈小。八旗制度与清王朝的命运紧密地联系在一起，经历了由盛而衰、由衰而亡的整个历史过程。

延伸阅读

清代八旗常备军

顺治元年（1644），清廷入关后，建立起八旗常备兵制，仍严格实行按民族分别编制的原则，则满洲、蒙古、汉军各为八旗，兵额总数约为22万余人。八旗兵以满洲八旗为基干，采取世袭兵制，在年16岁以上的八旗子弟中挑补骑兵。满、蒙、汉八旗，每旗各设都统（满语称固山额真）一人，副都统（满语称梅勒章京）二人，所属骁骑参领（满语称甲喇章京），满洲、汉军每旗各五人，蒙古每旗二人。镶黄、正黄、正白为上三旗，其兵丁负责保卫宫廷；镶白、正红、镶红、正蓝、镶蓝为下五旗。行军巡狩以上三旗和正蓝共四旗居左为左翼，其余四旗居右为右翼。

第五讲

军事技术——攻防利器掠敌营

冷兵器概略

> 冷兵器的产生始于原始社会晚期，开始于冶金技术的出现，并一直使用到现在。在中国，从夏商周时代开始，冷兵器就登上了战争舞台。商周时期到春秋时代，主要兵器还是青铜器，战国后铁兵器成为主流。宋元后，火药开始得到使用，开始了火器和冷兵器并行的时代。

兵器起源于远古人类的渔猎工具，以后在人类相互残杀的战争中，成为伤害对方的特制器械。在史前阶段，原始社会的氏族或部落之间，出于争夺生存空间、获取祭神的牺牲品，乃至血族仇杀等原因，不断发生争斗，导致人们相互残杀，于是各种带锋刃的生产工具，都被作为武器使用。

中国古代的冷兵器时代，指从史前时期兵器出现，直到封建社会结束，即清王朝的闭关政策在1840年鸦片战争后被帝国主义列强打破，中国沦为半封建半殖民地社会为止。除了冷兵器独占沙场的时代，还出现了火器和冷兵器并行的时代。北宋初编成的《武经总要》明确记载了火药兵器，由此可见北宋是中国兵器的一个转折期，火器作为一种武器正式登上历史舞台。

在使用冷兵器的阶段中，又可以依据主要兵器的质地和工艺特点，区分为三个连续发展的较小的阶段，即石器时代的兵器、青铜时代的兵器和铁器时代的兵器。

石器时代实际指新石器时代中晚期，是冷兵器的萌发阶段或原始阶段。当时最先进的工艺，是磨制石器，因此原始兵器也以磨制的石兵器为其代

◆ 早期冷兵器——青铜剑

◆ 早期冷兵器——青铜刀

表，特别是钺和镞，但大量使用的还是由木、骨乃至蚌、角制造的兵器。至于防护装具，更以藤、木、皮革为主。

青铜时代是冷兵器的发展阶段。当时最先进的工艺是青铜冶铸技术，因此最精锐的兵器以青铜质料为代表，主要是青铜戈、矛、钺、镞，也发现以青铜铸造的防护装具。这时还使用着大量石、骨制造的兵器，防护装具则主要是皮质的甲胄。当时社会处于奴隶制时期，即夏商周三代，下限可延至战国。青铜兵器经历了发生、发展、成熟和衰落四期：发生期约相当于夏至商初；发展期约在商代；成熟期约在西周至春秋；衰落期约始于战国，那时铁兵器已较多地出现于战争场合。

铁器时代是冷兵器的成熟阶段，最先进的工艺为钢铁的冶炼，于是铁兵器逐渐代替了青铜兵器，连防护装具也以铁制造的为主。当时社会已进入封建制时期，自战国秦汉直到北宋，铁兵器的发展可以区分为四期：发生期约当战国至秦汉；发展期约当三国两晋至南北朝；成熟期约当隋唐；衰落期约当北宋，那时火药兵器已出现在军队的装备中。

火药兵器和冷兵器并用虽然始于宋代，但是却盛于明代，明初大规模的将金属管状射击火器用于实战，是中国封建时代使用火器的一个高峰。火器和冷兵器并用阶段的前期，又可分为三个连续发展的小期：火药用于制作兵器，原始管形射击火器的萌芽，金属管形射击火器的出现。

从明代中叶到清代末年，是火器与冷兵器并用时代的后期。这时元末明初金属管形射击火器发展的势头停滞下来，制造技术逐渐落后于西方，以至到明代中叶不得不从舶来品中汲取技术，仿制西方的火器，出现了主要靠引进的技术发展火器的局面。

延伸阅读

兵器之霸——刀

刀为单面长刃的短兵器。刀的最初形态，与钺非常接近。到春秋战国时期，刀的形状发生巨大变化。冷兵器时代，很长一段时间内刀被作为军队的主要武器，不论是骑兵还是步兵军都曾大规模地配备刀。尽管剑被称为兵器之尊，但中国剑的作用主要是一种装饰和象征，并不适用于战场拼杀，更不适合骑兵使用。三国时期，刀曾大规模装备军队。史载，蜀主刘备曾令工匠一次性造刀5000把，吴王孙权则命造刀1000把，司马炎也曾一次遣人造刀8000把。由此可见当时刀使用的普及程度。

青铜时代：冶炼业和青铜器的发展

> 青铜兵器是从狩猎工具发展而来的，汉代郑玄注《周礼》中有所谓"五兵"之说，指的是矛、弩、剑、戈、锻。但《吕览》中说五兵是指矛、戟、钺、楯、弓，说法不一。现出土的青铜兵器大体有戈、戟、矛、戌、剑、刀、镞、弩机等八类。

铜器的出现，标志着人类社会从石制工具时代进入到了使用金属器具的时代。商代青铜兵器有了长足的发展，青铜兵器的使用，使兵器进入了一个全新的历史阶段。

青铜是红铜加锡的合金，因为这种合金制造的兵器颜色呈青灰色或青绿色，故名青铜兵器。中国青铜兵器时期是与中国青铜器时代即奴隶社会相始终的，即从公元前21世纪的夏代开始至公元前5世纪的春秋战国时代止，先后经历了夏、商、西周和春秋，占据了中国古代战争舞台长达1600余年。

夏代虽然出现了青铜，但主要兵器仍然是石制兵器，只是在原来的基础上有所改进，有了少量的青铜兵器。至商代，青铜兵器已经比较发达了。一是兵器的种类增多。1935年，在河南省安阳殷墟出土的商代文物已有铜矛头、铜勾、铜戚、铜刀、铜斧、铜镞等。另外，在山东省益都出土的商代兵器有铜钺、铜头玉矛、铜戈。二是青铜兵器的制作技术较高，青铜兵器在铜、锡、铅合成比例上已经比较科学。三是商代军队普遍装备了青铜兵器，当时主要有车兵和步兵，车兵已广泛使用了斧、钺、戈、矛等青铜兵器。

西周青铜兵器在商代青铜兵器的基础上有较大的发展。西周时期大型青铜器的铸造技术仍然因袭商代，但青铜兵器的制造超过了商代，兵器进一步多样化。这个时期的

◆ 青铜戈

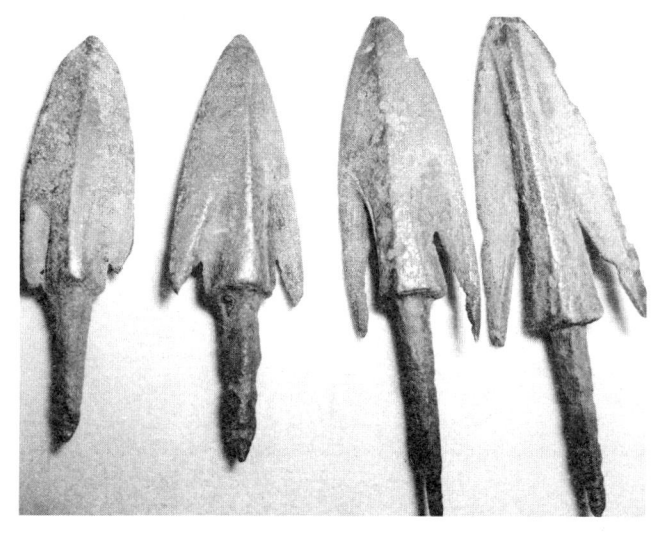

◆ 青铜箭镞

长兵器有戈、戟、钺、矛、斧等，短兵器则有刀、剑、双钩等。青铜兵器的质地颇为精良，其构造与商代相比有较大的进步。如矛的长度加长，刃长而銎管短，戈由无胡无穿发展到短胡一穿，有的甚至三穿、且内有刃，宽胡斜刃戈也开始问世。尤其是短兵器，周代比商代有了更大的发展。

春秋时期，诸侯纷争，战争频繁，为了满足当时车战的需要，青铜兵器发展到全盛时期。无论在兵器的形制、数量、质量等方面都有提高和改进。《考工记》里对青铜兵器中的铜、锡、铅三种成分的配比做了明确的记载，足以说明当时青铜兵器的冶铸技术的高明。越王矛、越王勾践剑、吴王夫差剑等稀世珍品的出土，也都证明了当时兵器制造的精良程度。

战国后期的秦国已经是青铜剑、铁剑并用，长度达100厘米左右，剑身狭长，表面经过仔细地研磨，并有一曾铬盐氧化物，显现着乌黑的光泽，能防蚀防锈，陕西秦墓出土的诸多长剑几乎有如新制，而其他兵器如：铍、矛、殳、镞等也都应用此法。这种长度的青铜剑在以往是不可想象的，由于青铜硬而脆，过长的剑极易折断，因此剑的长度历来是受到限制的，秦代的长剑硬度一如经过处理的中碳钢，令人不敢置信。经过学者的研究，发现其剑身有规律地作多段的收束，剑身宽度逐段变窄，而厚度则作比例性的加大，使其物理性能达到非常完美的地步。据说兵马俑出土时有过大量碎片压住青铜长剑的实例，移开碎片后，长剑立即反弹恢复原状，可见这种青铜剑韧性之优良。

延伸阅读

吴越名剑

春秋时期，互为世仇的吴越两国同以铸剑闻名于当世。我们由现存的实物可以充分证明，其技术之精湛、工艺之华美，可称举世无匹，尤其是剑身的表面处理，不但具有神秘华丽的花纹，在2500年后的今天，仍然寒光四射、锋锐如新，这种处理技术至今仍然是个谜。此时，钢铁制的兵器也登上了舞台，或许对于青铜兵器的锻冶技术已累积了足够的知识，又或许摺叠钢的技术本来就承袭自打造青铜兵器的经验，无论如何，这个时期的兵器制造，其水准的确领先了全世界一大截。著名的铸剑大师如欧冶子、干将等人，炼就一批千古名剑：干将、莫邪、湛卢、巨阙、纯钧、龙渊、太阿、工布、鱼肠等。即使实物不存，它们的赫赫威名仍令我们心驰神往。

甲胄：防御性武器的始祖

> 甲胄的出现是和原始社会末期私有制出现、战争日益频繁、进攻性武器逐渐锐利等因素紧密相关的。甲胄从一出现就受到重视，并且沿袭了数千年，其间甲胄的形制不断得到改进，制作甲胄的材料亦多种多样，其防护功能逐步完善。直到今天，甲胄对人类的影响仍然非常深远。

东周至秦汉之际，由于战争频繁且规模增大，穿着甲胄的重装部队在各国部队中的比例日益增多。战国时期，各大诸侯国均拥有数量庞大的重装部队——"甲士"。秦国经过商鞅变法国力渐强，在对"山东六国"的长期兼并战争中，甲士在数量上已经不亚于其他诸侯国，所谓"带甲百万"即此；且由于秦军作战勇猛令其他国家的军队望而生畏，故而被称为"虎狼之师"。在这支"虎狼之师"中，有一些甲士作战时常只穿甲衣而不戴头盔，文献上称为"科头军"，他们以此显示与敌决一死战的决心，往往给敌军士气以极大的打击。

战国时期，甲胄主要以皮革制作，但也出现了铁甲胄。到西汉中期，铁甲胄已经占据了主要地位。而从秦始皇陵兵马俑坑和石甲胄陪葬坑的甲胄资料分析，秦代的铁质甲胄已经占据相当的比例，但仍以皮质为主，明显地带有从战国至秦汉过渡时期的色彩。甲胄质地之所以由皮革转变为铁质，是因为战国至秦汉时期进攻性武器由青铜转变为更锋利的铁兵器，迫使作为防护兵器的甲胄随之进步。

由于甲胄在战争中的作用日益重要，各国都很重视甲胄的制作。春秋战国之际齐国官修的《考工记·函人》详细记述了制作皮甲的复杂程序、工艺以及甲胄的形制、尺寸、结构和各部位的比例，充分反映了齐国

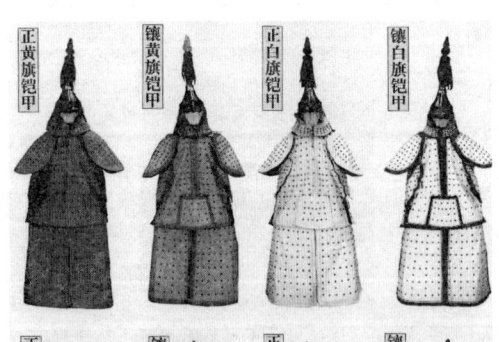
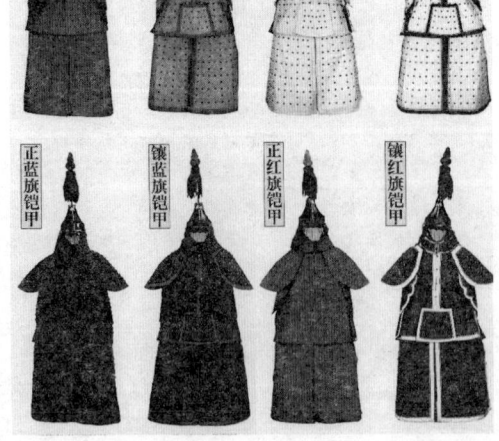

◆ 清代八旗甲胄

◆ 青铜胄（头盔）

以至其他诸侯国对甲胄的高度重视。而在秦国，由于连年进行兼并战争，从秦昭王到秦王政(即秦始皇)时，已经将甲胄的重要性提升到国家法律的高度。

20世纪70年代，在湖北云梦的一座秦墓中，发现了大量秦昭王时期至秦始皇时代的竹简，被称为"云梦秦简"。该简册主要记载了当时对违法者的处罚标准，其中最常见的处罚种类称为"赀"，即违反法令者以缴纳规定数量的钱财或实物来抵赎自己的罪。而赀刑中最常见的则为"赀一甲""赀一盾"等处罚方式。从字面意思看，似乎是违法者直接以缴纳甲胄或盾牌等实物来抵罪，但是秦国经商鞅变法，奖励公战，严禁私斗，严禁民间私造兵器，甲胄盾牌等兵器自然也在禁造之列，个人不可能私造甲胄上交；其次，从《考工记》的记述可知，甲胄的制作工艺非常复杂，非专业人士不可能造出精良的甲胄；目前所发现的秦代甲胄资料显示，同一类型的甲胄形制、尺寸、结构以及甲片的数量等基本相同，也就是说秦朝的甲胄制造实现了标准化，这样的甲胄绝非"各自为政"的私造方式所能制成的。综而观之，秦代"赀"刑所要缴纳的不大可能是甲胄等实物，而更可能是与甲胄、盾牌等实物价值相当的货币或财物，由此也可看出当时对甲胄的重视程度。

秦代甲胄的日趋成熟和完善，绝非偶然，而是有着多方面原因的。一方面，当时各国之间的战争使甲胄在制作工艺和质量上有所提高；另一方面，从甲胄自身的发展阶段来看，经过原始社会末期以至秦代2000多年的漫长发展，皮甲胄的制作工艺已经相当完善，与汉代皮甲胄逐步减少的状况相比，秦代可以称为皮甲胄发展的最高阶段；同时，铁甲胄这种新种类的甲胄也有所发展。所以，秦代是两种质地的甲胄并存发展的时期，也是中国古代甲胄发展史上承上启下的关键时期。

延伸阅读

与甲胄相媲美的盾牌

盾牌是古代作战时一种手持格挡，用以掩蔽身体，抵御敌方兵刃、矢石等兵器进攻的防御性兵械，呈长方形或圆形，其尺寸不等。盾的中央向外凸出，形似龟背，内有数根系带，称为"挽手"，以便使用时抓握。

在古代东方，以及古希腊、古罗马等具有古老历史的国家，作战时都广泛使用盾牌。公元前2000年出现了铜盾，后来又出现了铁盾。盾牌的表面一般都包有一层或者是数层皮革，可以防止箭、矛和刀剑的攻击。通常还绘有各种彩色的图案、标志、徽章等。随着枪炮火药等兵器的发展，盾牌逐渐被废弃。

盾虽然只能用以防御，但常配以刀枪，也能发挥很大的进攻能力。用法主要有：腾、跌、扑、滚、伏、窜、踺、蹲等。盾牌作为武术套路较为流行的有：矛、盾对打、盾牌刀进棍、盾牌刀进枪、三节棍进盾刀等。

战车:纵横陆上的王者之师

> 战车是古代用于战斗的马车。一般为独辀(辕)、两轮、方形车舆(车箱),驾四匹马或两匹马。其种类很多,有轻车、冲车和戍车等。战车最早在夏王启指挥的甘之战中就已经使用。到了汉代,随着骑兵的兴起,战车逐渐退出了战争舞台。

战车是古代战争中用于攻守的车辆。攻车直接对敌作战,守车用于屯守并载运辎重。一般文献中习惯将攻车称为战车,或称兵车、革车、武车、轻车和长毂。夏朝已有战车和小规模的车战。从商经西周至春秋,战车一直是军队的主要装备,车战是主要作战方式。

一辆战车称为一乘,由两匹或四匹马拉车。四匹马拉的车,中间的两匹马称"两服",用缚在衡上的轭驾在车辕两侧。左右的两匹称"两骖",以皮条系在车前,合称为"驷"。马具有铜制的马衔和马笼嘴,这是御马的关键用具。马体亦有铜饰,主要有马镳、当庐、马冠、月题、马脊背饰、马鞍饰、环、铃等。

每一辆战车载重装甲士3名,按左、中、右排列。左方甲士持弓,主射,是一车之首,称"车左",又称"甲首";右方甲士执戈(或矛),主击刺,并有为战车排除障碍之责,称"车右",又称"参乘";居中的是驾驭战车的御者,只随身佩带短兵器。这种乘法可以追溯到商朝。如在殷墟车马坑中,3名甲士分布两处,车后2人,舆侧1人;3套兵器,第一套华贵精美,余两套仅为一般的铜质,有明显的等级差别,兵器的品种也明显地有射御之分。据《左传》等文献记载,西周和春秋时期的乘法也与此相同。此外,还有4人共乘之法,称为"驷乘",但这是临时搭载性质,并非通例。除3名甲士随身佩持的兵器外,车上还备有若干有柄格斗兵器。

◆ 商代战车复原图

◆ 战国时期马拉战车

据《考工记·庐人》记载，这些兵器是戈、殳、戟、酋矛、夷矛，合称"车之五兵"，这些兵器插放在战车舆侧，供甲士在作战中使用。但是在实际出土的战车上，所配置的兵器品种并不如记载的这样完备。

由于古代战车为木质结构，所以重要部位都装有青铜件，通称车器，用以加固和装饰。西周中期以前，一般采用长型軎饰，其长度为17厘米左右；西周以后则通行短型軎饰，其长度在8—10厘米之间。湖北省随县曾侯乙墓出土的1件矛状车軎，通长37.5厘米，它不仅用于保护和装饰轴头，而且也是带有攻击性质的装置。车轴是战车驰骋时急剧转动的关键部件，为防损坏，战国时期已开始在轴毂之间装置铁锏，以减少轴毂的摩擦。据河南省洛阳市中州路战国车马坑出土实物可知，铁锏为半筒形瓦状，每轮4块，均以铁钉固定在轴杆上。枒饰是包在车轮辋上的铜片，纵断面呈U形，固定在轮辋上的接缝处。轮辋为双层结构，每层均由两个半圆形木圈拼成，里外两面的接缝错开，互成直角，造成每一轮辋有4个接缝处，用4个枒饰加以紧固。

车战的起始阶段，使用战车的数量较少。据《吕氏春秋》记载，夏朝末年，商汤与夏人战于戈邑，仅使用了战车70乘。商末，在周武王伐纣的牧野之战中，达到一次动用300乘的规模。春秋时期，随着生产力的发展和兼并战争的加剧，战车数量有了明显增加。到春秋末期，一些大的诸侯国，如晋国和楚国，拥有战车的数量已达4000乘以上。到春秋战国之交，由于封建生产关系的发展，拥有大量步兵的新型军队开始组成。而铁兵器的采用和弩的改进，又使步兵得以在宽大正面上，有效地遏止密集整齐的车阵进攻。《史记·张仪列传》记载，秦军"带甲百余万，车千乘，骑万匹"。不过，这时的战车已不再担负主要的作战任务，车战也不再是军队作战的主要方式。

延伸阅读

古代战车车器

中国古代战车用木质构成，各个部件的名称有轮、辋、辐、毂、轴、辋幰、軎、辖、辕、衡、轸、舆、轼、𫐐等。轮即车轮，是车上最重要的部件之一；辋，车轮周围的框子，汉代以前叫"牙"；辐，插入轮毂以支撑轮圈的细条；毂，车轮中心插轴的部分；轴，即车轴，车上的支承转动件；辋幰，挂在车轮外的帷幔；軎，一般为青铜制，形如圆筒，套在车轴的两端；辖，是穿过軎与车轴的一个销子，将轴与軎销为一体，防止车轮与车轴脱落；辕，车前驾牲畜的两根直木；衡，车辕前端的横木；轸，车后的横木；舆，车上装载东西的部分，即车厢；轼，车厢前面用做扶手的横木；𫐐，驾车时搁在马颈上的曲木。

血腥冷兵器：铁质兵器的产生与发展

> 铁兵器始于春秋末期，盛行于战国以至火器发明的漫长时期。主要包括铁剑、铁刀、铁锥、铁鞭、铁锏、铁枪等。随着炼钢术的不断进步，铁兵器的质量和形制及种类也不断发展、完善，其形状逐渐趋于统一和定型，但性能仍未脱离近战以直接杀伤为主的范围。

中国铁兵器在战国时期已基本普遍使用，从战国时期开始，中国进入到封建社会。随着封建社会经济的繁荣，科技水平的提高，冶铁业也迅速地发展起来。由于铁的蕴藏量较为丰富，铁器的坚硬度比青铜器要强，又易于铸造。因此，铁兵器逐渐代替了铜兵器，成为当时战争的主要兵器。铁兵器的品种更加齐全，据古籍记载以及大量的出土文物表明，当时的铁兵器有戈、戟、矛、殳、斧、钺、锤、锥、刀、剑、匕首等，并广泛地应用于战争当中。从战国时候开始，经秦、汉、魏、晋、南北朝、隋、唐，直到唐末火器的出现为止，这一时期是中国兵器发展史上的铁兵器时期。

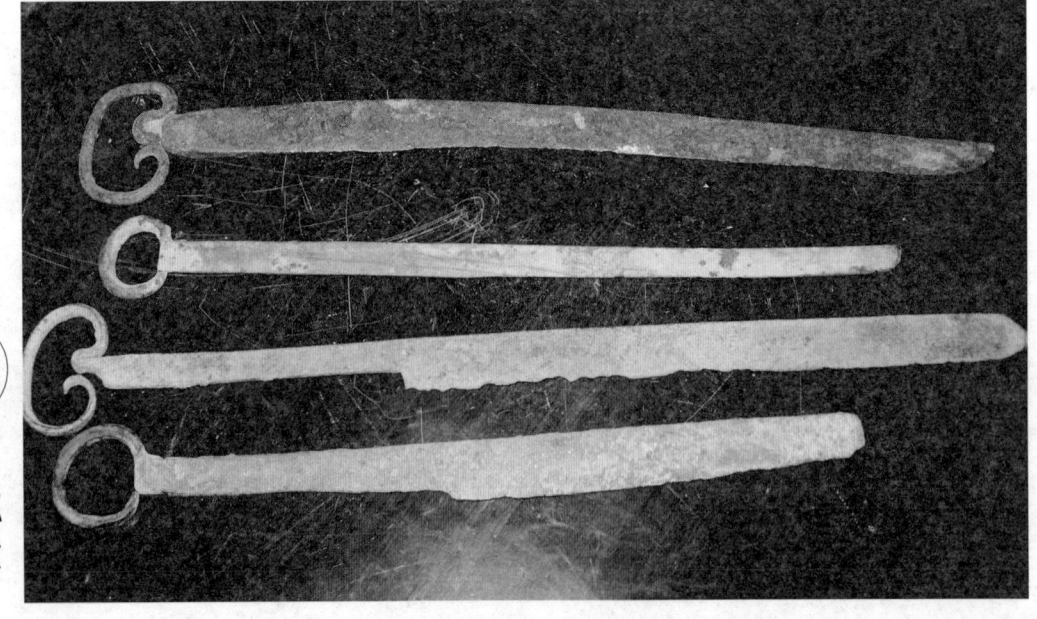

◆ 出土的铁兵器

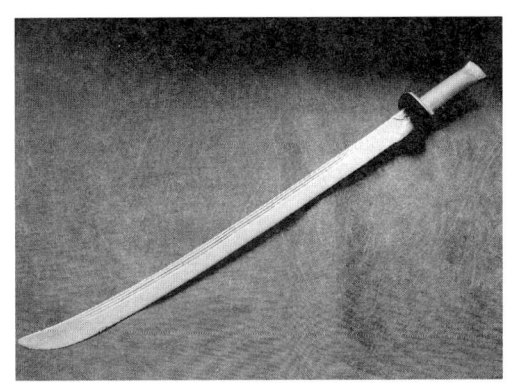

◆ 钢刀。钢铁的冶炼促进了刀剑的发展。

在这一漫长的历史岁月里，历代统治者为了战争的需要，都十分重视生产大量的质地优良和成本低廉的铁兵器。当时士兵衣着铁甲，广泛使用铁斧、铁刀、铁钺、铁杖、铁戟、铁剑等铁制兵器。这些武器制造精湛，造型讲究，杀伤力强。

战国时期，楚、韩、燕等国都是以制造铁兵器出名的国家，在战国时期的历次战争中均曾和青铜兵器一起使用，使得战场的惨烈度超过前代。西汉初期，由于社会经济的迅速恢复和发展，铁兵器逐渐增多，并开始取代青铜兵器。汉武帝时代，官府对冶铁业进行垄断，大力推广炼钢术，全国49处铁官都能炼钢制造兵器。因此，从汉武帝时起，主要生产大量的铁兵器，如矛、剑、戟、刀等，基本上取代了青铜兵器。至汉末基本上完成了青铜兵器向铁兵器的过渡。到了三国时期，铜兵器已经基本退出了战争舞台。

两晋南北朝时期，冶铁业的发展很快，先后发明了横法钢和灌钢法的技术。南朝用横法钢制造的刀剑，极其锋利和精巧。后来灌钢法发明，人们制造的兵器，用工又省，质量又好。北齐綦母怀文用灌钢法制造宿铁刀，异常锋利。由此可见，当时冶铁业已经高度发达了。

隋唐五代时期的铁兵器中，长兵器以矛、枪和长刀为主。据《新唐书·李光弼传》记载："弼有禅将，援矛刺贼，洞马腹，中数人。"这表明当时唐将使用的长矛已经非常精良。短兵器则以刀为主。剑在这时已经失去了实战的价值，成为身份的象征。冶铁业的大发展促进了长兵器的使用，尤其是刀、矛的使用。唐朝用"灌钢法"代替了百炼法，炼出的刀更加坚韧锋利。唐朝的刀有仪刀、鄣刀、横刀三种。其中横刀是专门装备军队的战刀，横刀一般全长70—80cm左右，刃长在50—60cm之间，厚度约6—8mm。从长度和宽度上可以看出当时冶铁业的先进。

延伸阅读

兵器之祖——戈

戈，是中国先秦时期最重要的一种武器，尤其是在车战时代，更是兵器的主流，堪称中国兵器之祖。戈分戈头、木柄、片尊三部分。戈头分为援、内、穿三部分。援，就是平出的刃，用来钩啄敌人，是戈的主要杀伤部；内，位于援的后尾，呈棒状，用来安装木柄。内上面有穿绳缚柄的孔，称为"穿"。为了避免在挥杀时脱落，有的在援和内之间设有突起的"阑"。木柄，有长有短，为扁圆，便于握持。片尊是尾端的装饰，主要是为了插在地上不歪斜，没有杀伤作用。戈流行于商至汉代。骑兵兴起，车战结束后，戈也就退出了历史舞台。

弓箭：远距离杀伤性武器

弓箭是古代利用机械能量发射的具有锋刃的一种远射兵器。弓由弹性的弓臂和有韧性的弓弦构成；箭包括箭镞、箭杆和箭羽。箭镞为铜或铁制，杆为竹或木质，羽为雕或鹰的羽毛。弓箭是中国古代军队使用的重要武器之一。

在旧石器时代，人类的主要生产活动是狩猎。当时的原始人类使用打制过的石块、削尖的木棒等向各种猎物投击，但投掷距离毕竟有限。后来，人们发现木制棍棒被外力弯曲变形，而外力一经消失突然恢复原状会产生较大能量，于是选取有弹力的木材或竹材用坚韧的弦弯曲固定，制成了人类历史上最早的弓箭类武器。对于当时以狩猎为主的原始氏族部落，弓箭的应用具有极大的意义。

弓箭出现以前，人类使用的工具是比较简单的。而弓箭是一种复合工具，它的出现，是原始社会技术显著进步的一个标志。它射程远，命中率高，携带方便，大大加强了人类同自然界作斗争的力量。

古人类不断改进手中的生产和战斗工具，使得弓箭紧紧跟随着人类前行的脚步而演进。当人类社会进入新石器时代时，箭镞由原来的打制石镞逐渐演变为精细的磨制石镞。同时，为了能使石镞牢牢地固定在箭杆上，镞的后部逐渐加长成为铤，并加上了使箭飞行稳定的尾羽。

春秋战国是一个血腥的时代。在周王朝不断衰微的同时，各大小诸侯国相互混战。在这样的背景下，弓箭的制造工艺有了较大进步。

当时，各诸侯国都设有专门的兵器制造部门，并制定了官方标准，用于指导兵器生产，以获得更多的规格统一的精良兵器。

◆ 《武经总要》记载的弓箭

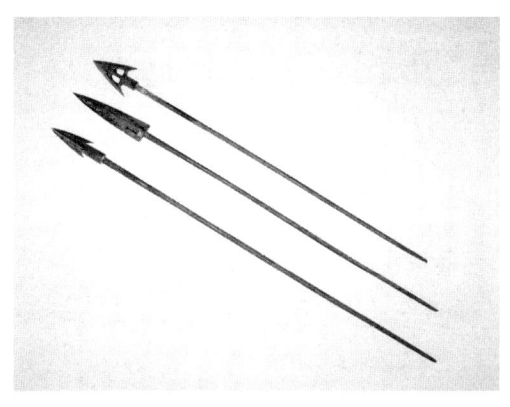

◆ 青铜箭

不过，保留至今、记载有关弓箭制造标准的只有齐国的《考工记》了。该书详细描述了制造弓与箭的选材、工艺流程等。明确指出制造弓所需的六材是干、角、筋、胶、丝和漆，"六材既聚，巧者合之"，只有六材都准备好了才能合制成弓。对于六材的选用标准，书中也有较详尽的规定。如列举了选取弓干的七种原材料，并排定了它们的优劣次第："柘为上，檍次之，桑次之，橘次之，木瓜次之，荆次之，竹为下。"认为7种树中，以柘木为制弓的最好材料，而最差的是竹材。选取角时，要注意杀牛的季节(最好是秋高气爽时宰杀的牛，这时的牛角最厚)，牛的老幼强弱。选取的角应是"青白而丰末"，"角长二尺有五寸，三色不失其理，为之牛戴牛"(三色是指角的根部白，中部青，端部丰满。而牛戴牛是指一对好牛角的价格就相当与一头牛的价格)。对于胶，要求颜色越深而且越干燥越好；筋越精细而且越长越好；漆要清澈得仿佛见底；丝要光泽鲜明。

至于将六材合制成弓，也并不是短时间就可以完成的，不同的工序需选取不同的季节，以保证弓的质量。要在第一年的冬天将完全干透的弓干削制成型；春天将牛角制成大小合适的块；夏天将筋梳理成型，再经酒蒸、锤打、拧紧、手撕，使之不再收缩成为细条；到了秋天，在弓干的外侧粘贴筋丝，在弓干的内侧贴上角；冬天则把丝精细地缠绕在弓节上；到极寒的时候上漆；第三年春天被弦。这样算来古代工匠制成一张良弓，连选材在内共需要4年的时间。其间工匠所耗费的精力可以想见，而制造当时诸侯王所使用的良弓所需的时间和精力则更多，所以当时的诸侯对良弓的珍视程度并不亚于制作一柄利剑。

延伸阅读

人类历史上最早的弓箭是谁制造的？

新中国成立后，在中国山西省桑乾河的支流峙峪河与小泉河汇合的一块面积为1000平方米的小丘地层中，考古工作者发现了一块被称作"峙峪人"的枕骨残片，此外还发现了一批文化遗物。其中有一种加工精致的小石镞，是用很薄的长石片制成的，有很锋利的尖端，器身两侧的边缘也十分锋利。这种石镞明显地符合箭头的三要素：锋利、尖头适度、器型周正。这三点可以说明它是箭镞。在与尖头相对的另一端(底部)左右两侧有点凹进去，成为一个小把，这显然是用来安装箭杆的。从这两点可以推知峙峪人已经使用石制的弓箭。虽然这种石箭在今天看来很幼稚，但迄今为止还没有发现比它更早的弓箭。由此我们可以宣称，人类历史上最早的弓箭是中国人的祖先在28000年前制造出来的。

胡服骑射：马具的成熟与骑兵技术的应用

> 赵武灵王是战国时期赵国最有作为的一位国君，他为了抵御北方胡人的侵略，实行了"胡服骑射"的军事改革。改革的中心内容是在战场上改穿便于射战的"胡人衣冠"，学习胡人骑马射箭的作战方法。他力排众议，带头穿胡服，习骑射，训练士兵，使赵国军事力量日益强大，并西退胡人，北灭中山国，成为"战国七雄"之一。

战国时期，地处胡人和华夏民族交汇处的北方赵国，虽以农耕为主却频繁接触游牧习俗，通过抗击胡骑袭扰也体会到游牧民族"来如飞鸟，去如绝弦"的骑兵优长。15岁的赵雍继位时，其疆域只限于如今的河北中南部和山西北部，军队与其他列国一样仍由车兵、步兵构成。为了改变小国弱势，赵武灵王赵雍决定让本国的精锐全部弃车乘马。此前人类虽驯养马匹千年，却只能耕田驾车，因未解决鞍具无法驾驭。春秋和战国前期马拉战车成为军队主力，其冲击力和速度超过步兵，却因道路所限难入山地丘陵，呆板的车战、步战使军事机器运动迟缓。目睹过胡人穿短衣长裤骑马便捷的赵武灵王，决心改变几百年相传的军制，实行由车战向骑战的转变。他选择靠近河套的草原训练骑兵，并让国内作坊制作马具，建立起华夏民族最早的一支骑兵。当时军队实行骑兵化的重要意义，相当于现代战争史上陆军由徒步跃升为机械化。

春秋至战国前期，华夏传统服装是长

◆ 青铜马镫

◆ 赵武灵王

袍宽袖，不便于骑马射箭。为此，前307年赵武灵王下达易服令，让男人改穿胡人式的紧袖短衣和长裤。这一举措对重服饰礼义的传统观念形成了重大冲击，众多臣属惊呼这是"变古之教，易古之道，逆人之心"。赵武灵王却从作战需要出发，反对法古不变，以强有力的行政命令推广服饰改革。他还亲自骑马弯弓并露宿草原，聘请擅长骑射的胡人充当教练，推广了养马、制革、设兽医和筹办草料等完整配套的制度，很快培训出1万名装备精良且射术高超的骑兵，其他列国的步、车兵和北方零散部落在其狂飙般的攻击下，一时均非对手。

赵国在战国七雄中开军事变革潮流之先，经过短短十几年，便由一个小小中山国都敢侵犯的弱邦崛起为唯一能够同秦相抗衡

的强国。赵灭中山国后，又南抑魏齐，北逐三胡开疆千里，还占领了如今的陕北一带，对秦都咸阳构成直接威胁。

赵国能够大规模地装备骑兵，除了燕赵之地产良马外，最重要的是当时马具已经成熟。目前尚无实物证明战国时代赵国已经拥有了"马镫"（一般认为马镫出现在汉代，不过仍无可信的史料和实物佐证），但是有一点是可信的，那就是已经出现了类似"马鞍""马镫"的工具，否则无法实现骑兵的千里驰骋，也无法克服骑射时的平衡问题。赵武灵王的胡服骑射不但推动了各国对骑兵的重视，而且推动了中国古代骑兵的发展。正是因为他的大胆革新，才使得汉代出现了真正的马镫和高桥马鞍，也才能千里跃进大漠，对匈奴人追亡逐北。

延伸阅读

赵武灵王

赵武灵王（约前340—前295），中国战国中后期赵国君主，嬴姓、赵氏，名雍。赵武灵王在位时，推行的"胡服骑射"政策，使得赵国士卒的战斗力大为提高，灭中山国，败林胡、楼烦二族，辟云中、雁门、代三郡，并修筑了"赵长城"，使赵国成为东方六国中最强盛的国家，也是当时最具尚武色彩的国家。前296年，赵武灵王的儿子公子章企图夺王位，导致"沙丘之乱"。赵武灵王被幽禁在沙丘宫中，3个月无米水，被饿死，谥号武灵王。

弩：以步制骑的最有效武器

> 弩是弓的进一步发展，是古代车战中最重要的组成部分，是步兵有效克制骑兵的武器。弩也被称作"窝弓""十字弓"。弩主要由弩臂、弩弓、弓弦和弩机等部分组成。虽然弩的装填时间比弓长很多，但是它比弓的射程更远，杀伤力更强，命中率更高，对使用者的要求也比较低，是古代远距离的杀伤武器。

弩的结构可以分为三个部分：臂、弓、机。"臂"一般为木制；"弓"横于臂前部；"机"装在臂偏后的地方。弩最重要的部分是"机"，弩机一般为铜制，装在弩"郭"（匣状）内，前方是用于挂弦的"牙"（挂钩），"牙"后连有"望山"（用于瞄准的准星）；西汉弩的"望山"上出现了刻度，作用相当于现代枪支的标尺，便于按目标距离调整弩发射的角度，提高了射击的命中率。在铜郭的下方有"悬刀"（即扳机），用于发射箭矢。

弩的出现不晚于商周时期，春秋时期弩成为一种常见的兵器。《孙子兵法·作战》中即已将弩和甲盾等一起列为重要的作战物资。到战国时期弩更是广泛的运用于军事之中，从战国早期的擘张弩（即用臂力开的弩），可以窥知当时弩在军队的装备程度，《孙膑兵法》中称这种弩"发于肩膺之间，杀人百步之外"；战国晚期出现了蹶张弩：如韩魏的十二石弩，射程可以达到六百步。这些弩因为必须使用更强的力量才能张开，就要求"弩机"更坚固，开始在"弩机"外加装"铜郭"强化机槽。这一时期弩在战争中运用得更普遍，如韩国的精兵就被称为"披坚甲，持劲弩"（弩的一种叫法）；魏选武卒，考核的要求之一就是要能够挽十二石弩。

西汉时期跟北方匈奴长时间交战，作为汉军步兵对抗匈奴骑兵的利器，弩进一步

◆ 诸葛连弩

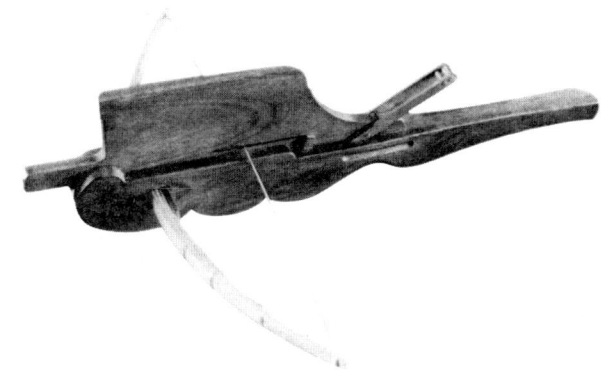

◆ 弩

得到了发展，并且开始有了连弩的记载。《资治通鉴》中记载："因发连弩射单于，单于下走。"到了东汉时期开始有腰引弩（后又作腰开弩），这是单人就能拉开的最强弩，《武备志》记载："力弱者用蹶张，力雄者仍用腰张。"三国时期诸葛亮发明了著名的"元戎弩"，史载这种连弩"以铁为矢，矢长八寸，一弩十矢俱发"，同足踏的蹶张弩配合使用，杀伤力更为强大。后来大发明家马钧又对其进行了改进，使之成为一种单人即可使用的一弩五矢的的兵器，更加实用于战场作战。

汉弩的强度都要经过严格校验，在居延汉简中曾发现过检验已受损伤的弩的强度的记录。汉将李广于前121年与匈奴作战时，在众寡悬殊的情况下，以大黄弩射杀对方将领而扭转战局。汉朝郡国还组成了以弩手为主的步兵兵团"材官"，其领军将军有的就号称"强弩将军"。

下面专门介绍几种著名的弩：

汉代大黄弩。汉代的弩强度按石来计算，分一石至十石（大约引满一石弩需27-30千克的力量），其中十石弩最强又被称为黄肩弩、大黄力弩，只有膂力极强的人才能使用。《史记·李广列传》中就有李广持大黄弩射敌将的记载。

神臂弩。北宋神宗时发明，弓身长三尺三，弦长二尺五，射程可达三百四十多步；威力强大，矢可入榆木半杆。号称威力强于汉代大黄，其他器械都及不上，成为宋军弩手的制式兵器之一。

豆+寸子弩。这是一种强力的连弩，是宋代三弓床弩的一种。一次可以发射十余支箭，射程可达千步，堪称射程最大的冷兵器。张开弦需用七十五至一百余人用绳索绞动机械的力量。

连弩车。战国时就有连弩车，该弩属于弩炮的一种，置于车上，可进可退。车上驾十二石大弩，每弩一发七矢，中矢为主矢略大，两边各三矢略小，可射七百步，中处墙倒城摧，势不可挡。

延伸阅读

元戎弩

元戎弩，又叫诸葛连弩，据说是三国时蜀国丞相诸葛亮发明，一次可发射十支箭。连弩在诸葛亮之前就有，但是射程较短，诸葛亮对先前的连弩进行了"损益"。损益后的连弩射速快，杀伤力增大，但是也有射程较短的缺点，因此一般主要用于防守城池。

烽燧：古代军队通讯工具

> 烽火台又称烽燧，俗称烽堠、烟墩，是古时用于点燃烟火传递重要消息的高台，系古代重要军事防御设施。"烽燧"，专指边防报警的两种信号，白天放烟叫"烽"，夜间举火叫"燧"。烽火台隔一段距离设置一个，台台相连，传递信息，能够传到很远。

烽火台的建筑早于长城，但自长城出现后，长城沿线的烽火台便与长城密切结为一体，成为长城防御体系的一个重要组成部分，有的甚至就建在长城上。特别是汉代，朝廷非常重视烽火台的建筑。

烽火，也叫烽燧，是古代军情报警

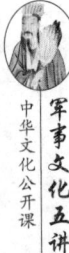

◆ 烽燧遗址

的一种措施，即敌人白天侵犯时就燃烟（烽），夜间来犯就点火（燧），以可见的烟气和光亮向各方与上级报警。烽火台在汉代称作烽堠（烽候）、亭燧，唐宋称作烽台，后把"烽燧"一词也引申为烽火台，明代则一般称作烟墩或墩台（西北明代墩台，大的还有御敌之功能，小的则只有观望远方的作用而无点烽火之功能）。烽火台一般相距10里左右，明代也有距离5里左右的，守台士兵发现敌人来犯时，立即于台上燃起烽火，邻台见到后依样随之，这样敌情便可迅速传递到军事中枢部门。

烽火台的形状因时因地而不同，大体为方、圆两种。在某些地段，连线的烽火台建筑甚至取代了长城城墙建筑。长城沿线的烽火台的建筑与长城一样，是"因地制宜，就地取材"，在西北的烽火台多为夯土打筑，也有用土坯垒筑；山区的多为石块垒砌；中东部的自明代有用砖石垒砌或全砖包砌的。烽火台的布置除建在早期长城干线上之外，一般分为三种：一种在长城城墙以外沿通道向远处延伸，以监测敌人动向；另一种在长城城墙以内，与关隘、镇所、郡县相连，以便及时组织反击作战和坚壁清野；再一种在长城两侧（秦汉时有建在长城上的），以便于迅速调动全线戍边守兵，起而迎敌。早期还有与都城相联系的烽火台，以便尽快向朝廷报警。

烽火台的功能最重要的是传递军情，它需要与敌台、墙台等长城建筑密切配合。有敌台的地方，敌台可充作传递烽火信息的墩台，没有敌台也没有适于点烽的墙台的地方，按传烽路线必须建有烽火台。蓟镇总兵戚继光在《练兵纪实》中讲："自古守边不过远斥堠谨烽火。蓟镇以险可恃，烽火不修久矣。缘军马战守应援素未练习分派，故视烽火为无用。今该议拟呈会督抚参酌裁订：凡无空心台之处，即以原墩充之，有空心台所相近百步之内者，俱以空心台充墩。大约相去一二里，梆鼓相闻为一墩。"戚继光还制定了传烽之法，编成通俗顺口的《传烽歌》，让守台官兵背诵熟记。经过严格训练，负责传烽的守军能以烽火准确传递军情，而且迅速，一般三个时辰就可传遍整个蓟镇防线。

延伸阅读

唐代烽燧

唐朝的烽燧制度在继承前代制度的基础上，更趋完善。大凡每30里置一烽燧，如有山冈阻隔，可于适宜、近便之处设置，以能够相互望见为宜，不必局限此制。临近边境的烽燧要在附近筑城，严加保护。

唐高宗永隆元年(680)，河源军经略大使黑齿常之在黄河和渭河流域设置烽燧70余所；唐中宗神龙三年(707)，御史大夫张仁愿在黄河北岸修筑烽燧1800所，开元二十五年(737)，唐玄宗以边隅无事，寰宇乂安，内地置烽，诚为非要，下敕"量停近甸烽二百六十所，计烽帅等一千三百八十八人。"从这些数据推算唐朝设在边境和内地的烽燧当在1万所以上，也就说明当时使用的通讯人员就在1万人以上。

云梯：攻城破敌的利器

中国古代的云梯，有的带有轮子，可以推动行驶，故也被称为"云梯车"，配备有防盾、绞车、抓钩等器具，有的还带有滑轮升降设备。《淮南子·兵略训》许慎注曰"云梯可依云而立，所以瞰敌之城中"，说明云梯另外的一个用途是可以登高望远侦探敌情。

云梯是中国古代战争中用以攀登城墙的攻城器械。《淮南子·兵略训》许慎注说："云梯可依云而立，所以瞰敌之城中。"故登高侦察敌情，是云梯的另一功用。

一般认为，云梯的发明者是春秋时期的鲁国巧匠公输般。战国时期的云梯，从战国水陆攻战纹铜鉴所示图案判断，系由3部分构成：底部装有车轮，可以移动；梯身可上下仰俯，靠人力扛抬，倚架于城墙壁上；梯顶端装有钩状物，用以钩援城缘，并可保护梯首免遭守军的推拒和破坏。

唐朝的云梯比战国时期有很大改进：梯身以一定角度固定装置在底盘上；在主梯之外，又增设一具活动的上城梯，其顶端装有一对辘轳，登城时可以沿着城墙壁面上下滑动，谓之飞云梯；云梯的底部则"以大木为床，下置六轮"。由于主梯采用了固定式装置，简化了架梯程序，缩短了架梯时间，而活动的上城梯的设计，则大大降低了云梯在接敌前的高度。攻城时只需将主梯停靠城下，然后再在主梯上架设上城

◆ 古代云梯复原图

梯，便可"枕城而上"，从而减少了敌前架梯的危险和艰难，同时又保证云梯在登城前

◆ 带轮云梯复原模型

不过早与城缘接近,免遭守军破坏。宋朝的云梯结构有了更大的改进,采用了中间以转轴联接的折叠式结构,并在梯底部增添了防护设施。此外,上城梯也出现了多种形式,有飞梯、竹飞梯、蹑头飞梯等。这些改进,使登城接敌运动简便迅速。明朝以后,笨重巨大的云梯,因无法抵御火器的攻击,遂逐渐废弃。

早在夏商周时就诞生了云梯,当时取名叫"钩援"。春秋时,鲁班加以改进。战国时云梯由车轮、梯身、钩三部分组成。

古代攻城有多种方法,但多是以迅速登城为决胜前提,架梯必须果敢、迅速、乘虚入城。所以常用的有各种轻便简单的飞梯。汉代,陈汤攻打郅支城,该城外设一道木城墙,内设土城墙,防守相当严密。攻城兵士先用弓弩仰射,击退城上守兵,用火烧毁木城,持弩弓,操长戟冲入木城,然后迅速接近土城,四面架梯,缘梯登城,很快捣破了内城。这种攻城方式便是强攻,尽量缩短双方对峙时间,一鼓作气,迅速攻破城防,所以必须使用轻便飞梯,飞梯结构简单,重量轻,多是木制竹制。宋代飞梯长二三丈,首端装有双轮,便于蚁附登城。另外还有"避檑木飞梯""蹑头飞梯""竹飞梯",形制略有差异,但都轻便实用。

延伸阅读

剪叉式升降机——云梯的延续

古时候,人们把用于高空作业的竹制或木制梯子称作云梯,用起来比较笨重,安全没有保障。现代人通过技术改进,用锰钢和铝合金代替制作云梯的原材料,生产出剪叉式升降机和铝合金升降平台,外形美观,移动方便,安装快捷,安全性能高,是高空作业的好帮手。

城墙及长城：古代战略防御性工程

> 长城是古代中国在不同时期为抵御塞北游牧部落侵袭而修筑的规模浩大的军事工程的统称。长城东西绵延上万华里，因此又称作万里长城。现存的长城遗迹主要为始建于14世纪的明长城，西起嘉峪关，东至辽东虎山，全长8851.8千米，平均高6至7米、宽4至5米。

前7世纪，楚国即构筑过长城。前5世纪的春秋战国之交，各诸侯国之间战争频繁，秦、赵、燕、齐、魏、楚、韩、中山等国各筑长城以自卫，而秦、赵、燕三国，为了防御匈奴贵族的袭扰，又在其北部筑长城。这个时期的城墙主要是土石墙，墙高只有三四米，有的则是利用原有的河堤改筑的，防御设施不完善。

秦始皇统一中国后，从前214年开始，对原来燕、赵和秦国的长城加以增筑和修葺，使之连成一体，构成西起临洮（今甘肃岷县），东迄辽东，长达5000余千米的长城。汉朝除修缮秦长城旧筑外，还在阴山以北修筑了一道外长城，在阴山以北内蒙古境内的高阙至居延一线修筑了城障，并将秦长城向西延伸至盐泽（今新疆罗布泊）；盐泽以西至焉耆仅筑有亭障、烽堠，从而构成了西起焉耆，东至辽东，长达1万余千米的长

◆ 汉长城遗址（甘肃金昌境内）

城筑城体系。

这个时期的长城，除在城墙上筑有观察、战斗、掩蔽设施外，还筑有外围关堡和烽堠，在险要地段建有关城，使其联属相望；在长城的外侧还筑有障碍，如壕沟、陷坑等。城墙巧妙地利用地形，选建在蜿蜒曲折的山岭上或沿河构筑。

城墙就地取材，经过黄土高原或平坦地形的长城，一般筑夯土墙；在少土的山地，采用石砌墙；玉门关一带的汉长城，是用砂砾石与红柳或芦苇层层压叠构筑的。烽堠成方形，有夯土和石砌两种，底部边长4—9米，高度与底部边长相近，根据防御需要，设置位置比较灵活，有的直接建于城墙上，有的则独立地构筑在长城内外，有的又将几个成犄角配置，构成烽堠群。

金朝共修筑了两道长城：一道东起内蒙古的根河南岸，西至肯特山东南麓（今蒙古人民共和国境内），全长约700千米，一道东起嫩江西岸的尼尔基（今黑龙江省莫力达瓦达斡尔族自治旗），西至大青山后（今包头东北上庙沟），全长约2500千米（不含复线、支线）。

明朝在洪武至万历200多年时间里，利用北魏、北齐、秦、隋长城的旧筑，先后加修过18次，完成了东起鸭绿江，西至嘉峪关，总长约6300多千米的长城。金、明两代的长城与前代所筑的长城相比，建筑布局更加合理，工程设施更为齐全，使长城更适于防守。

明代军队（特别是嘉靖以后）逐渐大批装备火器，影响到长城的建筑。保存至今的明代长城，将绵亘的城垣与关城、烽堠、城障等有机地结合成一个整体，城墙与壕堑的结合比以前有较大的改进。重要地段由于构筑了外壕、外墙和内壕、内墙，城墙上增筑了敌台，外围构筑有关堡、烽堠，从而增加了防御层次，增大了防御纵深，使防御更具有坚韧性。城墙的高度和厚度较以前都有增加，如八达岭一段，城墙平均高七八米，厚六七米。明代后期还出现了能用于射击、观察、掩藏并能贮存物资、装备的空心敌台。这个时期的施工技术也有发展，城墙的砌筑广泛应用了单面或双面包砖，砖缝采用了石灰浆勾缝技术，在特殊地段上则利用山崖建雉堞，或劈山成壁作城墙。

延伸阅读

古代国家的防御体系

古代用内地城池、战略长城、屯兵边城，构成了一个纵深且厚重的国家城墙防御体系，这三者缺一不可。没有星罗棋布的内地城池，国家就没有人口发展、经济繁荣及其自卫条件，没有战略防御性质的长城，就无法抵御游牧民族的长驱直入和掠夺战争，就没有国家经济发展和边地的安定。没有边防屯兵和要塞城，就难以有效控制广大边海防要地和民族地区，作为战略防御的长城和绵长的海岸线也难以起到防御作用，甚至连国家的领土完整也难以有效保全。当然，上面所说的"三位一体"的筑城体系，不是一下子就形成的，而是随着中国历代城市发展、疆域演变逐步形成的。

冶铁：灌钢法和冶炼技术对兵器的影响

> 17世纪以前，世界各国一般都是采取熟铁低温冶炼的办法，钢铁不能熔化，铁和渣不易分离，碳不能迅速渗入。经过"块炼法"——"百炼钢"——"炒钢法"的发展历程，中国发明了灌钢法，成功解决这一难题，为世界冶炼技术的发展作出划时代贡献。

中国古代冶炼技术在春秋以前，处于比较原始的阶段，当时使用的冶炼方法称为"块炼法"。当时炼铁使用木炭作燃料，热量少，加上炉体小，鼓风设备差，因此炉温比较低，不能达到铁的熔炼温度，所以炼出的铁是海绵状的固体块，称为"块炼铁"。块炼铁冶炼比较费时，质地比较软，含杂质多，经过锻打成为可以使用的熟铁。钢铁冶炼技术的进一步发展到"块炼渗碳钢"。出土文物表明，中国最迟在战国晚期已经掌握这种最初期的炼钢技术。人们在锻打块炼铁和熟铁的过程中，需要不断地反复加热，铁吸收木炭中的碳份，提高了含碳量，减少夹杂物后成为钢。这种钢组织紧密、碳分均匀，适用于制作兵器和刀具。后进一步发展到"百炼钢"技术。人们在打制器物的时候，有意识地增加折叠、锻打次数，一块钢往往需要烧烧打打、打打烧烧，重复很多次，甚至上百次，所以称之为百炼钢。百炼钢碳分比较多，组织更加细密，成份更加均匀，所以钢的品质提高，制作的刀剑更加锋利。

西汉中晚期，中国出现新的炼钢技术，在生铁冶铸技术的基础上发展起来的一种炼钢技术。其基本方法是将生铁加热成半液体和液体状，然后加入铁矿粉，同时不断

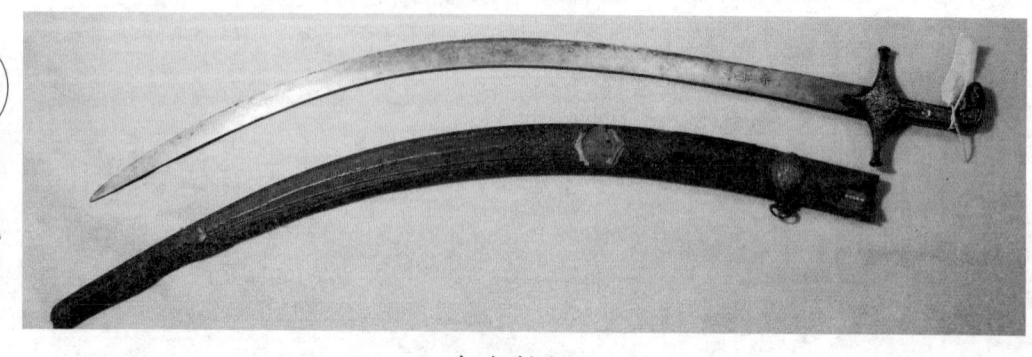

◆ 钢制马刀

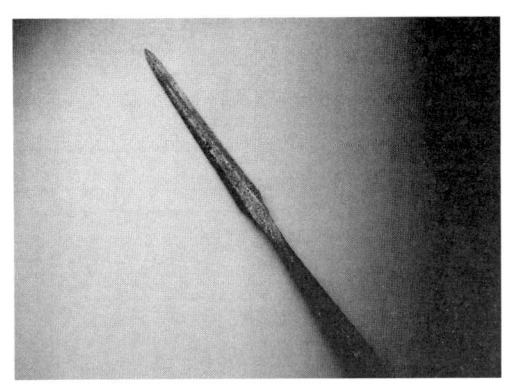

◆ 钢矛矛首

搅拌，利用铁矿粉和空气中的氧去掉生铁中的一部分碳，使生铁中的碳含量降低，去渣，直接获得钢，这就是炒钢法。

南北朝时期，綦毋怀文对冶炼技术进行改革，可能是炼钢新工艺"灌钢"法的初始形式。南朝齐、梁时的陶弘景首先记载了灌钢法。綦毋怀文曾用这种方法制成十分锋利的"宿铁刀"。綦毋怀文是中国南北朝时期著名冶金家。他生活在公元6世纪北朝的东魏、北齐间，具体生卒年代缺乏记载，只知道他好"道术"，曾经作过北齐的信州（今四川省奉节县一带）刺史。据史书记载，綦毋怀文的炼钢方法是："烧生铁精，以重柔铤，数宿则成钢"，就是说，选用品位比较高的铁矿石，冶炼出优质生铁，然后，把液态生铁浇注在熟铁上，经过几度熔炼，使铁渗碳成为钢。由于是让生铁和熟铁"宿"在一起，所以炼出的钢被成为"宿铁"。

提高了制造兵器所使用的材质硬度与纯度，接下来如何让兵器更锋利便成为一个难题。至此，人们发明了淬火技术，早在战国时代就已经使用了淬火技术，但是长期以来，人们一般都把淬火当做冷却途径。虽然，三国时的制刀专家蒲元已经发现了淬火的妙用，但仍没有突破水的范围。而綦毋怀文则实现了这一突破，他在制作"宿铁刀"时使用了双液淬火法，即先在冷却速度大的动物尿中淬火，然后再在冷却速度小的动物油脂中淬火，这样可以得到性能比较好的钢，避免单纯使用一种淬火（即单液淬火）的局限。双液淬火法，即在工件的温度比较高的时候，选用冷却速度比较快的淬火介质，以保证工件的硬度；而在温度比较低的时候，则选用冷却速度比较小的淬火介质，以防止工件开裂和变形，使其有一定的韧性。双液淬火法是一种比较复杂的淬火工艺，这在当时没有测温、控温设备的条件下，完全依赖操作及经验，是一个了不起的成就。

冶炼技术的提高，淬火技术的应用，使得各类兵器的硬度和锋利程度加强，增大了战场的杀伤力，同时这些方法也被用于生产工具。可以说，冶炼技术的发展对战争产生了革命性的影响。

延伸阅读

綦毋怀文制刀

刀的主要作用是劈杀，刃口起刺杀作用，因而要求有比较高的硬度，这样才能保证刀的锋利，所以应该选用含碳量较高、硬度较大的钢来制造。而刀背主要起支撑作用，要求有比较好的韧性，使刀在受到比较大的冲击时不致折断，这样就要选用含碳量较低、韧性较大的熟铁。綦毋怀文基于以上认识，将钢和熟铁结合使用，使二者巧妙地结合起来，因而造出了既锋利又耐用的刀剑。

抛石机：古代的大型杀伤武器

> 抛石机是利用配重物的重力发射。出现于中世纪初期，使用至15世纪，主要用于围攻和防守要塞。抛石机的机架两支柱间有固定横轴，上有与轴垂直的杠杆，可绕轴自由转动。杠杆短臂上固定一个重物，长臂末端的弹袋用于装弹。

相传抛石机发明于周代，叫"抛车"。据《范蠡兵法》记载，"飞石重十二斤，为机发，行三百步。"石弹出现更早，也就是先有"弹"后有"机"。新石器时代出土文物中，有一些经过打制加工过的石块，就是原始人使用的"石弹"，不过那时只用于抛掷。"炮"问世以后，成为战争中的重型武器。三国时，各国君臣都十分重视抛车的制造和使用。著名的官渡之战中，曹军运用一种可以自由移动的抛车，击毁袁军的橹楼及战车，这种威力强大的抛车被称为"霹雳车"。当时的抛车多数是将炮架固定在地面上或底座埋在地下施放，机动性差，安装费时费力。后来为了便于移动，在炮架下面安装了车轮。又因为炮架笨重，要随时变换抛射方向，仍是十分麻烦的事情。为此，人们发明了"旋风抛车"。这种抛车的炮栓能够水平移动和旋转，可向各个方向抛掷石弹，又称为"旋风炮"。南北朝时期出现了将炮安装在车上的"拍车"，或将炮安装在船上的"拍船"，可以随军机动作用，成为当时的重武器。隋朝末年，魏公李密命令护军将军监造抛车，一次制造了300架，称为"将军炮"。

抛石机长久使用的是石头制作的炮弹，后来出现过一些带毒烟、毒药的化学弹、烟幕弹，以及燃烧弹，这类炮弹不必像石弹那样靠重力去击毁敌人，而是利用毒气、毒药、烟火的作用熏杀敌人，可以说这是古代

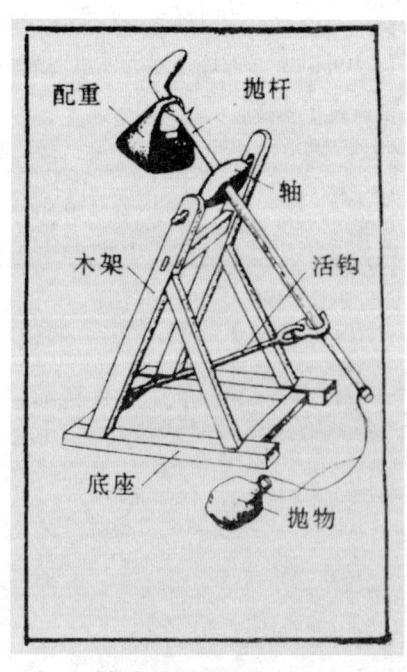

◆ 抛石机原理图

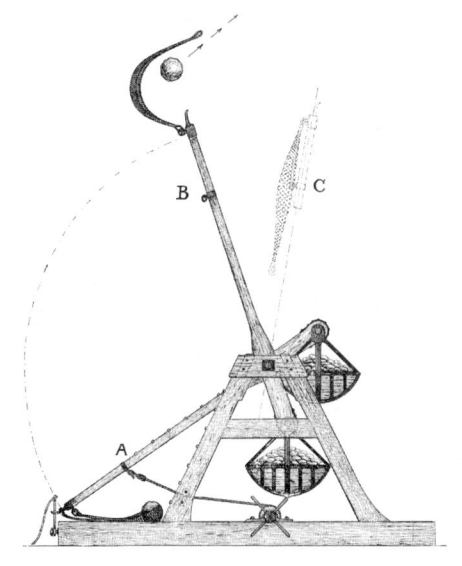

◆ 抛石机模型图

化学战的一种形式。还有一种"爆炸性"的炮弹是"泥弹",用泥团制成弹丸,装入小型炮的弹袋里,弹射出去立即"炸"个粉碎,即可以击杀敌人,又不至于像石弹那样落入敌手再反射回来。

在抛石机长期的实践经历中,炮的射击瞄准方法到宋代发生了转折性的变革,由直接瞄准法变为间接瞄准法。宋代以前,炮手们操作抛石机时,都是先将炮座对准目标,由"定炮人"目测距离,判定方位决定方位角和炮梢的高低。需要向高处仰射时,就将炮的前脚垫高;如向低处俯射时,便将炮后脚垫高。待瞄准定位完毕,把石弹放入炮杆后面的弹窠内。然后,根据目标远近确定拽炮索人数,远则人多,近则人少。每个拽炮人都握住炮索,依照统一口令,同时猛拽炮索,后面弹窠内的石弹腾空飞起,射向目标。这时"定炮人"观察弹着点,修正偏向,再次瞄准射击,直至击中目标。这种与敌人面对面的瞄准射击方法在古代算是方便易行的了,但有两大缺点:一是容易暴露自己的炮位,被敌炮反击;二是在守城战斗中,狭小的城墙上摆不开许多炮,况且一门炮要用数十人乃至上百人拽放,占地很大,同时又妨碍其他兵士作战。为改变这种状况,1126年,中国古代著名的炮兵专家陈规在德安守备战中,首创了战炮间接瞄准法,即把炮架在城墙内,使城外敌人无法看到。各炮的"定炮人"站在城上,用口令指挥城下各炮施放。这种间接瞄准法是世界炮兵史上一项伟大的创举。西方人直到近代才懂使用炮的间接瞄准方法,而我们的祖先早在800多年前就成功地创造并使用了这种方法。

明代以后,火炮成为主要的攻守武器,抛车逐渐退出了战场,至清代已完全被火器淘汰。

延伸阅读

抛石机趣闻

炮为古代中国的人力抛石机泛称,原称砲,有轮子的通常称砲车,后来演化成炮,并成为火器名称。

中国的抛石机最早出现于战国时期,是纯利用人力的抛石机,用人力在远离投石器的地方一齐牵拉连在横杆上的梢(炮梢)。炮梢架在木架上,一端用绳索拴住容纳石弹的皮套,另一端系以许多条绳索让人力拉拽而将石弹抛出,炮梢分单梢和多梢,最多的有7个炮梢装在一个炮架上,需250人施放。

唐朝攻打高句丽时使用的抛车能抛出300多斤的石料,对高句丽的木制城栅造成重创。

战船：水上决战时代的到来

大约7000年前，中国的先民已经开始了水上活动。商朝的甲骨文中已经明确地记载了水上活动，至周朝已有水战的记录。战船是出于作战目的制造或改装的武装船舶，一般可分为大、中、小三种类型。大型的是主力战船，称为"舰"或"楼船"，中型的用于攻战追击，小型的用于哨探巡逻。

中国和地中海国家是古代战船的发源地。前16—前11世纪，中国商代就已将舟船当作军队的运载工具。前1027年，周武王率兵车300乘，近卫军3000人，甲士4.5万人，并联合了一些其他部落的军队，大举伐纣。参战部队由47艘大船运送，在孟津渡河，直捣商朝都城朝歌（今河南淇县），灭亡了商朝。这次渡河作战，组织严密，规模空前，派专人指挥舰只。但这些船只毕竟是临时征集的，没有专门用于水战的兵器和人员，因此还算不上真正的战船和舟师。

前800年，单层桨战船开始装上青铜铸造的船艏冲角，用来进行海上战船间的撞击战。当时的船顺风时可以使用风帆，无风时有操桨手划桨促动。主要作战方式为接舷战，战士携带矛、剑、弓、标枪和盾牌。

前6世纪中期，中国正值春秋时期。为了适应水网地区作战的需要，南方的吴国、越国、楚国和北方面临东海的齐国，都先后建造和改装战船，并抽调官兵进行水上训练。至此，中国古代水师便应运而生了。当时吴国舟师中的战船有大翼、中翼、小翼、突冒、楼船、桥船等，还出现了专用的水战器具"钩拒"。前206—公元25年的西汉时期，中国战船得到了进一步

◆ 古代战船

发展，其性能已逐步赶上和超过了当时的地中海国家，并一直保持到15世纪中期。中国战船是当时世界上最大、最牢固、适航性最好的船舶。

220—265年的三国时期，吴国水军曾拥有5000艘战船，其中大型楼船设楼五层，可运载士兵多达3000名。3世纪20年代的西晋初期，王濬为准备伐吴而建造的连舫战舰，长120步，上面有楼橹，开四门，能驰马行车。588—589年隋灭陈时，杨素所率最大的战舰"五牙"舰，设楼五层，可容士卒800人，前后左右设有六具"拍竿"。"拍竿"是利用杠杆原理高悬巨石的武器，在接舷战中拍击敌船，是一种威力很大的冷兵器。618—907年的唐代，造船技术获得进一步的发展，所建"海鹘"号能在较大风浪条件下航行战斗。李皋发明的车船（亦称车轮船、轮桨船），行动便捷，可视作后来机械明轮船的先驱。960—1279年的宋代，中国战船已普遍采用了水密舱壁技术，提高了不沉性。1000年，神卫水师队长唐福曾向朝廷献火箭、火球、火蒺藜等燃烧性武器。1130年，杨幺起义军大量使用的车船中，最大的长约110米，装有24个车轮和六具"拍竿"，载士兵1000余人。1203年，秦世辅造的载重约60吨的"铁壁铧嘴平面海鹘"战船，舱壁装有铁板，是装甲船的祖先。船艏装有形似铧嘴的犀利铁尖，用以在水战中冲击并犁沉敌船，较冲角破坏力更大。

古代战船的发展经历了桨帆战船和风帆战船两个时期。桨帆战舰船体结构为木

◆ 战船

质，船型较瘦长，吃水较浅，干舷较低，主要靠人力划桨摇橹推进，顺风时辅以风帆。桨帆船装备冷兵器，作战时多采用撞击战和接舷战，主要局限于内河、湖泊和近海航行作战。古代战船直至宋后期才开始装备燃烧性火器。

延伸阅读

楼船

中国古代的楼船是一种具有多层建筑和攻防设施的大型战船，外观似楼，故名楼船。汉代大型战舰"楼船"高10余丈。三国时东吴建成五层战船，可载兵3000人。楼船不仅外观巍峨威武，而且船上列矛戈，树旗帜，戒备森严，攻守得力，形同一座水上的移动堡垒，常在水战中担当主攻任务，是水面作战的主力舰。

北宋时期的著作《武经总要》中绘有楼船图，甲板上有三层建筑，每层四周都设置半人高的女墙，在第一层周围又用木板围成战格，女墙与战格上均开有若干剑孔、矛穴，既可远攻，又可近防。另外，还备有檑石、铁刺等防御武器。船上空间很大，甲板上甚至能够行车走马。

火药：催生战火时代

> 火药又被称为黑火药，是在适当的外界能量作用下，自身能进行迅速而有规律的燃烧，同时生成大量高温燃气的物质。在军事上主要用作枪弹、炮弹的发射药和火箭、导弹的推进剂及其他驱动装置的能源，是弹药的重要组成部分。火药是中国四大发明之一。

中国是最早发明火药的国家，黑色火药在晚唐（9世纪末）时候正式出现。火药是由古代炼丹家发明的，从战国至汉初，帝王贵族们沉醉于神仙长生不老的幻想，驱使一些方士道士炼"仙丹"，在炼制过程中逐渐发明了火药的配方。

唐代炼丹家于唐高宗永淳元年（682）首创了硫磺伏火法，用硫磺、硝石，研成粉末，再加皂角子（含碳素）。唐宪宗元和三年（808），又创状火矾法，用硝石、硫磺及马兜铃（含碳素）一起烧炼。这两种配方，都是把三种药料混合起来，已经初步具备火药所含的成分。

火药的最初使用并非在军事上，而是在宋代诸军马戏的杂技演出，以及木偶戏中的烟火杂技——药发傀儡。宋代演出"抱锣""硬鬼""哑艺剧"等杂技节目，都运用刚刚兴起的火药制品"爆仗"和"吐火"等，以制造神秘气氛。宋人同时也以火药表演幻术，如喷出烟火云雾以遁人、变物等，以收神奇迷离之效！

唐朝末年，火药已被用于军事。唐昭宗天佑元年（904），杨行密的军队围攻豫章，部将郑以所部发机飞火，烧龙沙门，带领壮士

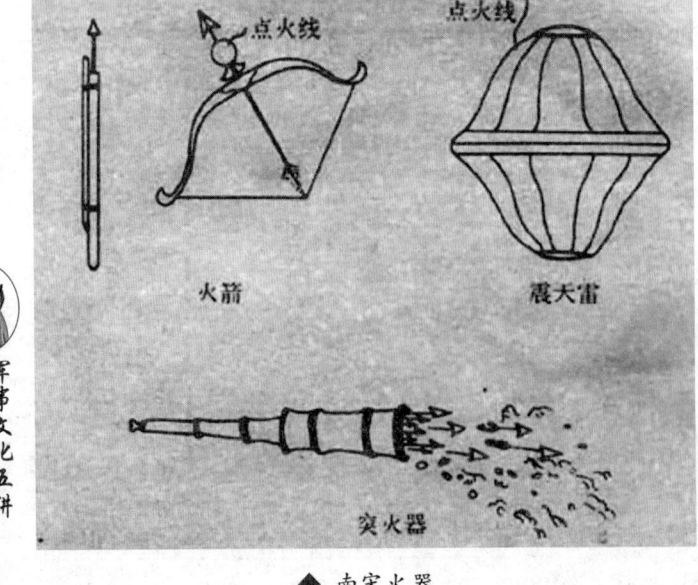

◆ 南宋火器

◆ 古代火箭

突火先登入城，焦灼被体（《九国志·郑传》）。这里所说的"飞火"，就是"火炮""火箭"之类。"火炮"是把火药制成环状，把吊线点燃后用抛石机抛掷出去；"火箭"则是把火药球缚于箭镞之下，将吊线点燃后用弓射出。到了宋代，战争接连不断，促进火药武器的加速发展。北宋政府建立了火药作坊，先后制造了火药箭、火炮等以燃烧性能为主的武器和"霹雳炮""震天雷"等爆炸性较强的武器。南宋在1259年造出了以巨竹为筒，内装火药的"突火枪"。到了元代又出现铜铸火铳，称为"铜将军"。这些都是以火药的爆炸为推动力的武器，在战争中显示了前所未有的威力。

早在八九世纪时，和医药、炼丹术的知识一起，硝也由中国传到阿拉伯。当时的阿拉伯人称它为"中国雪"，而波斯人称它为"中国盐"。他们仅知道用硝来治病、冶金和做玻璃。13世纪火药由商人经印度传入阿拉伯国家。希腊人通过翻译阿拉伯人的书籍才知道火药。火药武器是通过战争传到阿拉伯国家，成吉思汗西征，蒙古军队使用了火药兵器。公元1260年，元世祖的军队在与叙利亚作战中被击溃，阿拉伯人缴获了火箭、毒火罐、火炮、震天雷等火药武器，从而掌握火药武器的制造和使用。阿拉伯人与欧洲的一些国家进行了长期的战争，战争中阿拉伯人使用了火药兵器，例如阿拉伯人进攻西班牙的八沙城时就使用过火药兵器。在与阿拉伯国家的战争中，欧洲人逐步掌握了制造火药和火药兵器的技术。

延伸阅读

明代火箭

明代的火器十分发达，发明了多种"多发火箭"，如同时发射10支箭的"火弩流星箭"，发射32支箭的"一窝蜂"，最多可发射100支箭的"百虎齐奔箭"等。燕王朱棣发动靖难之役，与建文帝战于白沟河，就曾使用了"一窝蜂"。这是世界上最早使用多发齐射火箭的记录，堪称是现代多管火箭炮的鼻祖。尤其值得提出的是，当时水战中使用的一种叫"火龙出水"的火器。据《武备志》记载，这种火器可以在距离水面三四尺高处飞行，远达两三里。这种火箭用竹木制成，在龙形的外壳上缚四支大"起火"，腹内藏数支小火箭，大"起火"点燃后推动箭体飞行，"如火龙出于水面。"火药燃尽后点燃腹内小火箭，从龙口射出。击中目标使敌方"人船俱焚"。这是世界上最早的二级火箭。另外，该书还记载了"神火飞鸦"等具有一定爆炸和燃烧性能的雏形飞弹。"神火飞鸦"用细竹篾绵纸扎糊成乌鸦形，内装火药，由四支火箭推进，它是世界上最早的多火药筒并联火箭，与今天的大型捆绑式运载火箭的工作原理很近。

突火枪：南宋时期火器的发明与创制

> 宋理宗开庆元年（1259），宋军发明了一种管状火器，以巨竹筒为枪身，内部装填火药与子窠（子弹）。点燃引线后，火药喷发，将"子窠"射出，射程远达150步（约230米）。这就是突火枪——世界上第一种步枪。

从北宋到南宋约3个世纪，是早期火器的创制阶段。这个时期火器已用于战争，并有一定规模，有些火器的储备已数以万计，在战争中起了重要的作用。但就全局来说，当时大量装备军队起决定作用的兵器还是冷兵器。北宋发明的火药箭、火毬类火器，主要是用以纵火的火攻器具，可起烧伤敌人和惊吓敌军人马的作用。南宋发明的铁火炮、火枪类火器，已有较大的杀伤和破坏作用。但这两类火器除少数可以手投外，主要是用弓、弩、礟等冷兵器来发射和投掷，飞火枪也是把喷火筒和矛枪结合起来使用，都离不开冷兵器。因此，这个时期虽然已经是火器和冷兵器并用，但还是一个以冷兵器为主的时期。

据《宋史·兵志》等史书记载，自开宝三年至咸平五年(970—1002)，兵部令史冯继升、神卫水军队长唐福、冀州团练使石普等人，先后向朝廷进献火箭、火毬、火蒺藜等燃烧性火器。《武经总要》中记载着这些火器的制造和使用方法，并列出3种火药配方，这些配方是世界上最早以火药命名并用于军事的配方。这些火器，在北宋时期的战争中经常使用。如靖康元年(1126)，宋军在丞相李纲指挥下，使用火箭、霹雳炮同其他冷兵器相结合，打退了金军对汴京(今河南省开封)的进攻。之后，金军也学会了制造和使用火器，攻占了汴京城。北宋时期火器的制造已初具规模，在汴京设有广备攻城作，工匠5000余人，下辖10作，其中就有火药作和专门制造火器的火作。元丰七年

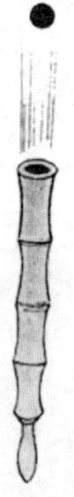

◆ 突火枪

◆ 火器攻城

(1084)二月,从汴京一次调发煕州、河州驻军的火器,就有神臂弓火箭10万支,火药弓箭2万支,火药火炮箭2000支,火弹2000枚之多。

南宋时期,火药的性能已有显著的提高,金和南宋都使用了铁壳爆炸性火器"铁火炮"。这种炮是金人于13世纪初叶首先使用的。南宋嘉定十四年(1221),金军在进攻蕲州(今湖北蕲春)时,使用了用生铁铸成、壳厚2寸的铁火炮。绍定五年(1232),蒙古军进攻金南京(今开封),士兵在大型活动掩体"牛皮洞子"遮挡下掘城,守城金军用铁索悬吊爆炸威力更大的铁火炮"震天雷",至掘城处爆炸,其声如雷,闻百里外,产生强烈的燃烧和四散飞击的铁壳碎片,毁坏了蒙古军的铁甲和牛皮洞子。景炎二年(1277),元军攻静江(今广西桂林),守城宋将在城陷粮绝的情况下,率部下250名点燃一具大铁火炮集体殉国。历史上的这些记载,说明铁火炮已具有很大的杀伤作用,火药性能已经有较大的提高,火器已从纵火器材发展为直接杀伤、破坏的兵器,这是火器发生飞跃的重要标志。

铁火炮、火枪等火器问世后,很快就在战场上显示出威力,无论是宋军,还是金军、蒙古军,都争相添制。南宋都城临安(今浙江杭州)火器作坊的规模,已远远超过北宋都城汴京的火器作坊;军事重镇江陵府(今湖北江陵),一个月就造一两千尊铁火炮;建康府(今江苏南京)在两年三个月内,就制造和添修3—10斤重的铁火炮、火弓箭、火弩箭、霹雳炮、突火筒等6.4万件。蒙古军在攻陷宋、金的城池后,特别注意搜罗工匠,为他们制造火箭、火炮、火枪等火器。这时的火器虽然在军队装备中还不占主要地位,但在一些战役中,已显示出重要作用。

延伸阅读

震天雷

震天雷是北宋后期发展的火药武器,身粗口小内盛火药,外壳以生铁包裹,上安引信,使用时根据目标远近,决定引线的长短。引爆后能将生铁外壳炸成碎片,并打穿铁甲。

震天雷有两种,一种是用火点燃,用时由投石机发射,射至远处爆炸,另一种是用火点燃,就地爆炸,比如守城时从城墙上向下面投掷,效果相当于今日之手榴弹。

火铳：元明战争中大规模火器的应用

火铳，又称"火筒"，是中国古代第一代金属管形射击火器，它的出现，使火器的发展进入一个崭新的阶段。中国元朝和明朝都非常重视火铳，并较大规模地装备于军队。

元朝发明的火铳，是中国金属管形射击火器的第一代，是用火药发射石弹或铅弹、铁弹，在较远距离杀伤敌人的武器。火铳的发明，开始了火器发展的一个崭新的阶段。到明初，火铳除了已形成可以看作是枪、炮雏形的手持铳和大碗口铳两大类以外，还开始发展了大口径的铜炮、铁炮，把火炮制造技术提高到了一个新的水平。这一时期火铳的大量生产和装备军队，特别是专用火器部队的组建，使作战方式开始发生变化。冷兵器虽然在军队装备的武器中仍占大多数，但火器的巨大作用，已使它成为战场上决定胜负的重要因素之一。

元朝制造的火铳最早开始于何年，目前尚缺乏文献记载。但在南宋后期，由于火药性能已有很大提高，已能以火药为能源用大竹筒发射弹丸，并掌握了铜铁管铸造技术，是元朝具备制造金属管形射击火器的技术基础。元至元十六年(1279)，集中各地工匠于大都(今北京)，利用南宋原有的冶金、火药和兵器制造业的基础，研制新兵器。二十年(1283)，又将军器监改为武备监，统

◆ 三眼火铳

◆ 火铳

一掌管兵器制造。中国现存最早的有铭文的元代火铳，是陈列在中国历史博物馆的至顺三年(1332)的制品。火铳采用青铜铸管，能耐较大膛压，可以装填较多的火药和较重的弹丸，因而大大提高了火器的威力。火铳使用寿命长，能反复装填发射，因此发明不久就成为军队的重要装备。据文献记载，到元末，火铳已被元军和农民起义军广泛使用。《元史·达礼麻识理传》就有至正二十四年(1364)元军使用成批火铳作战的记载。

明朝建立后，除大量生产铜火铳外，还开始铸造铁炮。现藏于山西省博物馆的明洪武十年(1377)造的三门大铁炮（明初时较大型的铳已开始被称为炮），其口径、身长和重量都大大超过元代的火铳，身管也呈直筒形，代表了明初火炮制造的较高水平。明成祖朱棣取得政权后，进一步增加了造铳的数量和品种，并提高了质量，改进了结构，使之更利于实战。洪武十三年(1380)规定，在各地的卫所驻军中，按编制总数的10%装备火铳。明代的城关和要隘，也逐步配备了火铳。洪武二十年(1387)，在云南的金齿、楚雄、品甸和澜沧江中道，安置火铳加强守备。二十六年（1393），规定水军每艘海运船装备碗口铳4门，火枪20支，火攻箭和神机箭各20支。永乐年间，创建专习枪炮的神机营，成为中国最早专用火器的新兵种。永乐十年(1412)和二十年（1422），明成祖下令在北京北部的开平、宣府、大同等处隘口，安装炮架，加设火铳。嘉靖年间，长城沿边要地，几乎都构筑了安置盏口铳的防御设施。火铳的大量使用，标志着火器的威力已发展到一个较高的水平。但它还存在着装填费时，发射速度慢，射击不准确等明显的缺陷，因此只能部分取代冷兵器。在整个军队的装备中，冷兵器仍占主要地位。

延伸阅读

火铳分类

大碗口铳和盏口铳都因铳口的形状而得名，基本构造与手铳类似，只是形体短粗，铳口呈碗（盏）形，可容较多的弹丸。有的碗（盏）口铳尾銎较宽大，銎壁两侧有孔，可横穿木棍，将铳身置于木架上。发射时，可在铳身下垫木块调整俯仰角。用于水战的碗口铳，多安于战船的固定木架上，从舷侧射击敌船。

三眼铳是一种常见的多管铳，铳身由3个铳管平行铸合成"品"字形，大多有加强箍，尾部为一尾銎，安装木柄。每个铳管各有1个药室和火门，点火后可连射或齐射，常用于骑兵，射毕后可以铳头作锤击敌。

神机营：明代火器的鼎盛时代

> 永乐八年（1410）征交趾（今越南）时，明成祖朱棣设立了"神机营"。明成祖在亲征漠北之战中，提出了"神机铳居前，马队居后"的作战原则，使火器的应用更趋专业化，神机营也成为明军的一个兵种。

明代的神机营担负着"内卫京师，外备征战"的重任，主管操练火器及随驾护卫马队官兵，是朝廷直接指挥的战略机动部队。神机营与明初创编的卫所驻军的编制不同，其最高编制级别为营，营编提督二人（一般由宦官担任）、武官二人；营下编中军、左掖、右掖、左哨、右哨五军，除中军下领四司外，其余各领三司；神机营配备火器，主要是火铳和火炮。

明代神机营连同官兵总共5000人，步兵3600人，全部装备火器；骑兵1000人；炮兵400人，装备大型的火铳和大连珠炮。另外，神机营还装备有霹雳炮、短手铳、盏口将军（野战重炮）等火器。

明代火器从分类来看主要有两大类：第一类是用手持点放的火铳和鸟铳，其形体和口径都较小，一般筒内装填铅弹和铁弹等物，其射程仅数十步至二百步；第二类是安装在架座上发射的口径和形体都很大的火炮，多数筒内装填石、铅、铁等物，俗称"实心弹"，少数则装填爆炸性的球丸，射程一般在数百步至二三里距离，主要用于守寨和攻城，也用于野战、水战和海战。明代的海船制造已经相当发达，海船上就装备了这些火器，郑成功收复台湾，就曾用船上装备的火炮痛击荷兰侵略者。

火器的发展在明朝达到鼎盛时期，明末的兵书如《兵录》《神器谱》《武备志》《西法神机》《火攻挚要》《筹海图编》《军器图说》《火龙神器阵法》等，详细地记录了明军装备火器的制法、图谱以及火器部队的编制和战法。还诞生了数位知名的火器（包括理论）专家，如赵世祯、毕懋康、胡宗宪、茅元仪、孙元化和明末清初的武器发明家戴梓。

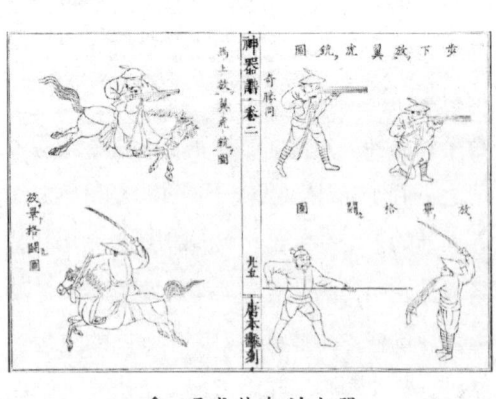

◆ 明代装备的火器

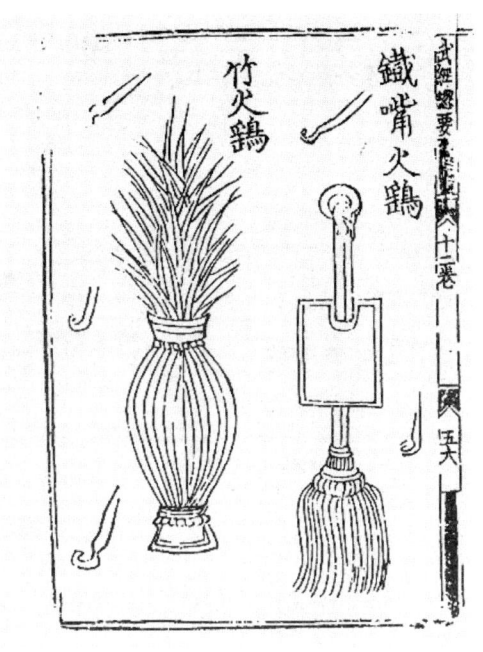

◆ 明代火器

明代的火器种类非常多，下面对一些明代火器做简单的介绍：

三眼火铳：明军重要的单兵火药武器，它可以连续释放，构成密集火力，有利于压制行动迅速的骑兵，明军在万历援朝战争中曾使用此武器，极大地打击了倭寇。

火铳：明代的轻型制式火器，铸造精良，设计精巧，和元朝的火铳比较，所需火药大大减少。明代作为标准武器，曾一次生产9万具，1449年的北京保卫战中这种武器得到使用。

拐子铳：带有曲柄的连发火绳枪，长37.5厘米，使用类似佛朗机的装填方式，可以连续三发，射程150米，明朝称为"万胜佛朗机"，在万历援朝战争中使用比较多。

迅雷铳：单兵多管火器，明代赵士祯发明，最大的可以达到18管，使用火绳或者

燧石击发，加上外罩后状如琵琶。万历援朝战争中使用，密集的枪弹使日本的火枪队无法抵御。

虎蹲炮：戚继光抗倭时曾装备这种武器，是一种小型火炮，炮管薄，携带轻便，射程不远，适用于山地作战，机动灵活，由于前装，可以大仰角发射和大量装备下层部队。

另外，明军还装备有一窝蜂、万人敌、火龙出水、佛郎机、红夷大炮、大将军炮、十眼铳、五雷神机、鸟枪、抬枪等火器。除了发射型的火器，还有品种繁多的各种雷，例如石头雷、陶瓷雷、生铁雷、水雷、水底雷、水底龙王炮、混江龙等，反映了明代火器的鼎盛。

延伸阅读

"三段击"战术

据史载，神机营为了能够保证长时间持续的射击，通常使用"三段击"战术。此战术分为三排，前一排首先由处于队列第1、3、5、7、9、11等位置的士兵射击，再由处于队列第2、4、6、8、10、12等位置的士兵射击。前一排的士兵在每一次射击之后，马上将神机铳递回中间一排的士兵，同时从中间一排的士兵手中接过装好弹药的神机铳。中间一排的士兵一方面负责从前排士兵的手中接过射击之后的神机铳，并向后传递给第三排的士兵装上弹药，另一方面负责从第三排士兵的手中接过已经装好弹药的神机铳，并向前传递给前一排的士兵。如此反复轮换，战斗力十分强大。

佛郎机和红夷炮：明代西方技术的引进

> 佛郎机是中国明代中期火炮，由母铳和子铳构成。母铳身管细长，口径较小，铳身配有准星、照门，能对远距离目标进行瞄准射击。这种炮来自欧洲，是嘉靖元年（1522）葡萄牙人传入中国的，被称为"佛朗机"。另外还从荷兰人手中购进的一批大炮，称为红夷炮。

正德九年(1514)，葡萄牙人乘船来到中国广东沿海，开始和明朝交往，中国人将他们称为佛郎机。实际上是对Frank的误读，因为日耳曼人曾经建立了庞大的法兰克王朝，因此印度人、东南亚人便把欧洲人误称为"佛郎机"，中国人也沿袭了这种叫法。

嘉靖元年(1522)，葡萄牙派五艘武装舰船驶至广东珠江口外，企图以武力为后盾，占据广东一岛屿。遭拒绝后即开炮轰击守军，当葡舰侵入广东新会西草湾时，被当地守军击败，缴获两艘舰船和船上火炮20余门，按其国名将船上之炮称为"佛郎机"。

当地官员将这些新式火炮献给明朝政府，同时上书朝廷，建议仿制，以改善明军武器装备。当时的明世宗立刻同意了这一奏议。嘉靖二年（1523），原担任过广东白沙巡检，与葡萄牙人有过多次接触，熟知佛郎机性能的明朝地方官员何儒，带领丰富经验的广东工匠奉诏到南京，在当时设备精良的火器制造处操江衙门开始了佛郎机的仿制。嘉靖三年（1524）四月，第一批32门大样佛郎机仿制成功。《大明会典·火器》中详细记载了这批佛郎机的情况，它们全部用黄铜铸成，每件重约300斤，母铳长2.85尺，另配4个子铳，可分别装填火药，轮流发射。这是中国仿制的第一批佛郎机，因至今未见实物出土，所以具体形制不详，但从长度和重量看，应是一种短而粗的火炮。

和中国的传统火器相比，佛郎机有很

◆ 佛郎机

多优点。首先，佛郎机采取了母铳和子铳的结构。母铳是炮筒，大型佛郎机的炮筒长达五至六尺，其优点是弹丸射出的初速大，射程远，具有较大的杀伤力，子铳实际上是一枚小火铳，一般备五至九个，事先或轮流装填弹药备用。使用时，先把一枚子铳装入母铳的装弹室中，发射完后便将空子铳退出，换装另一枚子铳。因为子铳可以轮番装换，减少了现场装填弹药的时间，因而提高了发射速度。

其次、佛郎机的装弹室加大。佛郎机的装弹室一般占母铳全长的四分之一，宽度相当于口径的二至三倍，敞口较大，便于子铳的安放。

再次、佛郎机的炮管壁厚，能承受较大的压力和强度，保证了弹药发射时的自身安全。

另外，佛郎机还装配了瞄准具，配有准星、照门等装置，能对远距离目标进行瞄准射击。增设了两侧的炮耳，从而可将炮身置于座架上。炮耳可以转动，使火炮的射击角度得以俯仰调整，控制射程并提高命中率。也有的佛郎机是在炮身下部安一个尖长的插销，或是在尾部安有导向管和尾柄，通过插销可将炮身安装在炮架上；控制导向管和尾柄，能将炮身左右旋转，调整射击角度，扩大射击范围。

除佛郎机外，明中期以后还仿制了一种红夷炮(又称西洋炮)，是一种大型火炮，在明万历后期由荷兰传入中国。《明史·兵志》记载："大西洋船至，复得巨炮，曰红夷。长二丈余，重者三千斤，能洞裂石城，震数十里。"红夷炮与佛郎机相比，口径较大，管壁加厚，能承受较大膛压，是当时威力最大的火炮。明末，明朝廷为抵御后金军的进攻，重用徐光启、李之藻等人大量仿制红夷炮。袁崇焕在辽东，曾经用红夷炮轰击后金军，击伤后金大汗努尔哈赤。

西方火炮的传入，促进了中国明朝后期火炮技术的发展，改善了军队的装备。据《练兵实纪杂集》记载，戚继光的车营装备佛郎机铳256门，辎重营装备佛郎机160门。佛郎机在明朝北部防御要地甘肃、宁夏、大同、宣府各镇长城关口要隘发挥了巨大的作用。

延伸阅读

明代西方国家的武器输入

西方人善于海上贸易，明代的时候甚至和中国产生了军火贸易。其中"红夷大炮"就是荷兰人输入的，当时中国人将荷兰人称作"红夷"，所以对进口的火炮称为"红夷炮"，实际上明代后来对所有从西方进口的炮都叫做"红夷炮"，既包括寇菲林长炮，也包括加农炮。明代和荷兰因台湾问题交恶后，其只有少量直接来自荷兰东印度公司，其他大多都来自葡萄牙商人。明朝当时的需求量大，葡萄牙人还做中间商将英国的舰载加农炮卖给中国。

抬枪和鸟枪：清代的火器发展

清代重视火器始于康熙时期，清政府曾任用南怀仁等西方传教士制造火炮。其中抬枪和鸟枪是早期最具杀伤力的武器之一。当时火器的规模、质量、工艺均达到中国古代的高峰，但从康熙之后，国家承平日久，统治者轻视火器的发展，而西方的科技却不断发展，火器逐渐落后。

抬枪是清代的一种重型火器，长1丈左右，重30多斤。发射时须两人操纵，一人在前充当枪架，将枪身架在肩上，另一人瞄准发射。这种抬枪在清朝中后期十分盛行。18世纪末，由于清政府的腐败和苛政统治，加剧了国内的阶级矛盾，人民起义此伏彼起，农民暴动连年不断，起义军常常流动在山陵地区与清军斗争。在这种环境下作战，农民起义军的大刀长矛、弓箭、土枪、地雷等能有效地发挥作用，而清军的新式重炮却寸步难行，不得不大量制造这种抬枪。在19世纪中叶两次鸦片战争和镇压太平天国革命的战争中，抬枪曾经是清军使用的主要火器之一。

鸟枪是中国17世纪初产生的火绳枪，枪管为滑膛，结构和抬枪类似，只是体积和装药量都减小。鸟枪又叫鸟铳，明代的军队中就有装备。明嘉靖二十七年（1548），明军在收复被倭寇及葡萄牙人侵占的双屿（今浙江鄞县东南）战斗中，俘获了一些善于制造鸟铳的日本人及鸟铳。由马宪、李槐等人，学习了制造鸟铳的方法，并在其基础上，加以研究改进，于嘉靖三十七年（1558）造出了"比西番尤为精绝"的中国第一批火绳枪1万支，称之为"鸟嘴铳"。

马宪、李槐等人整理和传授的鸟铳制造工艺，一直沿用到清末都没有较大的变化，虽然欧洲的火绳枪在1575年左右就被转轮打火枪淘汰，但在中国，火绳枪和火绳枪

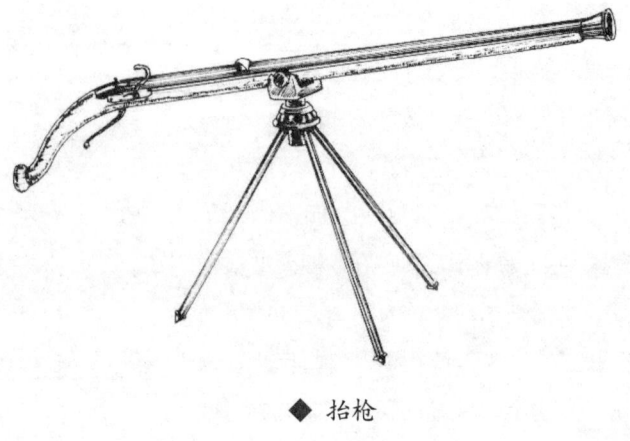

◆ 抬枪

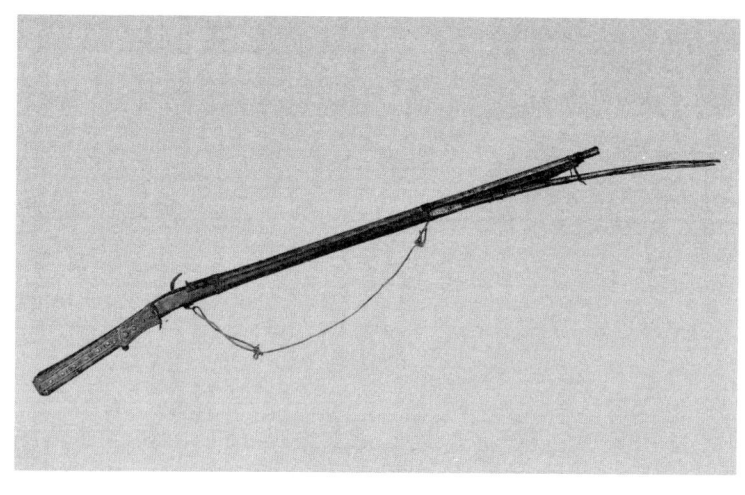

◆ 清代鸟枪

工艺却一直在使用着，直到民国初。在此期间，明末毕懋康发明了转轮打火枪，并被后来的清政府所采用，但是其延伸品并未大规模装备军队，而是被统治者收入深宫，作为皇帝的御制火枪珍藏，大多数清军依旧装备大线枪与兵丁鸟枪等旧式火绳枪，甚至于依靠刀剑弓矢与装备着先进燧发枪的外国侵略者战斗。

明代军队装备鸟枪已经较为普遍，史载戚继光一个车营有官兵3109人，其中装备鸟枪512杆，约占装备总量的1/6以上；一个马军营共计官兵2988人，装备鸟枪432杆；一个步军营共计官兵2699人，装备鸟枪1080杆；一个辎重营装备鸟枪640杆。清代时，政府规定各省绿营中的鸟枪兵占40%—50%，这个比例从雍正年间一直沿袭到19世纪中叶。由此可见，在明清两代的内外战争中，鸟枪在军队中起着举足轻重的作用。

清代的鸟枪和抬枪形制基本沿袭明代，几乎停滞不前。尤其是清朝统治者思想守旧，重骑射而轻火器，故对明末的一些先进火器，如"掣雷铳""迅雷铳""自生火铳"等没有给予应有的重视和推广使用，结果渐渐成了鲜为人知的历史遗物。当清政府高枕火绳枪，闭关自守，忙于盘剥百姓，争权夺利，勾心斗角的时候，西方国家新兴的资产阶级军队已经端起新式步枪，虎视眈眈地把爪牙伸向了昏昏欲睡的东方古国。

延伸阅读

清代兵器专家——戴梓

戴梓（1649—1726），字文开，号耕烟，浙江仁和（今杭州）人，通兵法，懂天文、算法，擅长诗书绘画。他曾发明了"连珠铳"，形状类似琵琶，火药和铅弹皆贮藏在铳脊处，安装机关可以开闭。铳有两机相连，扳动第一机时，火药弹丸自动落入枪管，同时第二机随之转动，磨擦燧石发火。这种"连珠铳"装填一次可连续发射28发铅弹，其性能类似近代的机关枪。这种武器在当时西方各国尚未出现，可以说是当时世界上最先进的火器了。同时期，戴梓还研制出"蟠肠鸟枪"和"冲天炮"，都堪称当时火器之精品。但这些重大的发明创造并未引起清朝统治者的重视，更没有得到利用和推广。而戴梓本人也因受人陷害，被贬职充军关外，遂使发明创制的兵器大多失传。